平和主義は貧困への道

または

対米従属の爽快な末路

佐藤健志

KKベストセラーズ

平和主義は貧困への道

または対米従属の爽快な末路

佐藤健志

目次

序章　賢いほどのバカはなし

第一章　平和主義は貧困への道

第四章　経世済民のために経世済民を放棄せよ …… 169

第六章　政治は口先と言い訳がすべて……271

序章

賢いほどのバカはなし

世の中には「多少の問題があっても、結局は物事がうまく行く」時期と、「問題がどんどん深刻化し、物事がさっぱりうまく行かない」時期があります。

後者の状態が続けば、国や社会はどうにもならなくなり、ついには滅びることにもなりかねません。「危機」が「国難」にエスカレートしたあげく、「亡国」にいたるわけですが、そういう時期には、ある現象がよく生じる。

つまり、こちら。

さまざまな問題にたいし、賢く対処しようとすればするほど、とんでもない愚行が繰り広げられる。

賢いほどのバカはなし！　困った話です。

お気づきかも知れませんが、これは詐欺に引っかかるときのパターンと同じです。自分が愚かな真似をしていると自覚しつつ、詐欺話に乗る人はいません。それどころか、騙されたことがハッキリするまでは、賢く行動していると思い込んでいます。思い込みが強ければ強いほど、騙される度合いもひどくなる。

その意味では、国や社会も、詐欺に引っかかるかのごとく滅んでゆくことが多いのです。だとしても、こんな現象がなぜ生じるのか。「賢い」という言葉の意味を考えると、理由が見えてきます。

『広辞苑』(第六版、二〇〇八年。以下同じ)で、「賢い」を引いてみましょう。七つの語義が出てきますが、注目すべきものは三つ(一番目、二番目、四番目)です。順番に列記すれば、以下の通り。

・おそろしいほど明察の力がある。
・才知・思慮・分別などがきわだっている。
・抜け目がない。巧妙である。利口だ。

最初の二つの意味と、三つ目の意味では、ニュアンスが異なります。明察の力があったり、才知・思慮・分別などが際立ったりしているからといって、抜け目なく巧妙であるとは限りません。逆もまたしかり。

明察の力や、才知・思慮・分別は、「物事のあり方を理解する」能力です。他方、抜け目のなさや巧妙さ、利口さは、「自分の利益を確保する」能力。

二つの能力は、重なり合う部分もあるものの、基本的には別物です。「彼は学者として賢く、素晴らしい研究をしている」と言う場合と、「研究資金を得るために、彼は賢く立ち回った」と言う場合とを比べてみれば、一目瞭然でしょう。

的確な理解か、利益の最大化か

よって、「賢い」という言葉を二つに分けて使うことにします。さしずめ「賢い（一型）」と「賢い（二型）」。定義はこうです。

賢い（一型）　物事のあり方を的確に理解することに優れている。
賢い（二型）　自分の利益を最大化することに長けている。

「物事のあり方を的確に理解すればするほど、自分の利益も最大化される」状況が成立していれば、両者に違いはありません。いくら抜け目がなく、巧妙で利口だったとしても、明察の力や、才知・思慮・分別がなければ、利益を確保できないことになるからです。逆に明察の力や、才知・思慮・分別がありさえすれば、抜け目のなさや巧妙さ、利口さに欠けるところがあっても、利益はしっかり確保される。

とはいえ現実には、このような状況はめったに成立しません。なぜか？

物事を的確に理解するのと、自分の利益を最大化するのとでは、目的を達成するための方法論が違うのです。

これは「自分の利益を最大化する」ほうから入ると分かりやすい。抜け目のなさや巧妙さ、利口さが関わってくる以上、ここで言う利益とは、他人との関係、とくに力関係や利害関係の存在を前提にしています。金銭の取得はむろんのこと、地位や権力、名誉の獲得なども、力関係や利害関係を抜きにしてはありえません。

利益の最大化という行為は、社会性を帯びているのです。カネや権力や名誉にこだわらず、おのれの世界に閉じこもることこそ、自分にとって一番の利益だという人も、あるいは存在するかも知れません。けれども、そんな振る舞いについて、われわれは普通「賢い」とは呼ばない。

社会性を欠いた利益は、抜け目のなさや巧妙さ、利口さがなくても得られるからです。引きこもりについて、賢い生き方だと評価する人がどれだけいるでしょうか？

「自分の利益を最大化するのに長けている」という、二型の賢さをめぐる定義は、「何らかの社会的な文脈において、自分の利益を最大化するのに長けている」ことを意味するのです。そして、これを達成するには前提条件がある。

お分かりですね。当該の社会的文脈に適応することです。「特定の力関係や利害関係のもとで、自分の利益を最大化するためには、いかなるルールに従って行動すべきかを理解し、そのような行動パターンを積極的に実践すること」と言ってもいいでしょう。

「支配的な認識枠組み」の問題点

自分の利益を最大化するために従うべき行動のルールを理解するのも、「物事のあり方を的確に理解する」ことの一形態。その意味で、二型の賢さを発揮するにあたっても、一型の賢さにあたる要素が（ある程度は）必要となります。

しかるに無視できないのは、どんな社会にも、物事のあり方に関する支配的な認識枠組みが存在すること。この枠組みは「パラダイム」と呼ばれるものの、要するに「物事はこう理解するのが正しい」という正解（集）です。受験参考書などでは、文中に登場した問題の答えが、よく巻末にまとめて載っていますが、あれをうんとスケールアップさせたものと思って下さい。

社会的文脈に適応するとは、「社会における支配的な認識枠組みを正しいものとして受け入れる」ことにひとしい。くだんの枠組みが本当に正しく、物事のあり方に関する的確な理解に基づいていれば、べつに問題はありません。受験参考書の文末に収められた解答ページにしたって、すべて正解であることが大前提になっています。

と・こ・ろ・が。

社会における支配的な認識枠組みは、往々にしてみごとに間違っているのです！

たとえば天動説は、かつて文句なしに正しいと見なされていました。十九世紀後半のアメリカでは

「人間が持つエネルギーの量は一定であり、かつ脳によって優先的・重点的に使われる。ゆえに女性が思春期にあまり勉強すると、生殖器が発達せず不妊になりやすい」という趣旨の主張が、ハーバード大学医学大学院《メディカル・スクール》のエドワード・クラーク教授によって大真面目になされ、少なからぬ社会的な影響力を振るいます。だから女性に高等教育を受けさせるのは考えもの、という次第。(1)

認識が正しいか間違っているか、客観的に検証しやすい自然科学や医学にしてこの騒ぎです。まして政治や経済をはじめとした、社会のあり方をめぐる認識となると、それぞれの時代、または国によって、驚くようなことが「正しい」と見なされる。

こちらの例も挙げておきます。ほんの二百年ぐらい前のヨーロッパでは、民主主義は政治形態として望ましいものとは位置づけられていませんでした。「民主主義にも弊害がある」どころか、「民主主義は本質的にいかがわしい」に近かったのです。

十八世紀イギリスの政治家・文人エドマンド・バークは、自由主義を標榜し、絶対王政を批判するなど、当時としては「先進的」な立場の人物だったものの、「人間の平等」という発想にこだわりすぎると社会が狂うし、人権を声高に叫ぶにいたっては爆弾テロにもひとしいと述べました。(2)もっとも昨今の世界の状況を見ると、バークの認識こそが的確で、民主主義の価値をあまり持ち上げるほうが間違っているのかも知れませんが、これは脇に置きましょう。

二十世紀前半には、「自由主義的な政治体制より、全体主義的な政治体制のほうが効率的であり、したがって優れている」という発想がもてはやされます。一九四〇年代前半、太平洋戦争中のわが国では、「日本はアジアの盟主たるべき国だ」とか「日本は『神国』なので絶対負けない」という認識が、自明に正しいかのごとく扱われました。戦後は戦後で、「戦争を放棄し、軍事力を持とうとしないのが、平和を維持する最高の方法」という非現実的な観念論が、多くの人に信奉される。

資本主義が社会主義に取って代わられることこそ、歴史の必然的な流れであり、世界はいずれ社会主義体制で統一されると謳われたのだって、そう遠い昔のことではありません。「経済に関する事柄は、市場メカニズムに任せたほうが効率的なので、政府の規制はどんどん減らすべきだ」とか、「貿易は自由化すればするほど、関係国すべてが豊かになる」といった、現在広く受け入れられている認識にしたところで、民主主義の望ましさと同様、本当に正しいかどうかは疑わしいのです。

二型の賢さが行き着く果て

今までの話を要約すれば、こうなります。

(1) 利益の最大化という行為は、社会性を帯びている。
(2) したがって利益を最大化しようとする者は、自分が置かれた社会的文脈に適応しなければならない。
(3) あらゆる社会には、「物事はこう理解するのが正しい」という支配的な認識枠組みが存在する。

社会的文脈に適応するには、この枠組みを受け入れる必要がある。
（4）だが支配的な認識枠組みが、物事のあり方を的確に理解したものである保証はない。わけても政治や経済など、社会のあり方をめぐっては、客観的な検証が難しいぶん、非現実的なトンデモ認識が「真理」のごとく扱われやすい。

「真に正しく的確な認識」と、「〈これこそ正しく的確だ〉と社会的に評価されている認識」の間には、しばしば少なからぬギャップがあるのです。自分の利益を最大化しようと思ったら、どちらの認識に従うべきでしょうか？

もちろん、後者です。

二型の賢さを持ち合わせた者にとり、重要なのは「何が本当に正しいか」ではなく、「支配的な認識枠組みにおいて、何が正しいと見なされているか」なのです。この二つが異なっている場合は、「本当に正しいこと」を捨てて、「正しいと見なされていること」を取らねばならない。

だからこそ、抜け目のなさや巧妙さ、あるいは利口さといった要素が、二型の賢さの条件となるのです。しかしそのような者にとって、「物事のあり方を的確に理解しようとすること」、つまり一型の賢さは、自分の立場、ないし利益を脅かしかねない点で、不都合かつ厄介な代物となってくる。

一型の賢さは、「支配的な認識枠組みにおいて正しいと見なされている事柄を疑う」という特徴を持っています。くだんの枠組みは間違っていることも多いのですから、当然の話。

とはいえ、そんな賢さが優勢になったら最後、支配的な認識枠組みが崩れてしまうかも知れない。

これは社会的文脈の大変動につながります。利益を最大化するうえで、何を基盤にすべきか分からなくなってしまうではありませんか！

こうして二型の賢さを持った者は、「自分の利益を最大化するために、一型の賢さを否定しにかかる」ことに行き着きます。支配的な認識枠組みの権威をヨイショしつづけたほうが、社会的な評価を得やすく出世しやすい。カネや地位、権力や名誉といった利益が手に入りやすくなるのです。

「女性が高等教育を受けても、不妊になりやすいわけではない」と考える若い医師が、エドワード・クラーク教授のもとで出世できたと思いますか？　太平洋戦争中のわが国で、「神国であろうがなかろうが、国力が足りなければ戦争に負ける」と主張して、「そういう冷静な発想も大事だ」と評価されたと思いますか？　天動説など、批判したら命が危なかった時代もあるのですぞ。

政治経済思想に詳しい評論家の中野剛志は、ずばりこう言い切りました。

主流派のエリートになるために必要なのは、**正しい知識を学ぶことではない。**主流派のエリートたちが共有する「世界観」を無批判に信じ、彼らの閉鎖的な「認識共同体」（注：認識枠組みが共通している人々のグループ、の意）に迎え入れてもらうことである。彼らの「世界観」と合致しないような非主流派の説など忘れることだ。それが正しいか否かは、問題ではない。(3)

中野の言う「世界観」は、「支配的な認識枠組み」と同じ意味に受け取って構いません。「主流派のエリート」とは、知識人、政治家、官僚などを指していますが、ここではより広く「カネや地位、権力や名誉と縁の深そうな人々」「世の中に動かされるのではなく、世の中を動かす側の人々」としておきましょう。

出世するうえで大事なのは、物事のあり方を的確に理解しようとすることではなく、それらエリートによって「正しい」と権威づけられた認識こそ、本当に正しいのだと信じ込み、利益のお裾分けにあずかることだという次第。なるほど、「賢い立ち回り」です。

けれどもこうなると、(二型の意味で)賢い者ほど、物事のあり方を的確に理解しようとする気を持っておらず、何が本当に正しいか分からないことになる。にもかかわらず、支配的な認識枠組みの正しさを盲信しているせいで、主観的には「自分は何が本当に正しいか分かっており、したがって(一型の意味でも)賢い」と思い込む。

そんな人を普通、何と呼ぶでしょう?

ピンポーン、バカです。しかも、かなり重症。何も知らないだけの人のほうが、はるかにマシと評さねばなりません。こちらの場合、自分が賢いという錯覚にはとらわれていないでしょうし、物事を的確に理解したいという気だって持っている可能性が高い。

だから、「賢いほどのバカはなし」と言うのですよ!

もっともここで、面白いパラドックスが生じるのに気づかれたでしょうか。

二型の賢さを発揮する際にも、一型の賢さにあたる要素が必要です。ところが二型の賢さを持った人々は、自分の利益を最大化すべく、一型の賢さを否定しにかかる。おまけに主観的には、一型の賢さを持ち合わせているかのごとく思い込んでいるせいで、自分の行動の意味合いになかなか気づかない。

するとどうなるか?

そうです。あとになればなるほど、利益を最大化することに失敗するリスクが高まるのです。こうして起こるのが、俗に言う「エリートの挫折・転落」。

要領が良すぎるせいで、最大のババをつかんでしまうわけです。これもまた、「賢いほどのバカはなし」の一種と位置づけるべきでしょう。

「利益の最大化にこだわりすぎて、何が本当に正しいか分からなくなったうえ、そのことを自覚できなくなる」というのは、詐欺に引っかかるときのメカニズムでもあります。「この話に乗っておけば、すごく得をするはずだ」という損得勘定(=二型の賢さ)が、「そんなにうまい話があるはずがない」という冷静な判断(=一型の賢さ)を打ち消してしまうのです。ついでに「自分は欲に目がくらんだあげく、冷静な判断ができなくなっている」ことを認められない者ほど、いつまでも詐欺に気づかず、どんどんババをつかまされる。

してみると、エリートは案外に騙されやすいと言わねばなりません。いや、エリートほど騙されやすいと言っても、過言ではないかも知れないのです。

認識枠組みと経世済民

「賢いほどのバカはなし」とは、抜け目のなさ、巧妙さ、利口さにすぎないものを、明察の力や、才知・思慮・分別と錯覚することによって生じます。「利口さ」については、頭に「お」をつけて「お利口さ」としてもいいでしょう。

実際、お利口な人の代表格とも言うべき受験秀才は、この錯覚に陥りやすい。すでに述べたように、支配的な認識枠組みとは、参考書の巻末に収録された解答ページのようなものです。そして何らかの問題を見たとたん、それに対応する解答へと、素早くたどりつける能力に長けているのが受験秀才。

解答ページに記されている答えが、はたして本当に正しいのかなど、考える必要はありません。否、できるだけ早く答案を書くためには、そんなことを考えるべきではないのです。受験の世界において、「正解とされた答えが、じつは間違っていた」などということは、よほどの手違いでもないかぎり起こらない。

中野剛志の言葉にならえば、受験秀才は「『正解』と決められた答えの正しさを無批判に信じ、閉鎖的な『正解共同体』(＝試験に合格する人々の枠)に迎え入れてもらうことこそ、正しい知識を学ぶことである」という世界観を持つにいたるのです。一型の賢さと、二型の賢さの区別がつかなくなるのも道理ではありませんか。それによって彼らは試験に合格し、主流派のエリートへの階段を上ってゆくのです。

ゆえに主流派のエリートは、二型の賢さを持っている者、より正確には「一型の賢さを否定したがるうえ、そのことが自覚できない者」で占められる可能性が高い。ただし、だからといって国や社会がすぐに立ちゆかなくなるとは限りません。

なぜか？　自然科学系の認識枠組みと異なり、社会のあり方をめぐる認識枠組みは、「いつでも、誰でも客観的に検証できる普遍的な正しさ」に達しなくともいいのです。そこまでの正しさには、どのみち永遠に到達できないかも知れませんが、これは脇に置きましょう。

国や社会の目標は、経世済民の達成です。「経世済民」を略すと「経済」になりますが、「世を経《おさ》め、民を済《すく》う」と読めることが示すように、この言葉、本来の意味はもっと包括的。しっかりした政治によって、存立と安全を確保したうえで、発展と繁栄をなしとげ、人々が豊かで幸せに生きられるようにすること、そんなふうに解釈して下さい。

しかし、いかなる国や社会も、抽象的な一般論の世界に存在しているわけではありません。特定の時代の、特定の状況のもとに存在しているのです。

言い替えれば、社会のあり方をめぐる認識枠組みにしても、当該の状況のもとで経世済民の達成に貢献しさえすれば、十分に有効となります。「特定の状況における限定的な正しさ」でも、役に立てばそれで構わないのです。

「特定の状況における経世済民の達成」にまで話が絞られると、役に立っているかどうかの判定も容易になる。他国との紛争は起きていないか、国際的な地位や、国内の治安は保たれているか、GDPや実質所得は伸びているか、社会的な格差があまり拡大していないか、社会保障制度は機能しているかなど、具体的な尺度に基づいて、良い結果を出せているかどうかを見てゆけばいいのですから。

戦後日本を例に取りましょう。「戦争を放棄し、軍事力を持とうとしないのが、平和を維持する最高の方法」という認識枠組み、いわゆる戦後平和主義は、それだけを取れば、非現実的な観念論にすぎません。そんな発想で、経世済民（この場合は国家の安全保障）が達成されるはずはないのです。

ところがお立ち会い。この認識枠組みを、「アメリカを中心とした自由主義諸国と、ソ連（現ロシア）を中心とした社会主義諸国が対立する中、アメリカに従属することで存立と発展を図る」という特定の状況に当てはめたらどうなるか？

従属によってアメリカの庇護を享受するかたわら、平和主義を強調すれば、同国の世界戦略にあまり協力せずにすむ。安保条約や在日米軍、自衛隊といった形で、あれこれ妥協は必要となるにしても、とりあえず国家の利益を最大化できるではありませんか。

はたせるかな、戦後のわが国は貧しい小国から、世界有数の経済大国へと、いったんは上り詰めました。非現実的な観念論が、経世済民の達成について、ちゃんと貢献したのです。あら不思議！

悪循環成立の構造

けれどもこれは、社会のあり方をめぐる支配的な認識枠組みが、「社会的な物事についての的確な理解を提示するもの」というより、「特定の状況のもとで、国や社会の利益を最大化するもの」としての性格を持っていることを意味します。賢さの種類で言えば、一型よりも二型に近い。

しかるに前節で見たとおり、主流派のエリートと呼ばれる人々（の大部分）は、一型の賢さと二型の賢さの区別がつけられません。「特定の状況における限定的な正しさ」しか持っていない認識について、普遍的に正しいかのごとく錯覚しやすいのです。

関連して注目されるのが、いわゆる「主流派経済学」のあり方。この分野の理論は、経済や社会のあり方に関する、さまざまな前提、ないし仮定の上に構築されています。

問題の前提や仮定は、たいがい現実には成り立ちません。ならば主流派経済学の理論も、非現実的な観念論ということになりますが、当の学者たちはこれを認めない。むしろ、次のように胸を張るのです。

「われわれの理論は、前提や仮定が満たされるかぎり、普遍的に正しい！」

自分たちの理論が普遍的に正しくなるような特定の状況（＝前提や仮定が満たされている状態）を想定し、くだんの状況においては理論が普遍的に正しいことを根拠として、「自分たちの理論こそ、経済についての的確な理解を提示している」と構えるわけです。(4)

この論理構造が、自閉に陥っているのは明らかでしょう。「主流派のエリートになるために必要なのは、正しい知識を学ぶことではない」という中野剛志の言葉が、いよいよ説得力を帯びてくるではありませんか。

つまり「賢いほどのバカはなし」は、特定の状況（現実には成立しえないものも含む）における限定的な正しさと、普遍的な正しさの区別がつかない状態とも定義できます。

社会のあり方をめぐる認識枠組みは、ほとんどの場合、限定的な正しさしか持っていません。国や社会の状況が変われば、経世済民の達成に貢献できなくなる。要するに賞味期限切れとなるのです。

そうなったら、枠組みを適宜切り替えてゆかねばなりません。ところが主流派のエリートは、一型の賢さと二型の賢さの区別がつかないせいで、問題の枠組みが普遍的な正しさを持っていると信じ込みやすい。

すると、どうなるか？

お分かりですね。**賞味期限が切れてしまい、経世済民の達成に貢献できなくなった枠組みを使って、経世済民が達成できていない状況に立ち向かおうとする**のです。結果を出せない状態にたいして、結果を出せなくなった方法論で解決を図ろうとすると言ってもいいでしょう。

個人であれ、組織であれ、われわれには「今まで取ってきた路線を、これからもいっそう徹底して取ることこそ正しい」と構える傾向がある。この傾向は「自己強化メカニズム」と呼ばれます。

同時に「今まで取ってきた路線が、これから取りうる路線の内容を多分に決めてしまう」という傾向が存在するのも間違いない。こちらの傾向は「経路依存性」と呼ばれます。

結果を出せない状態にたいして、結果を出せなくなった方法論で解決を図ろうとするのも、その意味では自然なこと。が、そんなやり方で結果が出るはずはありません。

こうして「問題がどんどん深刻化し、物事がさっぱりうまく行かない」悪循環が成立します。主流派エリートとしても、焦りを禁じえないところでしょう。さあ、彼らはどうするか？

そうです。すでに有効でなくなった認識枠組みに従ったまま、「これでもか、これでもか」と行動をエスカレートさせるのです！「さまざまな問題にたいし、賢く対処しようとすればするほど、とんでもない愚行が繰り広げられる」という、冒頭で述べた現象が成立するのも、ここまで来れば時間の問題にすぎません。

ようこそ真実へ

とんでもない愚行が、「問題への賢い対処」の名のもとに繰り広げられるのですから、「賢いほどのバカはなし」状況においては、物事のあり方をめぐる認識も、とんでもない形に歪んでゆく。正しく理解しようとすればするほどそうなるのです。さしずめ「賢いほどのバカ**話**」。

一九九〇年代以後、わが国は経世済民の達成について、結果を出すことができなくなりました。経済は低迷し、格差は拡大、国際的な地位もズルズル下落します。地方は疲弊が目立ち、社会保障は破綻が懸念され、中国の覇権志向や、北朝鮮の核・ミサイル開発など、安全保障の危機まで抱え込む始末。

近年は「危機突破」や「国難突破」が叫ばれていますが、さしたる成果が挙がっているとは言えません。問題がどんどん深刻化し、物事がさっぱりうまく行かない中、それに対処しようとする行動がエスカレートしてゆき、にもかかわらず解決が見いだせない――絵に描いたような「賢いほどのバカはなし」です。

この悪循環から脱するには、戦後日本の支配的な認識枠組みについて、枠組みの外側に立った視点とも呼ぶべきものから、根本的に見直さねばなりません。枠組みのも内側にとどまるかぎり、「とんでもない愚行」や「バカ話」こそ、「賢い対処」「正しい認識」になってしまうのです。受験参考書のたとえにならえば、巻末に収録された解答が本当に正しいかどうか、シビアに検討しようではありませんか。


本書では、日本の低迷や没落の陰にひそむ、七つの真実(と私が考える命題)を提起します。

これらの命題は、いずれもわが国の支配的な認識枠組みをくつがえす内容のもの。パッと見たときには「そんなバカな!」と思われる方も多いでしょう。

だが実際には、ここに挙げた命題のほうが正しく、支配的な認識枠組みのほうが間違っている可能性が高いのです。読み進むうちに、国や社会のあり方について、みなさんが新鮮な認識や発想を得られることを願っています。

では、ようこそ真実へ……

第一章

平和主義は貧困への道

「平和主義は貧困への道？　まさか、そんなはずはない！」

こんなふうに驚かれた方も多いのではないでしょうか。

「繁栄とは物質的な豊かさを達成することだ。だが戦争は破壊の連続じゃないか。物がどんどん壊されてゆくとき、どうやって豊かになれるのか？

「太平洋戦争中や敗戦直後、日本人は物資の窮乏に苦しんでいた。戦後、わが国が豊かになってきたのは、降伏から二十年近くたった一九六〇年代半ばごろ。これを取っても、平和の持続こそが繁栄の不可欠の基盤なのは明らかである。平和主義が貧困への道だというのはおかしい！」


上記の主張はもっともに聞こえます。しかし、ちょっと待っていただかねばなりません。私が言っているのは、「平和は貧困への道」ではなく、「平和**主義**は貧困への道」なのです。

「社会」と「社会主義」が異なるように、「平和」と「平和主義」もイコールではありません。英語でも、平和が「ピース」なのにたいし、平和主義は「パシフィズム」。

両者はどう違うのか？　まずは「平和」と「平和主義」の双方について、言葉の意味を規定するところから始めましょう。

本書では「平和」を、以下のように定義します。

他国との利害対立が、武力衝突（戦争）にいたることなく調整・解決されている状態。

個人の場合と同様、国家間の関係においても利害対立はつきものです。したがって、対立があるから平和でない、ということにはなりません。ドンパチにエスカレートすることなく、つきあいが続けばいいのです。くだんのつきあいを、外交と呼びます。

関連した概念に「安全」（英語では「セキュリティ」）があるものの、平和と安全もまたイコールではありません。他国と戦争していなくとも、国内でテロが頻発したり、犯罪率が高かったりすれば、安全とは言えないからです。

よって「安全」は、こう定義しましょう。

生命や財産に危害・損害を及ぼすような行為が、十分に規制されている結果、人々が恐れを感じずに生活できる状態。

このような状態が確立されていれば、「治安が良い」ということになります。つまり国家の状態には、次の四種類がありうるのです。

（1）平和で安全な国。他国と戦争もしていないし、国内の治安も良い。
（2）平和だが安全ではない国。他国と戦争はしていないが、国内の治安は悪い。
（3）平和ではないが安全な国。他国と戦争しているが、国内の治安は良い。

（4）平和でも安全でもない国。他国と戦争しているし、国内の治安も悪い。

途上国などでは、（2）の状態は珍しくありません。また大国が小規模な戦争を行っているような場合には、（3）が成立することがあります。逆に（4）の状態が続けば、政府が崩壊してしまい、国の体をなさなくなる恐れが強いのですが、これは脇に置きましょう。

戦後型平和主義の特徴

ならば「平和主義」はどう定義されるか。普通に考えれば、こうなります。

「他国との利害対立が、武力衝突（戦争）にいたることなく調整・解決されている状態」を何より重要と見なし、この状態が維持されることに最大の価値を見出《みいだ》す立場。

問題は、武力に訴えてでも自国の利益を押し通そうとする国が出てきたとき、どう対処するか。ここで平和主義は二種類に分かれます。

（1）武力に訴えてでも自国の利益を押し通そうとする国にたいしては、武力行使で対抗することも辞さない姿勢を取ることで、戦争を回避しようとする平和主義。

（2）武力に訴えてでも自国の利益を押し通そうとする国にたいしても、武力行使で対抗するのではなく、外交交渉（いわゆる「話し合い」）か、せいぜい経済的な圧力をかけることで、戦争を回避しようとする平和主義。

二十世紀前半のフランスの外交官であり、偉大な劇作家でもあったジャン・ジロドゥは、前者のような平和主義の本質をみごとに要約してみせました。一九三〇年代後半、ナチス・ドイツの台頭によって第二次大戦が迫る中、ジロドゥはこう語っています。

「平和主義者とは何か。あるいは、自分自身に忠実であろうとするとき、何をすればいいか。平和主義者とは、戦争を阻止するため、常に戦う用意のある人間のことだ」(1)

他方、戦後のわが国における平和主義は後者です。それどころか、戦後日本の平和主義は、「（敗戦前の）日本こそ、武力に訴えてでも自国の利益を押し通そうとする『悪い国』の代表だった」という前提のうえに成り立っているのです！

でなければ、日本国憲法前文に出てくる、この言葉を理解することはできません。

日本国民は、恒久の平和を念願し、人間相互の関係を支配する崇高な理想を深く自覚するのであって、平和を愛する諸国民の公正と信義に信頼して、われらの安全と生存を保持しようと決意した。われらは、平和を維持し、専制と隷従、圧迫と偏狭を地上から永遠に除去しようと努めている国際社会において、名誉ある地位を占めたいと思う。（原文旧かな、以下同じ）

平和を愛する諸国民の公正と信義に支えられ、地球規模で平和を維持しようとしているのが、第二次大戦後の国際社会（のはず）なのですから、武力に訴えてでも自国の利益を押し通そうとするような、不届きな国が現れるはずはない。あとは日本さえ、そんな真似をしなければいいのです。

すなわち戦後日本型の平和主義は、厳密にはこう定義されます。

（3）武力に訴える能力を、自国にだけは持たせないことによって、戦争を回避しようとする平和主義。

政府が現実的な安全保障政策を追求しようとするたび、この理念を信奉する人々から、「日本を『戦争のできる国』（あるいは『戦争する国』）にしてはいけない！」という批判が寄せられるのも、こう考えれば当然でしょう。

戦後日本型の平和主義が、国の平和を守るうえで有益かどうかは、控えめに言っても相当に疑わしい。理由は簡単、「日本以外の国が、武力に訴えてでも自国の利益を押し通そうとするはずはない」という前提は、非現実的な観念論にすぎないからです。

武力に訴える能力をこちらが持ってさえいなければ、戦争は回避できるはずだと考える国は、武力に訴えてでも自国の利益を押し通そうとする国にとって、格好のカモになる。「戦争を阻止するため、常に戦う用意がある」どころか、「戦争を阻止するために戦う用意だけは絶対にない」のですから、どんなに無法な真似をしても、いざとなれば屈服するに決まっているではありませんか。口先では「断固として抗議する」とか、「最大級の表現で非難する」とか言うかも知れませんが、そんなものは虚勢です。

してみると戦後日本型の平和主義は、隷従への道と評さねばならない。戦後七十年あまり、この点が際立たずにすんできたのは、わが国が日米安保体制のもと、アメリカの武力に守ってもらう方針を取ってきたからにすぎません。

ただしアメリカへの従属を永続化させてしまう以上、当の方針にしたところで、隷従への道にほかならない。武力に訴えてでも自国の利益を押し通そうとする国に屈するか、「そういう国の脅威から、武力に訴えてでも守ってやろう」と持ちかけてくる国に屈するかの違いでしかないのです。

とはいえ、これも脇に置きましょう。問題にしたいのは、戦後日本型の平和主義を掲げることが、経済にいかなる影響を与えるかです。

政府への制約としての財政均衡

戦争とは、政府によって遂行される国家規模の行為です。そのため、「武力に訴える能力を、自国にだけは持たせない」と構える戦後日本型の平和主義は、(日本)政府の行動に制約を加えねばならないという結論にたどりつく。憲法前文にも、こう書いてあります。

（日本国民は）政府の行為によって再び戦争の惨禍が起ることのないようにすることを決意し、ここに主権が国民に存することを宣言し、この憲法を確定する。（カッコは引用者。以下同じ）

戦争の放棄を謳った、九条の第一項はこうです。

（日本国民は）国権の発動たる戦争と、武力による威嚇、又は武力の行使は、国際紛争を解決する手段としては、永久にこれを放棄する。（読点を一箇所追加）

くだんの決意や放棄を実践するには、具体的にはどうすればいいか。一番ストレートな方法は、武力をまったく持たないことでしょう。現に敗戦直後は、「日本は今後、いかなる軍備も保持しない」という発想が支配的でした。

ところが、これが非現実的すぎることは、すぐに明らかになります。アメリカを中心とする自由主義諸国と、ソ連（現ロシア）を中心とする社会主義諸国の体制的対立、いわゆる冷戦が深刻化したあげく、一九五〇年にはお隣の朝鮮半島で戦争が始まったからです。この戦争をきっかけにして、わが国が再軍備を始め、自衛隊を持つにいたったのはご存じの通り。

もっとも武力を持つことと、武力に訴える能力を持つことは、例によってイコールではありません。なぜか？　戦争遂行にはカネもかかるためです。

戦争を行っているくせに、戦費をケチって切り詰めたがる政府というのは、ちょっと考えられない。そんなことをしたら、負けるリスクが高まるではありませんか。

戦時下の経済政策は、あくまで積極財政。財源が足りなければ、（主に）国債の発行という形で、国民、さらには友好的な他国から借金してでも、戦費を調達しなければなりません。しかしこれは、裏を返せば何を意味するでしょう？

そうです。**国債を発行できず、借金を禁じられた政府は、武力に訴える能力を大きく制限される**のです！

したがって戦後日本型の平和主義は、政府が負債を抱えるのを禁じるべきだという結論にたどりつくはず。はたせるかな、一九四七年三月に公布された財政法の第四条には、以下の規定がありました。

国の歳出は、公債又は借入金以外の歳入を以て、その財源としなければならない。

公債もダメなら借入金もダメ。早い話が、国、ないし政府はカネを借りてはいけないのです。さすがにこの後には、「但し、公共事業費、出資金及び貸付金の財源については、国会の議決を経た金額の範囲内で、公債を発行し又は借入金をなすことができる」と留保がつけられていますが（建設国債は例外として認めるということです）、法律の趣旨は明白でしょう。

いわゆる「国の借金」が問題視されて久しい現在でも、この原則は変わっていません。政府は特例法を繰り返し成立させるというアクロバットに頼ることで、赤字国債を発行しているのです。

財政法において、「歳入」は「一会計年度における一切の収入」と規定されます。片や「収入」は、「国の各般の需要を充たすための支払の財源となるべき現金の収納」と定義される。(2)キーワードはむろん「一会計年度における」です。わが国の財政は、会計年度ごとに歳入と歳出が均衡していなければなりません。「プライマリー・バランス」(基礎的財政収支。国債関係費を除く政府の歳入と歳出のバランス。PBと略称される)が赤字になってはいけないのです。

近年の日本では、プライマリー・バランスをいつまでに黒字化するか、ないし黒字化しなければならないかという論議がしばしばなされます。カタカナ言葉が使われているせいもあって、目新しい印象を受ける人もいるでしょうが、このような財政均衡主義のルーツは、七十年あまり前、敗戦直後にまでたどれるのです。

戦争憎けりゃ赤字国債まで憎い

前節の話をめぐっては、「政府が負債を抱えてはいけないと決められているのは、『国の借金』がふくれあがった末に財政破綻する危険を避けるためであって、平和主義とは関係ないのではないか?」という疑問があるかも知れません。

けれども、そうではないのです。たとえば日本共産党の機関紙「しんぶん赤旗」は、財政法第四条が定められた理由について、こう説明しています。

この規定（注：公債発行の禁止）は、戦前、天皇制政府がおこなった無謀な侵略戦争が、膨大な戦時国債の発行があって初めて可能であったという反省にもとづいて、財政法制定に際して設けられたもので、憲法の前文および第九条の平和主義に照応するものです。(3)

記事によれば、大蔵省（現・財務省）主計局法規課長として、この法律の直接的な起案者となった平井平治も、第四条の意義について、以下のように解説したとか。

戦争と公債がいかに密接不離（＝密接不可分）の関係にあるかは、各国の歴史をひもとくまでもなく、わが国の歴史を見ても公債なくして戦争の計画遂行の不可能であったことを考察すれば明らかである、……公債のないところに戦争はないと断言しうるのである、従って、本条（財政法第四条）はまた、憲法の戦争放棄の規定を裏書き保証せんとするものとも言いうる。（表記を一部変更のうえ、読点を一箇所追加。最後のカッコは原文）

プライマリー・バランス黒字化にたいするこだわりの根底にあるのは、「政府負債の増加による破綻を避けねばならない」という財政健全化の発想ではなく、「武力に訴える能力を政府に与えてはならない」という、戦後日本型の平和主義なのです！

一九六五年、戦後初めて赤字国債が発行された際にも、この点が浮き彫りになっています。前回の東京オリンピック大会が開催された翌年ですが、大会閉幕以来、わが国では景気が冷え込み、大型倒産が相次ぎました。時の佐藤栄作内閣は、歳入不足と不況の深刻化を懸念、国債発行に踏み切ります。しかるに野党第一党だった社会党（現・社民党）は、国債発行に反対します。その際、同党が展開した主張について、政治学者の山口二郎はこんなふうにまとめました。

社会党が反対した理由の一つは、赤字財政は戦争につながるという議論でした。財政法の四条で国債発行を禁止したのは、要するに戦争のために野放図に国債を出したことへの反省の表れであり、憲法九条と財政法四条とは平和主義の縛りなのだという言い方をして、社会党は赤字国債に反対していた。(4)

不況克服のために赤字国債を出したからといって、戦争につながるとは信じがたいものの、ポイントはそこではありません。戦後日本における財政均衡主義、ないし財政健全化論は、「坊主憎けりゃ袈裟まで憎い」ならぬ「戦争憎けりゃ赤字国債まで憎い」という心情に由来するものであり、経済より政治に根ざしたものなのです。

問題は、この事例が示すとおり、財政均衡にこだわり出すと、景気対策が打てなくなってしまうこと。景気の刺激には積極財政が求められますが、財源のメドがつかなくなってしまうのです。左翼系の著名な経済学者である大内兵衛など、一九六五年の不況の際、赤字国債発行反対に固執したあげ

く、景気の冷え込みなど放っておけばいいという旨を公言するにいたりました。(5)

放っておいても景気がじきに回復し、発展と成長の軌道に戻れるのであれば、それでも構わないでしょう。とはいえ現実には、政府の対策が十分でないと、景気が停滞したあげく、経済が成長しないか、悪くすれば収縮、つまり萎《しぼ》んでしまう危険があります。

萎みは英語で言うと「デフレーション」。これを略したものが「デフレ」です。

平和のためにデフレに耐えろ!

すなわち景気の冷え込みなど放っておけと主張するのは、経済がデフレになってもいいと構えるにひとしい。他方、デフレのもとで国民が豊かになることはありえませんので(なにせ経済が成長しないのです)、大内兵衛式の赤字国債反対論は、「国民が豊かにならなくてもいいし、事と次第では貧しくなってもいいから、とにかく国債を出すな」という話になります。

経済の専門家であるはずの人物が、国民が豊かになることを否定するような主張を展開するのですから、恐れ入るほかはありません。なぜ、こんな顚末になるのか?

お分かりですね。財政法四条は、憲法九条と並ぶ「平和主義の縛り」だからです。前節で指摘したように、戦後日本の財政均衡主義、ないし財政健全化論の根底には「戦争憎けりゃ赤字国債まで憎い」という心情があるわけですが、これを突き詰めると**「戦争憎けりゃ国民が豊かになることまで憎い」**にまで行き着いてしまうのです!

真面目な話、戦後日本型の平和主義者は、たいがいデフレよりインフレのほうを嫌います。インフレだと物価が上がり、人々が苦しむので良くないという理屈。政治史家の坂野《ばんの》潤治も、山口二郎との対談でこう回想しました。

戦後の社会主義者は、社会党も共産党も赤字国債は駄目、インフレも駄目。高校生の頃によく聞かされていたのは、「物価と月給のかけっこじゃ国民はいつもすっかんぴん。金がザクザクうなっているのは売国吉田（注：戦後初期に何度も総理大臣を務めた吉田茂を指す）の腹の中」という歌です。これが五〇年代からのみんなの信念になっているんだ。(6)

坂野潤治は一九三七年生まれなので、高校生の頃といえば、一九五〇年代前半にあたります。その直前、一九四〇年代後半の日本では、急激な物価の上昇が生じ、国民生活を圧迫しました。これは戦時中の大規模な国債発行が、敗戦に伴う物資の窮乏とあいまって引き起こしたものですから、社会党や共産党ならずとも「赤字国債は駄目、インフレも駄目」という心境になるのは分からなくもない。

だとしても、「物価と月給のかけっこじゃ国民はいつもすっかんぴん」などと信じ込んだら、えらいことになります。物価のほうが、月給、つまり賃金をはるかに引き離して上がってゆくのならともかく、この二つが駆けっこをする（＝そろって上昇してゆく）ことこそ、健全な経済成長のあり方なのです！

賃金をもらう側にすれば、物価は上がらずに賃金だけ上がったほうが嬉しいでしょう。ただし物価が上がらないとは、「物をつくっても（あるいは、サービスを提供しようとしても）なかなか売れない」ことを意味します。そんな状態で、どうやって賃金を上げることができるのでしょう？

国民が豊かになるには、「物やサービスへの需要が多いため、価格を上げてもちゃんと売れ、したがって賃金も上げることができる」状況が成立しなければなりません。この状況のもとで、経済は初めて成長します。つまり規模が膨らむのです。

膨張は英語で言うと「インフレーション」。これを略したものが「インフレ」です。その一つの表れとして、物価の上昇が見られるのです。あまりに急激な膨張、いわゆる「バブル」は、弊害が多く望ましくないとしても、経済の膨張なくして、人々が豊かになることもありえません。

「物価と月給のかけっこじゃ国民はいつもすっかんぴん」が、いかにとんでもない発想かも、ここまで来れば明らかでしょう。くだんのフレーズは、「経済が成長するかぎり、国民はいつもすっかんぴん（＝貧しさにあえいだまま）」と歌ったのです。本当は「経済が成長しないかぎり、国民はいつもすっかんぴん」なのに、みごとに逆になっている。

だったらデフレになったほうが、物価が下落するぶんマシという話になりかねない。が、物価が下落すれば、遅かれ早かれ賃金も下落します。経済の成長に向けてではなく、収縮に向けて駆けっこをするだけのこと。そのうち、リストラや倒産で失業するハメになるでしょう。

この歌の内容を真に受けたら最後、貧しさからは永遠に脱却できません。**「インフレ憎けりゃ経済成長まで憎い」**というべきか、物価の上昇を嫌うあまり、どう転んでも国民が豊かになれない構図をつくりあげているのです。またもや恐れ入るほかはありませんが、どうしてこんな発想が、少なからぬ人々の信念と化してしまうのか？

お分かりですね。敗戦直後の急激なインフレも、戦争の惨禍の一つと見なしうるからです。すると「(日本国民は）再び戦争の惨禍が起こることのないようにすることを決意し」という憲法前文の語句は、「再び急激なインフレが起こることのないようにすることを決意し」と読み替えられる。

戦後日本型の平和主義が、「赤字国債は駄目、インフレも駄目」と叫び出すのは必然の帰結と言わねばなりません。財政均衡主義、ないし財政健全化論と同様、インフレ反対論も「戦争憎けりゃ物価上昇まで憎い」という政治的心情に根ざしたものなのです。

しかしこうなると、平和主義のもとでは、景気対策どころか景気拡大まで許されなくなってしまう。山口二郎に、あらためて総括してもらいましょう。

(政府に景気対策を打たせないのが平和主義だと構えたら最後）デフレと平和が結び付き、インフレと戦争が結び付くということになる。ですから、平和を守りつつ、積極財政をやって雇用の確保をするという議論を、戦後から現在に至るまで、左翼・革新側がちゃんとやってこなかったのです。(7)

デフレ（＝経済の収縮）と平和が結びつき、インフレ（＝経済の成長）と戦争が結びつくというのは、**「平和を守りたければ貧困に耐えろ」**と主張するにひとしい。誇張でも何でもなく、平和主義は貧困への道なのです。ちなみに山口さん、左翼・革新が「雇用の確保をする」議論をやってこなかったと語っていますが、これは「経済をちゃんと成長させる」議論をやってこなかったとするのが正確でしょう。

佐藤内閣が戦後初の赤字国債を発行した二年後、一九六七年のメーデーには、デフレと平和の結びつきを端的に示す光景が見られました。メーデーとは、十九世紀末より各国で行われるようになった労働者の祭典ですが、この年はちょうど『ウルトラマン』が最初に人気を呼んだ時。

神戸で開かれたイベントには、世相を風刺した怪獣の山車やら、怪獣に仮装した人々が登場、「怪獣メーデー」の異名を取りました。その中に現れたのが、佐藤総理をモデルにした「政界獣サトゴン」。

しかるにサトゴンの両側には、それぞれ「物価を下げろ!」「戦争政策やめろ!!」というスローガンが書かれていたのです。「戦争政策やめろ」とは、当時アメリカが行っていたベトナム戦争に反対せよ(ひいては日米安保を廃棄せよ)という意味だと思われますが、とまれデフレと平和は、ほとんど文字通り結びついていたのでした。(8)

繁栄達成をめぐる裏事情

「ちょっと待ってくれ。平和主義が貧困への道というのはその通りとしても、だったら戦後日本はどうして、少なくとも一九九〇年ぐらいまでは、発展と繁栄の道をたどることができたんだ？　だいたい一九六〇年代、高度成長路線が軌道に乗るまでは、わが国はマジで貧しかったんだから、戦争がイヤなのはいいとして、豊かになりたいとも思うのが当たり前じゃないか？」

こんな疑問を抱かれた方もいるかも知れません。

なるほど、「豊かになりたい」は、「戦争はイヤだ」と並んで、戦後日本人の基本的な心情、ないし願望と呼ぶべきものです。国や社会が目標とすべき「経世済民」とは、平和と繁栄がそろって達成されている状態ですから、この二つを同時に望むこと自体はなんら不思議ではない。(9)

問題は、戦後日本型の平和主義に固執すると、「平和を守りたければ貧困に耐えろ」という話になってしまい、豊かになれなくなることです。にもかかわらず、わが国が世界に冠たる繁栄をいったん達成したのも事実。これは何を意味するのか？

そうです。日本人（のほとんど）は、**自分たちの平和主義がどのような意味合いを持つか突き詰めようとしないまま、豊かさの追求に支障が生じない範囲でのみ、タテマエとして掲げていた**のです！　この姿勢を「柔軟なバランス感覚」と呼ぶか、「何でもありのご都合主義」と呼ぶかは、なかなか微妙と言わねばなりません。

平和主義をめぐるタテマエとホンネの使い分けは、「戦争はイヤだ」、すなわち安全保障政策のあり方から入ると分かりやすい。すでに述べたとおり、「武力に訴える能力を、自国にだけは持たせない」「戦争放棄の実践のため、いかなる武力も持たない」という発想は、敗戦から十年もたたずに形骸化しはじめます。

日米安保体制のもと、自衛力の整備が進められるようになったのです。憲法前文や九条の理念が、公然と否定されたわけではありませんが、どちらも国の存立と安全の確保に支障が生じない範囲でのみ、タテマエとして掲げられるにすぎなくなりました。

左翼・革新を中心として、「自衛隊は違憲だ」「日米安保は廃棄すべきだ」と主張しつづけた人々はいます。学界やマスコミなどの分野で、これらの主張が長年にわたり、支配的な影響力を持ってきたことも間違いありません。

しかしそのような勢力は、政治の世界では基本的に野党、つまり少数派にとどまります。平和主義はタテマエとして尊重するが、ホンネとしての日米安保体制や、自衛力の整備に支障が出るようでも困るというのが、日本人のバランス感覚、ないしご都合主義だったのです。

つけくわえれば、左翼・革新系の人々すら、自衛隊の解散や安保条約の終了を、どこまで本気でめざしていたかは疑わしい。「保守」と「親米」を政策面での柱とする自民党が政権を担うかぎり、どのみち日米安保や自衛隊がなくなるはずはない（＝いくら平和主義を唱えたところで、責任を問われるハメに陥ることはない）と割り切ったうえで、非現実的な観念論を安心して並べ立てていた、というのが偽らざる真相でしょう。

要するに彼らも、先に述べたバランス感覚、ないしご都合主義に安住していた次第。これを鮮やかに、もしくはミもフタもない形で示したのが、一九九〇年代前半、社会党の党首だった村山富市です。村山は一九九四年、なんと自民党と連立することで総理の座につくのですが、政権を担うや否や、安全保障に関する従来の姿勢（自衛隊違憲論、および日米安保の廃止）をぶん投げ、自衛隊の容認と日米安保の堅持を謳ったのでした。

平和主義の本丸ともいうべき、安全保障政策のあり方にしてこの体たらく。「豊かになりたい」、すなわち経済政策のあり方にたいして、この理念が持つ意味合いなど、突き詰められたはずはありません。自民党が政権を担うかぎり、どのみち経済は成長すると割り切ったうえで、「赤字国債反対」「インフレ反対」と安心して並べ立てていた、というのが偽らざる真相でしょう。

こちらにも好例があります。一九六〇年、時の池田勇人総理は「所得倍増計画」を打ち出しました。年率九パーセントの経済成長を維持することで、十年間に国民の所得を二倍（以上）にするプランです。

十年間で倍にするには、所得が毎年八パーセントぐらいのペースで伸びる必要があります。これを国民規模でやるのですから、物価も上昇するのは確実。

インフレは駄目、という立場を取るのであれば、断固として反対しなければなりません。それどころか戦後日本型の平和主義のもとでは、インフレは戦争と結びつくはずなので、「経済低迷こそ平和主義の縛り、所得倍増は戦争への道！」と叫んでしかるべきところ。折しも池田勇人が総理の座につく直前、わが国では日米安保条約の改定をめぐって、大規模な反対運動が起きています。

だが、もちろん、そういう話にはならない。「あなたの所得をグッと増やしてあげます」と政府が持ちかけているとき、平和の名のもとに拒否するなど起こるはずがないのです。一九六〇年十一月に行われた総選挙で、池田総理の率いる自民党は圧勝しました。

所得倍増計画にたいし、インフレを招くと懸念した経済学者はいたようです。けれどもそのような人物でさえ、「所得倍増など望ましくない」と説くのではなく、「所得倍増は現実的に達成できないし、社会的格差の解消のほうが重要」といった、控えめなトーンの議論に終始した模様。(10)

それはそうでしょう。景気の冷え込みを放っておけと主張するくらいならともかく、所得を増やそうとしてはいけないと経済学者が説いたら、相手にされないどころか、袋だたきになるかも知れません。もっとも景気の冷え込みを放置しつづけたら、所得は減少する恐れが強いので、二つの主張にさほど大きな違いはないのですが、これは脇に置くことにします。

貧困への道はどう敷き詰められたか

こうしてわが国は、豊かさを否定するような平和主義の理念を掲げたにもかかわらず、成長と繁栄の道を歩むことができました。ところが一九八〇年代に入ると、新自由主義、およびグローバリズムと呼ばれる考え方が、アメリカやイギリスで台頭、世界的に広まってゆきます。

新自由主義は、市場原理に基づく経済活動を「自由」なものと位置づけ、「自由」な要素の占める比重が大きい経済ほど望ましい（＝繁栄が効率的に達成される）と見なす考え方です。他方、グローバリズムは、各国が新自由主義的な経済政策で足並みをそろえ、国境を越えたモノ・カネ・ヒトの移動を自由にすればするほど、世界全体が繁栄すると見なす考え方。

市場原理に徹すれば徹するほど良いのですから、どちらにおいても、政府は経済のあり方に介入しないほうが良い、または介入などしてはならないことになります。積極財政などはもってのほかだし、規制もどんどん緩和すべきだという話になるでしょう。ついでに歳出削減で負債を減らし、財政を健全化すれば満点です。

だとしても、何か気づかれた点はないでしょうか？

そうです。

財政均衡にこだわり、積極財政による景気刺激を無用の長物と見なしたがる点において、**新自由主義やグローバリズムは、戦後日本型の平和主義と通じ合っている**のです！

しかもグローバリズムのもとでは、労働力の安い国の製品がどんどん入ってくる。それらの製品は当然、安価です。

言い替えれば、グローバリズムのもとでは物価が安くなりやすい。規制の緩和や撤廃にしても、財やサービスの「効率的」な提供、つまりコストダウンを大義名分とするのが普通です。

このデフレ志向も、平和主義に通じるものと言えるでしょう。そもそも戦争が頻繁に起きるような世界で、国境を越えたモノ・カネ・ヒトの移動が、自由になるはずはありません。グローバリズムは平和主義と相性が良いのです。

戦後日本では長らく、「観念的な平和主義をタテマエとして尊重しつつ、より現実主義的な政策をホンネとして推し進め、それによって経世済民を達成する」というバランスが成立してきました。当該のバランスには、以下の三つの特徴が見られます。

（1）観念的な平和主義は、左翼・革新と呼ばれる勢力によって主張される。学界やマスコミなど、タテマエが幅を利かせやすい分野においては、こちらの勢力が主導権を握るものの、ホンネの利害がからむ政治の世界では、野党として少数派にとどまる。

（2）現実主義的な政策は、保守と呼ばれる勢力によって推進される。保守勢力は、左翼・革新のタテマエ論によって批判、または糾弾される宿命にあるが、政治の世界では与党として権力を握る。

（3）現実主義的な政策の基本は、対米協調路線、ないし対米従属である。

新自由主義やグローバリズムは、観念的な平和主義に通じる点を多々持っています。そのかぎりでは、左翼・革新の側に受け入れられ、保守からは否定されるのが筋でしょう。

問題は、これらの考え方がアメリカで台頭したこと。対米協調、ないし従属こそ、保守の言う「現実的な政策」の基本です。そのため新自由主義やグローバリズムも、むしろ保守の側に受け入れられました。

すると、どうなるか？

ジャジャーン！　保守と左翼（つまり右と左）、あるいはタテマエとホンネの双方において、「財政均衡主義に基づく積極財政の否定」「デフレ志向の肯定」と、成長を阻害するような理念が掲げられるにいたったのです。おまけに市場原理に徹すれば徹するほど良いと構えるのですから、貧困層の増加も「貧しくなるほうが悪い」という自己責任論で正当化される。となれば、格差も必然的に拡大してゆきます。

発展や繁栄が持続したら、そちらのほうが不思議でしょう。新自由主義やグローバリズムの発想が定着した一九九〇年代後半以来、わが国の経済は「良くて停滞、悪ければ衰退」という状態に陥りました。

二〇一〇年代、アメリカやヨーロッパでは、新自由主義やグローバリズム（とくに後者）の弊害にたいする反発が強まっています。二〇一一年に話題となった「ウォール街を占拠せよ」運動、二〇一六年に生じたイギリスのEU離脱決定、あるいは同年のアメリカ大統領選挙におけるドナルド・トランプの勝利などは、いずれも「反グローバリズム」の側面を持っている。

ひきかえ日本では、経済の停滞・衰退が続いているにもかかわらず、反グローバリズムの動きがさっぱり盛り上がらない。序章でも登場した中野剛志など、こう慨嘆しています。

グローバリズムや新自由主義を推進してきた人たちの罪というのは、世間で思われているより、重いのです。彼らは、この二〇年間、日本を衰退へと追いやってきた。ところが、そのグローバリストや新自由主義者が、政治家であれ官僚であれ知識人であれ、責任をとるどころか、

依然として日本という国家の中枢に居座っているのです。(11)

無理からぬことと評さねばなりません。わが国のグローバリストや新自由主義者は、他国と違って、戦後日本型の平和主義という理念的基盤にも支えられているのです。往年の大蔵官僚・平井平治なら、「新自由主義やグローバリズムは、憲法九条、あるいは財政法四条と並ぶ平和主義の縛りであり、戦争放棄の原則を裏書き保障せんとするものである」と言い出すかも知れません。

現在の日本では、「平和を守りたければ貧困に耐えろ」が、その自覚すらないまま、着実に実践されているのです。わが国の平和主義は、新自由主義やグローバリズムに助けられることで、たんなるタテマエの域を脱し、貧困への道を敷き詰めるのに成功した、そう形容することもできるでしょう。

技術革新と政府の役割

平和主義は、財政均衡主義やデフレ志向以外の形でも、経済成長を阻害します。

成長を続けるうえでは、技術革新が大きな役割を果たす。生産性が向上したり、新しい産業が生まれたりするからです。しかるに「とにかく戦争はイヤだ」という発想にしたがって、政府の行動に制約を加えようとすると、技術革新が起こりにくくなってしまうのです!

この点を考えるうえでは、「革新」の概念にたいして、われわれが持っているイメージを見直さねばなりません。

「革新の旗手」とか、「革新を担う」などと言うと、前人未踏の領域に、いち早く進んでゆくような印象があります。そのせいでしょう、社会の革新を率先して担おうとする使命感、ないし幻想を抱いた人々は、しばしば自分たちのことを「前衛」と位置づけました。

読んで字のごとく、前衛とは「前を衛《まも》る」、すなわち前方の護衛にあたる者のこと。「行軍の際、本隊の前方にあって進路上の障害を排除し、また、捜索をして本隊戦闘の初動を有利にするなどの任務を帯びる部隊」というのが、『広辞苑』の定義です。

本隊の前方にいる以上、前衛は少数のはず。先頭を行くのは危険も多いでしょうから、精鋭によって構成されるに違いありません。前人未踏の領域へと、いち早く進んでゆくエリートが「前衛」なのです。

くだんのイメージを当てはめると、技術革新も少数の前衛的エリートによってなしとげられるはずだという話になる。具体的に言えば、天才的な科学者やエンジニア、あるいは野心とビジョンを持った起業家など。

現に「ベンチャー（ビジネス）」という言葉は、「前衛」ときわめて似通った意味合いを持っています。規模は小さくとも、新技術や高度な知識を武器に、大企業ではやりにくい事業を展開するのがベンチャーなのですから。先の広辞苑の定義にならえば「産業経済において、本隊（＝確立された大企業）の前方にあって技術開発の障害を排除し、また、革新的なテクノロジーやビジネスモデルをつくりあげて、経済を活性化させる任務を帯びた企業」というところです。

十八世紀後半、産業革命が始まったばかりのころは、このような技術革新のイメージにも正当性がありました。けれども十九世紀後半、第二次産業革命が起こるころになると、そうとは言えなくなってきます。

産業化の進展、およびテクノロジーの発達によって、技術革新に莫大な投資が必要となってきたためです。さらに革新的な技術開発をなしとげるには、たいがい長い年月がかかりますし、成功するという保証もない。

少数の前衛的エリートの手に負える代物ではなくなったのです。それどころか、確立された大企業であっても、リスクが大きすぎて挑戦できなくなってくる。

となれば、技術革新の担い手たりうる存在は一つしかありません。政府です。

むろん政府にしたところで、成功するかどうか分からない技術開発プロジェクトに、巨額の資金を投入する真似は、そう気軽にできるものではない。「税金のムダ使いだ！」「もっと採算性を考えろ！」という声が上がるのは、目に見えているではありませんか。

ただし、ここに抜け道があります。政府には、採算性とは関係なく、やらねばならないことがあるのです。すなわち安全保障。

「ソロバンが合わないから、われわれは国民を守りません」と、ぶん投げるわけにはゆかないのです。そのため安全保障のための技術開発、つまり軍事研究だったら、成功するかどうか分からないプロジェクトに、巨額の資金を投入することも正当化される。

二十世紀に入り、技術革新は政府の存在、わけても政府にバックアップされた軍事研究の推進と切り離すことができなくなりました。アメリカの作家ハーラン・エリスンは、技術革新をめぐる一般的なイメージが、現実といかにかけ離れてしまったかについて、こんなふうにコメントしています。

（世界初の人工衛星）スプートニクが打ち上げられる前にも、宇宙開発を描いたSF作家は大勢いる。だが、それらの作家の中で、ロケット建造が政府のプロジェクトとして、軍の関与のもとに国費で行われるという物語を書いた者は一人もいなかった。（中略）筋立てはいつも同じさ。誰かが自分の家の裏庭で、ブリキ缶やら古いティッシュペーパーの箱やら、ありあわせの材料から宇宙船をつくりあげる。で、さっそく月へと旅立つ次第。宇宙開発は民間が手がけるものと、みんな思い込んでいた。国家の事業になるとは、誰も想像できなかったんだ。(12)

スプートニク一号は、一九五七年の十月にソ連が打ち上げたもの。ソ連は社会主義国でしたから、政府のプロジェクトです。

一九六一年、世界初の宇宙飛行士となったのも、ソ連空軍の中尉だったユーリ・ガガーリン（飛行中、少佐に特進）。やはりソ連人で、一九六三年、世界初の女性宇宙飛行士となったワレンチナ・テレシコワは、飛行当時こそ軍人でなかったものの、その後は空軍に入り、少将にまで出世しています。

宇宙開発で当初、アメリカがソ連に後れを取ったのも、エリスンの指摘した「宇宙開発は民間が手がけるもの」という思い込みゆえかも知れません。(13) もっとも一九六〇年代になると、アメリカでも宇宙開発は国家事業となり、軍の関与のもとに進められます。一九六九年、世界で初めて月に降り立ったニール・アームストロングは、アメリカ海軍出身の飛行士でした。

資金や人材ばかりではありません。アメリカが長年、人工衛星や宇宙船の打ち上げに使ったタイタン・ロケットは、もともとICBM（大陸間弾道ミサイル）用に開発されました。人間を月に送ったサターン・ロケットの開発も、国防総省の要請によって始まっています。ブリキ缶やティッシュペーパーの空き箱の再利用などという、のどかで呑気な話ではありません。軍事研究の基盤なしに、宇宙開発はなしえなかったのです。

余談ながら、宇宙開発と軍事研究の親近性を、近年になって雄弁な形で立証しているのが、かの北朝鮮でしょう。同国はミサイルを発射する際、しばしば「これは人工衛星である」とか「平和的な宇宙開発である」などと強弁しているのです！

軍事研究なしに繁栄は続くか

他にも例はいろいろあります。原子力発電の実現が、第二次大戦中にアメリカが推進した原爆製造プロジェクト、「マンハッタン計画」抜きに考えられるでしょうか。トランジスタやデジタル式コンピュータにしても、やはりアメリカにおいて、軍の資金提供を受けた企業や研究所が開発したもの。

インターネットの原型となったのは、米国防総省内部でつくられた軍事用通信ネットワークです。(14)GPSやWi-Fi、Bluetoothには「周波数ホッピングスペクトラム拡散」という技術が使われています。その原型となった「周波数ホッピングシステム」にしたところで、第二次大戦中、敵の妨害を受けずに魚雷を無線誘導するために考案されました。

システムを発明して特許を取ったのは、ハリウッド最高の美人女優と謳われたヘディ・ラマー（じつは大変な才女だったのです）と、友人の作曲家ジョージ・アンタイル。(15)米海軍は二人の特許を最高機密に指定して抱え込んだものの、すぐには実用化できませんでした。しかし戦後しばらくたって、ソナーで探知した敵潜水艦の位置情報を伝達するために使われるようになり、そこから発達していったのです。

一方、武力に訴える能力を、自国の政府にだけは持たせまいとする戦後日本型の平和主義のもとでは、軍事をめぐる技術開発も望ましくないと見なされます。日本学術会議は、一九五〇年と一九五七年に、軍事研究を行わないという声明を決議、二〇一七年にも、この方針を継承する旨の声明を出しました。(16)

日本学術会議は総理大臣に所轄される、内閣府の特別の機関です。それが軍事研究を否定しているのですから、まさしく筋金入り。

けれども、そんな発想のもとでは、宇宙開発や原子力発電はもとより、コンピュータやインターネット、あるいはGPS、Wi-Fi、Bluetoothまで、生まれてこない恐れが強いのです！

平和主義においても、技術の開発や革新が起こらないわけではありません。だいたい戦後初期、日本は貧しく遅れていましたから、アメリカをはじめとする先進国の開発した技術を、効率良く学び取れれば十分だった。

が、経済大国となったら後追いではすまされない。進んで先端を切ってゆかねばならないのです。そうなると、軍事研究を通じて政府が巨額の資金を投入する国と比べて、不利なのは明らか。経済が停滞、ないし衰退し、企業が研究開発に投資する意欲をなくせば、なおさらです。

おまけにわが国の平和主義は、財政均衡にもこだわりますから、積極的な景気対策にも否定的。いったん経済が停滞や衰退、すなわちデフレに陥ると、なかなか抜け出せなくなってしまいます。

これでは技術革新の先頭に立てというほうが無理でしょう。そして技術革新で後れを取りつつ、発展や繁栄を維持するのは、いかんせん難しいのです。

平和主義は格差も拡大させる

そろそろみなさんも、平和主義が非常にいかがわしいものに思えてきたのではないでしょうか。戦後日本が（少なくともいったん）経済大国になれたのは、平和が続いたおかげかも知れませんが、平和主義のおかげではありません。

「平和主義を掲げたにもかかわらず、平和が続いたおかげもあって、幸運にも発展して豊かになれた」のほうが、よほど真相に近い。ところが平和主義のもとでは、平和が続いたとしても、発展や繁栄を維持するのは難しくなります。

まして近年、わが国の安全保障をめぐる国際的な環境は、以前ほど安定したものではなくなりました。アメリカが相対的に没落するかたわら、経済的に力をつけた中国が覇権主義的な姿勢を強め、さらに北朝鮮が核やミサイルの開発を行っているためです。

こうなると戦後日本型の平和主義は、「貧困への道」にして、「(武力に訴える力を持った国への)隷従への道」になってしまう。いよいよもって、そんな理念の何が良いのかと言いたくなるところですが、問題はまだあります。平和主義のもとでは、社会的格差まで拡大しやすいのです!

戦争は、政府によって遂行される国家規模の行為です。「国民国家」のシステムのもと、ナショナリズムが定着した近代世界では、国力のすべてをつぎこんで行う「総力戦」も珍しくなくなりました。勝利を得るためには、国民の結束や団結を強めねばなりません。とはいえ社会的な格差や不平等を放置したままで、結束や団結が強まることはありえない。ゆえに戦時下においては、社会の平等化、ないし民主化が促進されます。

となれば、戦争が終わったというだけで、「これからまた格差と不平等の路線に戻るぞ、よろしく!」とやるわけにはゆきません。激しい反発を食らうのは確実ではありませんか。戦時において達成された平等化は、平和が戻ったあとも、相当の期間にわたって持続します。

国民の多くにとり、平等化の促進は、自分の権利が保障・強化されることにつながる。しかも戦時と違って、国家のために(事と次第では命がけで)尽くす必要もありません。「平和になったうえ、権利まで保障・強化されるとは、世の中も良くなったものだ」ということになるでしょう。

ただし戦争なしには、そもそも権利の保障・強化が進まなかった可能性が高い。その意味で、平和が続くだけで「世の中が良くなる」かどうかは疑わしいものがあります。技術革新が軍事研究によって支えられているように、平等な民主社会はしばしば戦争によって支えられているのです。

戦後日本も、決して例外ではありません。アメリカの歴史学者ジョン・ダワーは、敗戦直後のわが国における労働組合の急速な発展（＝労働者の権利の保障・強化）をめぐり、「占領政策による民主化の成果」というだけでは説明できないとして、次のように論じました。

労働組合運動が、かくも盛り上がるにいたった基盤は、じつは戦時中に整えられていた。総力戦遂行に向けた国家総動員の一環として、各企業、各産業、そして国全体の三つのレベルで、労働者の組織化がなされていたのである。あとは「お国のための滅私奉公」という大義名分が、敗戦によって崩れ去るだけで良かった。国策でつくられたはずの組合や全国連盟を、今度は左翼系の勢力が動かすようになる。方向性の転換は、いとも簡単になされた。(17)

裏を返せば、「とにかく戦争はイヤだ」という平和主義のもとでは、遅かれ早かれ格差が拡大してゆき、社会の平等性や民主性が脅かされることになります。戦争を絶対にしないのであれば、国民の結束や団結を強める理由も大きく損なわれる。ゆえに格差や不平等を解消しなければならない理由も揺らいでしまうのです。

敗戦から三十年（つまり一世代）が経過し、戦争の記憶が薄れた一九七〇年代半ばあたりより、わが国では「戦後の民主化が行き過ぎて、社会が悪平等に陥った結果、人々から活力がなくなった」という趣旨の議論が見られるようになりました。この考え方は一九八〇年代以後、新自由主義やグローバリズムに助けられて、広く受け入れられます。

しかるに「民主化の行き過ぎによる悪平等」批判が始まって三十年が経過した二〇〇〇年代半ばあたりより、格差の拡大と貧困層の増加が、社会問題として浮上したのです。はたしてこれは偶然でしょうか？

負け組は勝手に路頭に迷え

こう書くと、「いわゆる『経済的徴兵制』についてはどう考えるのか」と気になった方もいるでしょう。が、この概念は、戦争と社会の平等化の関連性を否定するものではありません。

経済的徴兵制とは、貧困層の若者が軍隊勤務に伴う報酬や特典に魅力をおぼえ、生活向上の手段として入隊を志すことを、否定的・批判的に形容した表現です。だとしても「軍隊勤務は、貧しさから抜け出す機会を与える（はずだ）」という前提がなければ、そのような行動は成り立たない。

貧困脱出の機会を与えてくれる組織の存在が、社会の平等化に貢献しないはずがないではありませんか。経済的徴兵制に関する議論は、「軍隊勤務以外に、貧困層が生活を向上させる手段がないのは間違っている」、あるいは**「軍隊に入るくらいなら貧困に耐えろ」**という価値判断の表明ではあっても、戦争（もしくは戦争への備え）が社会の平等化を促進することの否定にはならないのです。

映画監督の大島渚など、「経済的」ならぬ本物の徴兵制についてすら、同じ理由で肯定的な側面を見出しました。

徴兵は（戦前の）国民にとって、わが子を兵隊にとられることだった。しかし、同時にわが子を軍隊にとってくれることでもあったと私は思うのである。軍隊にとってもらえれば、その間はお国のお金で養ってもらえたわけである。そこで勉強もできたし技術も覚えられた。家へ帰ればその経験が生きたのである。もちろん、わが子を戦死させたいとはいかなる親も思わなかっただろうけれど、そのことをいわば生命保険の掛け金のようにして、わが子はいざとなれば天皇と国家が面倒をみてくれるという実感も持てたはずなのである。(18)

徴兵制とは、国が若者の面倒を見ることだった！　何やらガチガチの右翼が、極論を展開しているかのようですが、意外や意外、大島渚は反体制的な国家批判・社会批判の映画をつくり続けた、バリバリの左翼です。政治的な信条という点では、戦後日本型の平和主義を信奉していたと見てよいでしょう。

そんな人物が、なぜ徴兵制を肯定するようなことを言うのか。大島監督は「とにかく戦争はイヤだし、政府の行動にも制約を加えるべきだが、それによって失われてしまうものもある」と認識していたのです。先の引用は、こんなふうに続きました。

そのこと（注：徴兵制の持つメリット）の是非善悪は今いわない。ともかくも、家族、わが子の生活を守ることについて、国家が最終的には責任を持ってくれるという感覚はたしかに昔の日本にはあったのではないか、と私はいいたいのである。

今はそういう感覚はない。断固としてない。戦前的な国家への信頼は断ち切られ、新しい個人の連帯感はいまだ生まれ出ぬまま、私たちは吹きさらしの風の中に家族とわが子を抱えて孤立して立っているのである。(19)

吹きさらしの風の中に、家族を抱えて孤立しているとは、路頭に迷ったようで痛々しい。とはいえ大島渚の言葉は、決して大げさではありません。

政府は国民を守ることについて、責任を持たねばなりません。「国民を守る」とは、まずもって国民の生命を守ることです。

安全保障政策は、そのためのものでもあるのです。国を守ることができないとき、国民の生命をどうやって守れるでしょう。だとしても、事と次第では武力に訴えるというオプションがなければ、国を満足に守ることはできません。

戦争をする気概のない国は、責任を持って国民を守ることなどできないのです。ところが戦後日本型の平和主義は、自国の政府が武力に訴えることができないよう、制約を加えるべきだと信じてきました。

これでは政府としても、国民を守ることについて責任を持てません。しかし「生命を守る」ことすらできない（というか、実質的に禁じられている）とき、「生活を守る」ことについて、いちいち責任を持つはずがないでしょう。

憲法二十五条に「すべて国民は、健康で文化的な最低限度の生活を営む権利を有する」と書いてあろうと、そんなものはキレイゴトにすぎません。「健康で文化的な最低限度の生活」の中身が、具体的に規定されているわけではないのですから。

そして今まで見てきたとおり、政府が国民の生活を守ることに責任を持たない、あるいはいざとなっても面倒を見ないというのは、以下のような形で表面化します。

（1）経済の成長より、財政の均衡にこだわる。
（2）不況になっても積極財政による景気対策を打とうとしない。
（3）技術革新が起こりやすくなる体制をつくらない。
（4）格差が拡大し、社会が不平等になっても放置する。

これぞ、平和主義のもたらす経済的な帰結にほかなりません。貧困への道を敷き詰めておきながら、「貧しくなるのは自己責任、負け組の連中は吹きさらしの風の中で、勝手に家族と震えていろ」と切り捨てる。

わが国は過去七十年あまり、政府はそうあるべしという理念を掲げてきたのです。それがここ二十年あまり、新自由主義とグローバリズムに助けられて、現実のものとなった。理念をブレずに実現することを成功と呼ぶのであれば、貧困化と格差拡大の進む現状こそ、戦後日本の輝かしい成功にほかなりません。

だが、そんな成功の何が良いのですか？

第二章

平和主義は少子化への道

「何だって、貧困の次は少子化？　まさか、いくら何でもそんなはずはない！　平和と平和主義は違うと言っても、戦争は殺し合いじゃないか！　人が大勢死ぬのを否定する理念が、少子化への道だなんて――」

ハイ、もういいですね。賢いほどのバカはなし、先に進みましょう。戦後日本型の平和主義は、少子化もしっかり促進するのです。

わが国における少子化の進行が、平和主義**のみ**によって引き起こされていると主張しているのではありませんよ。

近代化・産業化が進み、先進国になってゆくにつれて、少子化は一般的に生じます。教育費をはじめ、子供を育て上げるためのコストが増大するためです。

貧しく遅れた国なら、基本的な読み書きを習った程度でも、立派な労働力として認められるかも知れない。が、先進国ともなれば、相応の高等教育を受けないかぎり良い仕事にありつけません。同時に近代化によって公衆衛生水準が向上すると、乳幼児の死亡率が低下します。

つまり「子供が生まれたけれど、小さいうちに死んでしまった」ということがほとんど起こらなくなる。よって、子供をいっぱい産む必要がなくなります。前近代的な社会では、電気が十分普及していないこともあって、夜の娯楽となるとセックスぐらいしかないのにたいし、近代化された社会では、暗くなったあとの遊びがいろいろ用意されるうえ、避妊についての知識や手段が広まる点もつけ加えておきましょう。

また現在の日本のように、いったんは繁栄を謳歌したものの、低迷・衰退の道をズルズルたどっている国では、「子供を育てるコストは高くなったのに、国民の多く（とくに若い層）が貧しくなってゆく」という状態が成立してしまう。

子供をつくりたかったとしても、経済的な事情によって、ためらったり、あきらめざるをえなくなったりするケースが増えるわけです。生まれる子供の数が増えたら、そちらのほうが不思議と評さねばなりません。

戦後日本型の平和主義は、社会の貧困化を引き起こす性格を持っているので、すでに「平和主義は少子化への道」となります。ただしこれは、ポイントとして二次的なもの。平和主義は、より本質的な形で、新たな世代の誕生を阻害するのです。

政府の負債は本当に問題なのか

第一章でお話ししたとおり、わが国の平和主義には、政府が国債を発行する（＝借金する）ことを禁じたがる特徴があります。なぜそうなるのか、メカニズムをおさらいしておきましょう。

(1) 戦後日本型の平和主義は、「武力に訴える能力を、自国の政府にさえ与えなければ、戦争は回避できる」と見なす。これを実践する最も直接的な方法は、いかなる武力も持たないことである。
(2) けれども日本のような地理的条件に置かれた国家が、一切の武力を持たずに存立や安全を維持できると考えるのは現実的でない。そのため平和主義は、「武力の不保持を謳いつつ、自衛隊の存在を容認、または黙認する」という妥協に追い込まれる。
(3) しかし戦争遂行のためには、武力のみならず、多額の戦費、つまりカネが必要とされる。当該の戦費は、国債の発行という借金によってまかなわれる場合が多い。
(4) ゆえに財政均衡主義(政府は歳入以上の歳出をしてはならないとする立場)を取り、国債発行を原則禁止にしてしまえば、武力の保持をめぐって妥協したとしても、政府の戦争遂行能力に重要な制約を加えることができ、平和主義の原則が守られる。

このような財政均衡へのこだわり、ないし政府の負債にたいするアレルギー的拒否反応は、景気対策を打ちにくくします。景気の刺激には積極財政が求められるのに、財源のメドがつかなくなってしまうからです。

景気対策が打ちにくければ、経済の発展や繁栄の維持はそれだけ難しくなる。「平和主義は貧困への道」と呼んだゆえんです。ところが「財政はつねに均衡していなければならない」「政府は負債を抱えてはならない」という発想には、さらに厄介な含みがひそむ。

なんと、この発想こそ少子化への道を敷き詰めるものなのです!

これを説明するには、負債、すなわち借金というものが、とどのつまり何なのか、整理しておく必要があります。多少長くなりますが、おつきあいください。

われわれは普通、借金をすること、わけても借金を重ねることについて、良いイメージを持っていません。できるかぎり借金などすべきではない、これが一般的な感覚でしょう。だとしても、借金の何がいけないのか？　答えはこうなると思われます。

「いずれ返済しなければならないし、そのとき返せなければ破産する」

もっともな話です。しかし新しく借金することで、古い借金を返済する方法もあるはず。なぜ、それではいけないのか？

答えはこうなるでしょう。

「そんな方法を使っていたら、負債が膨らんでゆく。利息の支払いだってあるし、手元にカネがあれば支出を減らせないのが人間だ。やがて信用を失い、新しい借金ができなくなる。したがって古い借金の返済ができずに破産する」

いわゆる「国の借金」、つまり政府の負債の増加を問題視する議論は、右の答えを政府に当てはめたものです。「破産」が「財政破綻」に置き換えられただけの話。

しかし、ちょっと待っていただかねばなりません。この答えにおいて、借金の繰り返しが否定される論拠となっているのは、「信用を失い、新しい借金ができなくなる」の箇所です。裏を返せば、**新しい借金をすることができるかぎり、借金を繰り返しても構わない**のです！

個人や企業の場合、これは難しいでしょう。ところが政府には、個人や企業が持っていない切り札があります。名づけて通貨発行権。返すためのカネを、政府はみずから作り出すことができるのです！

おなじみ中野剛志に、ここでも登場していただきましょう。

国債発行に制約があるとすれば、（国債を購入する）銀行が政府の返済能力に不安を抱き、国債を購入しようとしなくなる場合である。（中略）しかし、個人や企業といった民間主体とは異なり、政府は通貨発行の権限を有する。それゆえ、政府が自国通貨建ての国債の返済ができなくなることは、政府がその政治的意志によって返済を拒否でもしない限り、あり得ない。通貨を増発して返済に充てればよいからである。(1)

先の答えにおける「信用を失い、新しい借金ができなくなる」に該当するのが、「銀行が政府の返済能力に不安を抱き、国債を購入しようとしなくなる」の箇所です。けれども政府は通貨発行権により、返済用のカネを用立てられる。したがって、新しい借金をすることもできます。

新しく借金できるかぎり、借金を繰り返すことに問題はありません。政府とは、必要とあれば借金をいくら重ねても構わない、じつにユニークな存在なのです。

戦後日本の平和主義も、この点を知っていればこそ、国債発行を厳しく制限しようとしたのかも知れません。そうでもしないことには、また多額の戦費を調達して、武力に訴えかねないというわけです。

信用の本質は「永続性」である

もっとも、政府が安全に借金を繰り返すためには、いくつか条件があります。まずは国債を自国通貨建てで発行すること。どんな政府も、他国の通貨を勝手に発行することはできません。他国通貨で負債を抱えてしまうと、為替レートの変動いかんでは、返済額がどんどん膨れあがり、財政破綻をきたします。(2)

次に自国通貨建てであろうと、国債はなるべく国内で消化するのが望ましい。外国の投資家は、為替レート変動によるリスクや、安全性をめぐる格付けなどを考慮する結果、高い利回りを求める傾向があるためです。

自国通貨建てで国債を発行し、かつそれが基本的に国内で消化されているかぎり、財政破綻の危険はほとんどありません。わが国は現在、この条件を満たしていますので、財政健全化にこだわる必要もないのですが、そこはそれ、「政府の借金を認めると、また戦争をしかねない」という例の発想が邪魔している次第。

ただし安全に借金を繰り返すためには、もう一つ、より本質的な条件があります。ずばり、こちら。

予想しうる将来、できれば未来永劫にわたって、政府が存在しつづけると見なされること。

前節に登場した借金をめぐる話を思い返して下さい。借金の何がいけないのかという点にたいする、最初の答えはこうなっていました。

「いずれ返済しなければならないし、そのとき返せなければ破産する」

キーワードは「いずれ」です。未来のある時点で、ということですが、これを無限に先延ばしできるとしたら、どうでしょう？

無限に先延ばしできる以上、破産は永久に起こらない。言い替えれば、未来永劫にわたって確実に存在しつづける、つまり永続性がある（と見なされた）存在については、「借金なんか返さないぞ！」と自分から宣言するのでもないかぎり、返済能力が疑われることもないのです。

永続性は、「時間の経過によって生じる影響を制御する能力」と形容することもできます。そしてこの能力こそ、信用の本質。

貨幣とは、「未来のある時点で、定められた量の財やサービスを受ける権利がある」ことを表すものにほかなりません。何か仕事をしてお金の支払いを受けたとすれば、それは現在の時点における仕事（＝財やサービスの提供）と引き換えに、未来の時点において自分が同様の提供を受けられる許証をもらったということです。

あなたが持っている一万円札には、それを支払った人によって「私はこの紙幣の所持者にたいして一万円分の借りがありますので、紙幣の受け取りと引き替えに、一万円分の貸しをつくってあげて下さい」と書いてあるにひとしい。くだんの一万円札を使えば、今度はあなたが同じ書き込みをしたことになります。

内容がいつも同じなので、本当に書き込む必要がないだけのこと。その意味で貨幣は、じつは負債の記録です。(3)

しかし使おうと思った時点で、当の貨幣が、財やサービスの提供を受ける許可証として認められなくなっていたら話になりません。すなわち貨幣の価値は、「受け取ってから使うまでの時間の経過によって影響を受けることがない」ことを前提に成立します。これによって貨幣は信用されるのです。

となると、いかに政府が通貨発行権を持っているといっても、当該の通貨がまともに相手にされる（＝信用される）条件は、政府の存在が時間の経過による影響を受けないこと、つまり永続性を持っている（と認められる）ことになります。いつ崩壊・消滅するか分からない政府の発行する貨幣など、誰も使うはずがないのは、常識で考えても明らかでしょう。(4)

政府が借金を重ねても構わない理由は、まずもって通貨発行権の存在です。けれども、より厳密に言えば、それは政府に永続性が備わっている（ことになっている）からなのです。永続性を認められた政府だけが、まともな通貨発行権を持ちうる、そう形容すればいっそう的確でしょう。(5)

商人が大名家を訴え出ない理由

通貨、および通貨発行権への信用が、永続性によって支えられていることは、別の角度からも確認できます。永続性があると認められた存在は、通貨発行権を持っていなくても、信用がレベルアップするのです。

たとえばベンチャー企業は、急成長している場合でも、銀行から融資を受けるのに苦労することが少なくありませんが、老舗の企業なら、経営状態が相当に悪いのでもないかぎり、しばしば簡単に話を通せる。長年の間、いろいろなことがあっても存続してきた事実が、「この先も存続するだろうから、貸しても取りっぱぐれがない」という判断をうながすのです。

星新一の中編小説「殿さまの日」には、関連して興味深いくだりがありました。これは藩主になって、まだ日の浅い外様大名が、お国入りの間、どんなふうに暮らしているかを描いたものです。

この藩、商人からずいぶん借金をしており、財政はつねに火の車。利息の一部だけを払って、あとは繰り延べにしてもらっています。さすがに気になった殿さまは、「借金だの利息だのは、いつまでもふえつづけてゆくのであろうか。このままだと、どういうことになるのだろうか」と城代家老にたずねる。

今だったら、「財政健全化を急ぎ、藩のプライマリー・バランスを黒字化しないと破綻してしまいます」という返事が来るかも知れません。ところが家老は、「そうご心配なさることはありません」と答え、理由をこう述べるのです。

江戸づめの家臣には、これ（＝各藩の財政事情）についての情勢をとくに注意して報告するよういいつけてある。それによると、どこの大名もかなりの借金を持っている。**しかし、借金によってお家が破滅したという藩は、これまでにひとつもない。**金を貸している商人たちは、そのことで大名家をおどかすことはできる。おそれながらと幕府へ訴え出ますと、すごんでみせることもできる。しかし、現実に訴え出てまで、貸金を取り立てようとした者はない。訴え出れば、そのお家はおとりつぶしになる。そして、貸した金は消えてしまい、まるで返ってこない。商人はこんなばかなことをやるわけがない。(6)

城代家老の発言を、今までの議論に当てはめてみましょう。商人たちは、藩に十分な返済能力がない（＝信用が足りない）ことを承知しています。が、事を荒立てないかぎり、大名家には永続性があることも分かっています。

この大名家は信用ならんからといって、幕府に訴え出たら最後、おとりつぶしという形で永続性が失われる。そうなったら、債権そのものがパアになります。文字通り、元も子もなくしてしまう。それくらいなら、ウソでもいいから信用するふりをして、借金の繰り延べに応じたほうが賢い。大名家が存続するかぎり、利息の一部は取れるし、「ずっと返済を待ってやっているのだから」と立場が強くなるではありませんか。

見返りに、いろいろ便宜も図ってもらえるでしょう。その意味では、返済能力に不備があろうと取りっぱぐれがない。かくして、いったん永続性が認められたあとは、本当は信用がなくとも、信用があるかのように扱ってもらえるのです。

大名家どころか、普通の家ですら、同じことが成り立つ。時代劇作品で知られる漫画家・平田弘史は、貧しい家庭に育ったうえ、十七歳で父親を亡くしているのですが、そのころの生活ぶりについて、こうコメントしました。

月末になるとお袋がいつも米屋さんに「来月は何とかしますので」ってお願いしてた。米屋のオッサンもわかってて、「お宅さんはお子さんがみな立派ですから、奥さん、幸せになりますよ」って。先を見てたよね。だから洋品店なんかでも「どうぞ着てください」って持って来てくれた。まあもちろん後でお金は払いましたけど。だからみんな先を見越して**「子供がたくさんいるってことは取りっぱぐれはない」**って（笑）。昔の人はそういう考えなんだよ。三ヶ月も米代を払わなくたって、便宜を図ってくれた。(7)

これもまた「返済能力に不備があろうと、永続性が認められたおかげで、信用があるかのように扱われる」例です。子供が多いうえ、そろって立派であれば、今すぐはともかく、将来は稼げる。家庭に永続性があるわけです。だから支払いができなくとも、ツケで物を売って大丈夫という話になるのです。

取りっぱぐれと「お互いさま」

「殿さまの日」の回想場面には、この発想の極致のごときやりとりが出てきました。ここでは大名になった直後、藩が借金漬けだと初めて知らされた殿さまが、「これでいいのだろうか」と家臣に詰問する。しかるに家臣の答えは、先ほど紹介した城代家老より、もっとすごいのです。

こんなことでよいのではないかと存じます。なぜなら、ほかの藩もほぼこれと似た状態。ここはまだいいほうでございましょう。かりに借金のない大名があれば、幕府はたちまち、なにかの建築か修理をおおせつける。**適当に借金があり、へんに幕府の注目をひかないのが、お家の安泰の条件でございます。**(8)

信用と永続性の関係は、「永続性があるから、信用もある（＝借金を重ねてもよい）」が原則です。先の城代家老や、平田弘史の発言では、これが「永続性があるので、本当は信用に不備があっても、信用があることにしてもらえる」になりました。

ところが「適当に借金があるのが、お家の安泰の条件」というのは、「信用に不備がある**からこそ**、永続性が維持される」ことにひとしい。いつの間にか、話がひっくり返っているのです。

だとしても、家臣が間違っているわけではありません。現時点で信用に不備があるということは、「不備を解消する（＝借金を返す）のが、今後の行動の基本目標になる」ことを意味します。それでなお、いつまでも借金を返せなかったらどうなるか？

そうです。借金返済のための努力が、ずっと行動の基本目標でありつづけるのです。そんな藩が、幕府を脅かすような真似をしでかすはずがない。

平田弘史ふうに言えば、先の行動が見越せるのです。へんに注目をひかないのも当然ではありませんか。藩の信用の不備が、幕府、および幕藩体制の安定に貢献しているのです。

安定している以上、幕藩体制には永続性が備わっていることになる。ならば、藩の永続性も保障されます。清算できない負債の存在が、回り回って永続性を高めているのです。藩の永続性が保障されれば、金を貸している商人にしたところで、取りっぱぐれがなくなるのは、すでに見たとおり。

パラドックスのように聞こえるかも知れませんが、そんなことはありません。広辞苑は「清算」について、「貸し借りの結末をつけること。転じて、過去の関係などにはっきりした結末をつけること」「会社・組合などの法人が解散した場合に、後始末のために財産関係を整理すること」と定義しています。今までやってきた行動や事業、あるいは関係にたいし、断ち切ってケリをつける振る舞いです。

ならば「清算できない」とは、これまでやってきた行動や事業、あるいは関係を、好むと好まざるとにかかわらず、これからも続けることを意味する。くだんの状態がずっと続けば、たしかに永続性は生まれるのです！

もちろん返済能力が皆無で、まったく信用がないようでは論外。「殿さまの日」の藩にしても、利息すら全然払えない状態が続いたら、商人が幕府に訴え出て、おとりつぶしになる恐れが強まります。平田弘史も、ツケで買った物について、最終的にはちゃんと払ったと明言しているではありませんか。

とはいえ信用をめぐる多少の不備は、むしろ永続性を高める方向に作用する。永続性は信用の本質ですから、これは信用が高まることを意味します。あら不思議、信用をめぐる多少の不備が、信用を高める場合があるのです。

そんなの絶対におかしいって？　いえいえ、わが国では昔から、これを言い表す表現があります。つまり**「お互いさま」**。

清算できない負債（＝信用の不備）について、当事者が負担を分かちあったり、便宜を図りあったりすることで、相互の信頼関係が高まり、物事が安定する次第です。信頼関係が高まれば、たとえ不備があろうと、信用は必然的に高まる。取りっぱぐれを最後に防ぐのは、お互いさまの発想なのです。

平和主義は政府を信用しない

「なるほど、いくつかの条件を満たすかぎり、政府が借金を繰り返しても構わないのは分かった。それが可能なのは、政府が通貨発行権を持っているからだけではなく、永続性を持った存在だと見なされているからだというのも分かった。

「永続性こそは信用の本質であり、ゆえに永続性があると認められた存在は、通貨発行権を持っていなくとも、信用がレベルアップすることも分かった。それどころか、信用に不備があることが、かえって永続性を高める結果となり、信用のレベルアップにつながる場合すらあることも分かった。だが、この一連の話は、少子化といったいどう関係しているんだ⁉」

お待たせしました。いよいよ核心に入ります。

戦後日本型の平和主義は、武力に訴える能力を政府に与えまいとするあまり、財政均衡主義にこだわって、国債発行に厳しい制約を加えました。これが一九九〇年代以後、新自由主義やグローバリズムと連動する形で、デフレ志向の緊縮財政路線を確立させ、わが国の経済を「良くて停滞、悪ければ衰退」の状態に追いやったのは、第一章で見たとおり。

武力に訴える能力を、そこまで与えたがらないのはなぜか。「そんな能力を持つことを許したら最後、政府はまた戦争をするに決まっている」という根深い不信感があるからです。

わが国の平和主義は、自国の政府を信用しない理念、あるいは自国の政府だけは信用しない理念と規定できます。憲法前文が言い切っているように、この理念が信頼するのは、あくまで「平和を愛する諸国民の公正と信義」、つまり日本以外の国々なのです。

財政均衡主義にこだわり、政府の借金を原則として禁じるのは、経済的な意味においても政府を信用しない、ないし「政府の信用（＝負債の返済能力）」を認めない姿勢にほかならない。平和主義の政府不信は、もともと国防や安全保障に関するものだったのですが、「戦費調達を難しくすれば、武力に訴えることもできまい」と考えたせいで、経済にも波及する形になりました。

とはいえ政府の信用を認めないとは、具体的には何を意味するでしょう？

信用の本質は永続性です。多少のことがあろうと、これからもずっと存在しつづけると見なされればこそ、「今すぐは無理でも、いずれ必ず払うに決まっている」という話になり、借金が可能になるわけです。

ならば政府の信用を認めないとは、**日本政府に永続性があると見なさない**ことにひとしい。しかもこれは、ただ「この政府には永続性がない」と位置づけることを意味しません。「こんな政府には、永続性などないほうが良い」と位置づけているのです。

永続性があれば信用が生まれる。信用があれば負債を抱えても大丈夫。政府として、通貨発行権を持っていればなおさらです。

負債を抱えても大丈夫ということは、戦費調達が可能であることを意味する。戦費調達が可能なら、武力に訴える能力が生まれます。ところがわが国の平和主義は、「武力に訴える能力を持っていても、なお戦争をしないだろう」と見なすほど、日本政府を信用していません。

ゆえにこの理念は、「日本政府は永続性を持ってはならない」という結論へと、必然的に行き着くのです！

永続性を持ってはならないとは、「日本政府は、いつ消滅してもよい状態であるべし」と構えること。これを裏書きしているのが、例の財政法第四条です。

財政法第四条は、国家の財政について、会計年度ごとに歳入と歳出が均衡していなければならない（＝黒字はともかく、赤字を出してはいけない）という立場を打ち出しました。会計年度ごとに歳入と歳出が均衡しているのなら、「次の年度、ないしその先まで待ってもらわなければ返済できないカネ」も存在しないはず。

言い替えれば、国家財政は年度単位で清算可能となります。他方、前節で見たとおり、何かを清算するとは、今までやってきた行動や事業、あるいは関係にたいし、断ち切ってケリをつける振る舞い。

いつでも清算可能な政府とは、いつ「店じまい」しても構わない政府なのです。(9) 放っておいてもなくなりかねないのですから、それはまあ、戦争をする力はないでしょう。財政法第四条を「平和主義の縛り」とする発想も、そのかぎりでは正当です。

政府不信と豊かさを両立させるには

問題は経世済民が達成され、国が発展・繁栄すると、政府も安泰なものとなり、永続性が生まれてしまうこと。

「日本政府は永続性を持ってはならない」と構える戦後の平和主義は、「日本は発展・繁栄してはならない」という結論にもたどりつくのです。平和主義が貧困への道となるゆえんですが、「繁栄は政府を安泰にするので戦争への道！　貧しさと政治的不安定こそ平和の礎！」などと叫んだら最後、ヒンシュクの嵐というか、正気を疑われるのは目に見えている。(10)

だいたい平和主義を信奉する人々も、自分たちが貧困を称賛しているとは夢にも思っていなかった可能性が高い。自国政府への不信に基づく戦争の否定と、豊かさの追求は両立しうる、そうナイーブに思い込んでいたのでしょう。

けれども現実には、この二つは両立しません。ただし豊かさの追求を公然と否定するのは、平和主義をもってしても無理。すると必要なのは、国が発展・繁栄していようと、政府に永続性を付与しないための方法論ということになります。

そんな方法論があるのかって？　もちろん、あります。

前節で紹介した平田弘史の発言を振り返って下さい。昔の商売人は、貧しい家であっても、子供、わけても立派な子供がたくさんいれば「取りっぱぐれはない」と判断して、ツケで物を売りました。将来世代である子供の存在が、家に永続性を付与することで、信用をもたらしたわけです。

だが、子供がいなかったらどうなるか。取りっぱぐれるリスクが高まる以上、ツケでは売らないでしょう。それどころか、現在の時点で家が貧しくなかったとしても、「年を取ったらどうなるか分からない」とばかり、長期の分割払いには応じないかも知れません。

「殿さまの日」に出てきた藩にしても同じこと。借金によってお家が破滅した藩がないのは、おとりつぶしになったら商人も都合が悪いからです。

しかしこれは、「おとりつぶしにならないかぎり、大名家は存続する」ことが大前提。もしお家に跡継ぎがおらず、放っておいても断絶しかねないとしたら、利息の一部を払うだけでは商人も納得しないでしょう。

永続性がないと見なされた存在は、信用がレベルダウンするのです。そして永続性の基盤をなすのは、世代交代が確実に果たされること。ひらたく言えば、子供がいることです。それも、なるべくたくさん。


そろそろ、見当がついてきたのではないでしょうか。

子供の数が減りつづけ、将来世代が（全体として）存在しなくなってゆけば、日本という国そのものの永続性が揺らぐ。国の永続性が揺らぐとき、政府が永続性を保ちうるはずはありません。

人口、とくに生産年齢人口が減少したところで、生産性を十分に上げることができれば、とりあえず発展も繁栄も維持できます。本当かなといぶかしむ方もいるでしょうが、理屈ではたしかにそのとおり。だとしても、発展や繁栄を受け継ぐ人々が少なくなるばかりでは、永続性は揺らいでしまうに違いない。

子供が五人いる家と、一人しかいない家があったとします。後者の家の子供がきわめて優秀で、前者の家の子供たちよりも五倍稼げそうだとすれば、家全体の将来の豊かさを考えるうえで、子供の数の違いは問題になりません。

それどころか、一人で五人分稼いでくる（＝生産性が高い）ぶん、暮らしぶりは後者のほうが良くなる。とはいえ「あの家は今後もずっと続いてゆくだろう」と人々が思うのは、子供五人の家のほうでしょう。繁栄と永続性は、重なり合ってはいますがイコールではないのです。

すなわち少子化が進めば、国が発展・繁栄していようと、政府は永続性を失いはじめます。永続性が失われれば、信用も損なわれる。信用が損なわれたとき、負債を抱え込むことはできません。通貨発行権を持っていても、です。

現在の日本は発展・繁栄どころか、「良くて停滞、悪ければ衰退」の状態にありますが、ポイントはそこにはありません。**少子化が進めば、豊かさを追求することと、政府の信用を認めないことが両立する、**この事実が重要なのです。

政府不信のもとで、豊かさを達成することこそ、戦後日本型の平和主義がめざすべき目標だったはず。平和主義のもとで繁栄を追求してゆけば、少子化は必然的に肯定されることになるのです！

次の世代にツケを残さない奥の手

関連して指摘しておくと、いわゆる「国の借金」を問題視し、財政健全化の必要を説く人々は、しばしば「次の世代にツケを残すな」というレトリックを用います。(11)

政府の負債が膨れあがってゆくと、将来世代が返済に追われて苦労することになる。だから今のうちに清算しなければならない、という次第。わが国の国債は、自国通貨である円建てで発行されていますし、大部分が国内で消化されていますので、このレトリックに説得力はありません。

そもそも「国の借金」と言うと、日本国民がどこかからカネを借りているかのようですが、正しくは「政府の負債」です。政府はどこからカネを借りているのか？　国債が国内で消化されている以上、国民ということになります。

返済に追われるどころか、国民は取り立ての資格を持つ債権者なのです。しかるに政府には通貨発行権がありますから、いかに取り立てられようと、自国通貨建ての国債の返済ができなくなることはありえない。

いったい何が問題なのか、不思議になってくるところですが、例によって、ポイントはそこにはありません。「次の世代にツケを残すな」というレトリックには、そんなふうに片づけてしまっては見えてこない、恐るべき含みがあるのです。

ひとつ、「国の借金」論者の前提を受け入れて、政府の負債は国民にとっても借金であるとしましょう。また今のままでは、「次の世代にツケを残す」結果になるとしましょう。さて質問です。この結果が成り立たないようにするにはどうすればいいでしょう？

二つの答えがありえます。

（1）緊縮財政や増税によって、政府の負債をとにかく減らす。
（2）次の世代が存在しないようにする。

何を驚いているのですか？　次の世代がいなければ、ツケを残すなどできるはずはない。存在しない人々に負債を押しつけることは不可能なのです。お家が断絶になれば、商人が貸した金も消えてしまうという、「殿さまの日」の家老の発言と、まったく同じ理屈。

考えるべきは、この二つの解決策のうち、どちらが魅力的に映るか。前者を選べば、経済は確実に冷え込みます。さしずめ「財政再建のために貧困に耐えろ」ですが、そうなると税収が伸びないため、負債もなかなか減りません。

ところが後者の場合、「国の借金」がいくら膨らんだところで、ツケを残す結果にはなりません。日本国民が消滅することで、すべておしまいにできます。裏を返せば、貧困に耐える必要もなくなる。

断っておきますが、「次の世代にツケを残すな」というレトリックは、まずもって正しくありません。しかし重大なのは、このレトリックを正しいと思い込んだら最後、財政再建のために（長期の）貧困に耐えるか、次の世代を存在させないことで「国の借金」を踏み倒すかの二者択一となること。

踏み倒せる借金を、わざわざ返すなど、よほど奇特な人でもなければするはずがない。よって、選ばれるのは後者に決まっています。

ついでに次の世代が存在しなければ、国の永続性が崩れる。したがって、政府の永続性もなくなります。そして永続性がなくなれば、政府の信用も認められない。

戦後日本型の平和主義のもとでは、これは望ましいことだったはずではありませんか。だから、平和主義は少子化への道だと言うのですよ！

生めよ育てよ国のため

もとより平和主義も、「政府の信用を認めさせてはいけない、だから子供をつくるな！」とか、「子だくさんは戦争への道、少子化こそ平和の礎！」と、ストレートに叫ぶわけにはゆきません。いよいよもってヒンシュクの嵐というか、正気を疑われるのは目に見えています。

ただし、うわべをうまくアレンジすれば、ヤバい発想であろうと、堂々まかり通るのが世の常。「平和のための少子化」も、カモフラージュされた形で社会に浸透しました。すなわち**「女性解放」**です。

「おいおい、女性差別を肯定するつもりなのか!?」

こう反発する方もいるかも知れません。まさにそこがポイント、ないし曲者なのです。

女性解放、あるいは男女平等の推進は、正面切って否定することがきわめて難しい理念の一つ。どこからも文句がこないか、文句をつけられたとしても、相手を「差別主義者」として切り捨てることができます。

だからこそ、「女性解放」の旗印を大義として掲げておけば、普通ではなかなか受け入れられない発想でも、受け入れるよう仕向けやすくなる。カモフラージュの隠れみのとして、使い勝手が良いわけです。

女性解放それ自体について、良くないと言っているのではありません。自国政府を信用せず、自国政府の信用も認めないことがタテマエとして確立された社会において、女性解放がどんな意味合いを持ちうるかを問題にしているのです。

先に進みましょう。

敗戦直後から、占領軍は女性解放を目玉政策にしていました。敗戦から二ヶ月足らず、一九四五年十月十一日に発せられた「五大改革指令」でも、教育の自由主義化や、専制政治からの解放をさしおいて、これが筆頭に挙げられています。

同時に女性解放は、最初から平和主義と深く結びついていました。占領軍総司令官であるダグラス・マッカーサー元帥は、一九四五年八月三十日、厚木飛行場に向かう専用機の中で、側近のボナー・フェラーズ准将にこう語ったのです。

婦人に参政権を与えよう。女性はいつでも、自分の子供が戦場で死ぬのを好まない。女性の参政権が、日本の軍国主義をやっつける力になるだろう。(12)

マッカーサーの発言には、相応の根拠があります。昭和前半期のわが国では、結婚や出産も、政府による戦争遂行と結びつけられていました。

日中戦争が始まって二年あまり後の一九三九年九月、厚生省（現・厚労省）は「結婚十訓」を発表しています。望ましい結婚のあり方に関する十ヶ条の教え、ということですが、最後を締めくくった言葉は「生めよ育てよ国のため」。このスローガン、前半部分が「産めよ殖やせよ」とされることが多いものの、正しくは「生めよ育てよ」です。

太平洋戦争の始まる年、一九四一年の一月になると、「人口政策確立要綱」が閣議決定され、どの家庭でも子供を平均で五人持つのが望ましいと定められました。大政翼賛会は大政翼賛会で、戦時体制にふさわしい「翼賛型美人」なるものを提唱します。ほっそりスリムな女性より、安産・多産型のがっちりした身体つきの女性のほうを、美しいと見なすべきだという次第。

「子宝報国」なるスローガンのもと、若く健康な男女が経済的な理由で結婚をためらったりしないよう、「優生結婚資金貸付」という融資制度も設けられました。出産の高年齢化を防ぐための措置なのは明らかでしょう。

戦前の日本において、家庭のあり方は「家制度」と呼ばれる民法の規定に沿っていました。この制度において、家は「戸主」によって統率されると定められ、他の構成員、つまり「家族」は、戸主に従う存在と位置づけられます。

戸主は男性がなるのが原則でしたから、家制度は男尊女卑の性格も持っていました。女性は結婚したら、嫁ぎ先の家のために（優秀な）跡継ぎを産むのが義務だと見なされていたのです。

さしずめ、「生めよ育てよ家のため」。それが昭和に入り、戦時体制に移行するにつれて、「生めよ育てよ国のため」となったわけです。

巨大な家族としての国家

このような形で、出産がナショナリズムや愛国心と結びつけられるのは、べつに不思議なことではありません。

「ナショナリズム」（nationalism）という言葉は、「出産・出生」を意味するラテン語 natalis に由来します。「国家」「国民」を意味する言葉「ネイション」（nation）も、当然ながら、これが語源。国民とは「同じ国に生まれた者同士」のことなのです。だからというわけではありませんが、「ネイション」はもともと女性名詞。「国」は母なのです。

国という母を共有していればこそ、誰もが「国家」の一員となる。日本語でも、「母国」という表現が存在するではありませんか。

他方、「愛国心」（patriotism）という言葉は、「父祖の地」を意味するギリシャ語 patris に由来します。

父祖とは「父と祖父」のことですから、代々の男親が暮らした地を愛し、守ろうとするのが愛国心の原型。言い替えれば愛国心を共有する者同士は、父祖も共有していることになります。ナショナリズムが「母の共有」なら、愛国心は「父の共有」なのです。ここでも国家が、巨大な家のイメージでとらえられているのは明らかでしょう。

もっともこの場合は、「母国」よりも「**祖国**」と言ったほうが、ふさわしいかも知れません。広辞苑によれば、祖国とは「祖先以来住んできた国」のことですので。

はたせるかな、戦前の日本において、国家とは天皇（および皇后）を中心とする巨大な家族のように思い描かれていました。大島渚も、こう述べています。

昔、陛下の赤子《せきし》という言葉があった。（中略）天皇の子供という意味である。総ての日本の子供は天皇の子供である。だから一生懸命勉強し、体をきたえ、そして一朝事ある時は（注：戦争となったときは、の意）天皇のために死なねばならぬ、とまあこういう具合に、われら少国民（と子供たちは呼ばれていた）は教えられて育ったのである。(13)

極端な観念論と片づけるのは簡単です。とはいえこの発想、かなり具体的な形で受け入れられていました。大島渚は幼いころに父親を亡くしているのですが、学校の教師から言われたことを、次のように回想します。

大島！　お前はお父さんを亡くしたが、天皇陛下はお前のお父さんだからな、お前にはお父さんがあるんだ、胸を張って堂々と生きろ！

私の心がこういう言葉で支えられなかったとはいい難い。(14)

教師の理屈にしたがえば、大島渚は一歳下の皇太子殿下とも兄弟ということになる。ずばり「父の共有」です。ついでに皇后陛下は、大島のお母さんとなるはず。大島自身の母親が健在なので、教師も触れなかっただけです。

当時の日本人が、強い愛国心やナショナリズムを持っていたのも、納得のゆく話でしょう。(15) これらの心情こそ、昭和の戦争、とりわけ太平洋戦争において、日本（人）があそこまで戦った原動力。特攻隊に志願した若者の中には、国、ないし天皇のために死ぬことを「究極の親孝行」と見なす傾向まであったと言われます。

ならば日本政府に二度と戦争をさせないためには、愛国心やナショナリズムも解体しなければなりません。

すでに見たとおり、愛国心は「〈父の共有〉という観念に象徴される祖国への忠誠」であり、ナショナリズムは「〈母の共有〉という観念に象徴される母国への愛着」です。すなわち愛国心やナショナリズムを解体するとは、国のあり方から「巨大な家族」というイメージをなくしてしまうことにひとしい。

戦後の日本は、「国」であっても「国家」であってはならないのです。わが国の左翼、あるいはリベラルが、とかく「国家」という言葉を嫌い、もっぱら否定的な意味で使いたがるのにも、それなりの理由があることになるでしょう。

国と家のつながりを断て！

国を「国家」でなくすのは、簡単にできる芸当ではありません。否、本来はまったく無理筋です。広辞苑で「国」を引いてみても、最初に出てくる定義こそ「(天に対して)地。大地」ながら、次にはしっかり「国土。国家」が出てくるのです。

だとしても、日本が「国家」のままであっては、愛国心やナショナリズムの基盤も温存されてしまう。武力に訴える能力を、自国の政府にだけは与えまいとするのが、戦後日本型の平和主義ですから、道理を引っ込めてでも無理を通さねばなりません。

そんな無理を通す方法はあるのか？

あります。**思い切って、家の概念を解体してしまえばいいのです！**

家が解体されれば、「家族」の概念も崩れる。父であれ母であれ、存在しえません。存在しないものを共有することなどできない以上、「父の共有」も「母の共有」も不可能。

のみならず、「巨大な家族」という概念自体が意味を持たなくなります。愛国心やナショナリズムを解体し、国を「国家」でなくすための突破口が開けるではありませんか。

具体的に行きましょう。「お前はお父さんを亡くしたが、天皇陛下はお前のお父さんだからな、お前にはお父さんがあるんだ」という発言から、「お父さん」を取り去ったらどうなるか？ピンポーン、発言そのものが成立しません。「天皇陛下はお前のお父さんだからな」が言えなくなるのです。

よって「陛下の赤子」という発想も成り立たない。すると「一生懸命勉強し、体をきたえ、そして一朝事あるときは天皇のために死なねばならぬ」がすべて崩れます。「胸を張って堂々と生きろ」と励ますこともできなくなりますが、平和主義の観点からすれば、それくらいのほうがいいでしょう。あまり堂々と胸を張っていると、いざというときに腕力、もとへ武力に訴えるくらいの度胸がつかないとも限りません。

「生めよ育てよ国のため」にしても同じです。「生めよ育てよ家のため」が外堀を埋めておいてくれなければ、こんな発想が受け入れられるはずはありません。

結婚したからといって、嫁ぎ先の家のために跡継ぎを産まねばならない義務はないし、そもそも気が向かなければ結婚するいわれもないとなったら、子宝報国も結婚十訓も吹っ飛ぶのです。要するに「家」をつぶしてしまえば、国と家とのつながりも断ち切られ、国は「国家」でなくなる次第。

敗戦直後の一九四七年に行われた民法改正で、家制度は廃止されました。「さては占領軍の命令だったのか？」という感じですが、必ずしもそうではありません。民法改正をチェックした占領軍担当者は、アルフレッド・オプラーという法律家でしたが、ジョン・ダワーはこう指摘します。

オプラーの回想によれば、彼が率いる占領軍スタッフは、家制度を完全になくしてしまえと命じるどころか、そうしたほうがいいと要望することすらしなかった。いわく、「日本人がどんな仕事をするか、われわれは興味津々で見守っていたんだ。家族のあり方をめぐる規定を、新しい憲法の原則とどう調和させるだろうか、とね。結果は期待していた以上の徹底的な改正だったよ」。(16)

「新しい憲法の原則」とは、常識的に考えれば二十四条の規定を指します。条文の第一項では、結婚が両性、つまり当の男女の合意のみによって成立し、夫婦が同等の権利を持つと明記されました。第二項では、結婚や家族をめぐる事柄について法律を制定する際には、「個人の尊厳と両性の本質的平等」を踏まえねばならないことが謳われます。

ひきかえ家制度においては、戸主が家族を統率すると定められていましたし、戸主は原則として男性。何らかの改正は不可欠、ないし不可避だったでしょう。だとしても、改正を最小限にとどめ、家制度をなるべく守るというアプローチが取られなかったのは注目されます。

日本国憲法の制定にあたり、日本側は当初、大日本帝国憲法（明治憲法）をなるべく維持しようとした草案をつくっているのです。これは占領軍によって一蹴されましたが、その後、占領軍のつくっ

た革命的な草案が押しつけられても、日本側はインパクトを和らげようと、さまざまな形で抵抗しました。(17)

民法改正に関わった日本人スタッフは、なぜ家制度の廃止という、徹底的な改正を行ったのでしょう。

占領軍担当者の期待を超えていたのですから、「向こうの意向を忖度した」というだけでは説明がつきません。また家制度については、大正時代から改正論が強かったそうですが、「改正する」と「廃止する」は別の話です。

しかし日本人スタッフが、「戦争はイヤだ」という心情のもと、憲法の前文や九条に謳われた平和主義の原則を意識していたとしたらどうでしょう？

平和のために家族をつくるな

国債発行の原則禁止を定めた財政法第四条が、直接的な起案者である平井平治によって、「戦争放棄の規定を裏書き保証せんとするもの」と形容されたことを思い出して下さい。常識的に考えれば、財政法と関連する憲法の条文は、第七章「財政」（八十三条～九十一条）のはず。国債発行と縁が深いのは、「国費を支出し、又は国が債務を負担するには、国会の議決に基くことを必要とする」という八十五条でしょう。

にもかかわらず平井は、財政法第四条の意義を説明するにあたり、憲法九条の規定を引き合いに出しました。となると、家のあり方に関する民法の規定を変える際にも、憲法二十四条ばかりが意識されていたとは限りません。

結婚も出産も、それまでは戦争遂行のため、国策によって推進されるべきものと位置づけられていたのです。したがって、個人の尊厳と両性の本質的平等という理念に基づき、「イヤだったら結婚しなくていいし、結婚したとしても子供をつくらなくていい」という原則を打ち立てることは、戦争遂行のために政府が行使しうる手段を封じ込めることにつながる。

これもまた、「戦争放棄の規定を裏書き保証せんとするもの」ではありませんか。家族のあり方をめぐる民法改正が、占領軍担当者が驚くほど徹底したものになったのも、この視点に立てば無理からぬことです。女性解放に賛同し、家制度を廃止した人々は、たんに家族のあり方を変えようとしていたのではなく、国と家のつながりを断ち切ることで、平和主義を強化しようとしていたのに違いありません。

第一章で引用した大島渚の言葉を、ここで振り返ってみましょう。彼は徴兵制について、子供（息子）を国費で養ってもらったうえ、いろいろ勉強したり、技術を覚えたりする機会も与えてもらうという側面があったと指摘しました。

それによって生じる心情を、大島はどう形容したか？

（戦前の親は）わが子はいざとなれば天皇と国家が面倒をみてくれるという実感も持てたはずなのである。

子供の面倒を見るのは、普通なら親の責任です。すなわちこれは、「いざとなれば天皇と国家が、**親のように**面倒をみてくれる」と言うにひとしい。「天皇陛下はお前のお父さんだからな」と同様、「国家＝巨大な家族」の図式が顔をのぞかせています。

ならば、戦後はどうなったか？

今はそういう感覚はない。断固としてない。戦前的な国家への信頼は断ち切られ、新しい個人の連帯感はいまだ生まれ出ぬまま、私たちは吹きさらしの風の中に家族とわが子を抱えて孤立して立っているのである。

戦後日本型の平和主義は、自国の政府を信用せず、自国の政府の信用も認めない理念ですから、「戦前的な国家への信頼」が断ち切られるのは当たり前です。

けれどもその結果、「吹きさらしの風の中に家族とわが子を抱えて孤立して立っている」となると、話は穏やかではない。前にも書きましたが、まるで（文字通り）家を失い、路頭に迷ったかのごとくではありませんか。

「国家＝巨大な家族」の図式が消滅すれば、いざとなれば国家が面倒を見てくれるという安心感もなくなるでしょう。だからといって、個々の家族が自分たちの家まで失う理由はないはず。どうして大島渚は、国家への信頼の消滅を、「家なき家族」のイメージと結びつけたのでしょう？

もう、お分かりですね。

戦後における愛国心やナショナリズムの解体は、「家（制度）」の廃止を通じて行われたからです。国家への信頼が断ち切られたせいで「家なき家族」が出現したのではなく、「家なき家族」がつくりだされたことで国家への信頼も断ち切られた、そう捉えなければなりません。あとは「家」の意味を、家制度から物理的な家屋に置き換えるだけで、吹きさらしの風の中に家族が立ち尽くす姿が浮かびあがります。

大島渚の言葉は、戦後日本が「国家でない国」をつくりあげようとして、「家なき家族」を生み出したことを裏付けるものでしょう。わが国の平和主義は「平和を守りたければ貧困に耐えろ」「平和を守りたければ格差や不平等に耐えろ」という結論にいたったものの、ここに**「平和を守りたければ家をつくるな」**が加わった次第。

この結論が「平和を守りたければ家族をつくるな」へと移行するのは、むろん時間の問題です。「家なき家族」など、まさにホームレス、存在の基盤を失った代物にすぎないのですから。

つけ加えれば、「新しい個人の連帯感」云々の箇所もじつに興味深い。

お気づきとは思いますが、これは憲法二十四条に登場する「個人の尊厳と両性の本質的平等」をありありと想起させる。大島は「戦後日本では、個人の連帯感こそが、国家への信頼に代わって家族の基盤となるはずだったのに、そうならなかった」という旨を嘆いているのです。

ただしこれは、期待するほうが間違い。すでに見たとおり、個人の尊厳と両性の本質的平等を踏まえるとは、実際には「イヤだったら結婚しなくていいし、結婚したとしても子供をつくらなくていい」ことを意味します。

しかも戦後の平和主義は、「平和を守りたければ家をつくるな」と暗に謳っている。だいたい政府の信用を認めないまま、なお豊かさを追求するには、少子化によって次の世代を存在させず、国の永続性を突き崩す必要があったはず。

家族のあり方をめぐる平和主義の結論は、**「結婚するなとは言わないが、平和のために家をつくってはいけないし、わけても子供（＝新しい家族）はつくらないほうがいい」**なのです！ついでにこの結論は、「女性の解放」「男女平等の推進」という、政治的な正しさの見本のごとき大義名分に、たやすく包み込むことができる。これで新しい家族の基盤が成立したら、そちらのほうが不思議でしょう。

「国家＝巨大な家族」の図式の解体は、いっそう困った副作用をもたらします。国と家とがつながっていれば、人々は国家のためにも、自分の家庭を円満に保つ責務を負っていることになる。教育勅語に「父母に孝に、兄弟《けいてい》に友に、夫婦相和《あいわ》し」(18)の一節があるのは、決して偶然ではありません。

親には孝行しなさい、兄弟は仲良くしなさい、夫婦は支え合いなさいという意味ですが、当時の天皇は全国民の父だったから、こう説くことができたのです。そして勅語は「進（ん）で公益を廣《ひろ》め、世務《せいむ》を開き、常に国憲を重んじ、国法に遵《したが》い」と続く。

「世務」とは「世の中の務め」の意味。つまりここで謳われているのは、経世済民の実現に貢献しなさいということです。教育勅語の文脈において、家庭円満と経世済民は、ストレートにつながっているのです。

裏を返せば、「平和のために家をつくってはいけないし、わけても子供（＝新しい家族）はつくらないほうがいい」という発想のもとでは、家庭を円満に保つ責務もないことになる。平和主義は、DV（ドメスティック・バイオレンス）や児童虐待を奨励する……とまでは言わなくとも、それらを予防・阻止する根拠を突き崩してしまうことは否定できません。(19)

理念をブレずに実現させることを成功と呼ぶのであれば、晩婚化や非婚化、少子化、果てはDVや児童虐待に歯止めのかからない現状も、戦後日本の輝かしい成功にほかならないのです！

貧困化と少子化の相互補完性

平和主義が少子化、もっと言えば家庭崩壊への道を敷き詰めるにいたったメカニズムは、この理念が貧困への道を敷き詰めたメカニズムとよく似ています。

前者のメカニズムをおさらいしましょう。山口二郎が述べたように、問題の核心は、武力に訴える能力を政府に与えまいとするあまり、インフレを戦争と結びつけてしまったことにありました。となれば必然的に、デフレを平和と結びつけざるをえなくなる。デフレとは経済の収縮であり、国民を貧しくさせますから、「貧困こそ平和の証し」という話になってしまうのです。

少子化についても同じこと。わが国の平和主義は、武力に訴える能力を政府に与えまいとするあまり、結婚・出産はもとより、家まで戦争と結びつけてしまいました。

親孝行をはじめ、兄弟や夫婦の助け合いといった徳目も、しばしば「個人の尊厳より、家への従属を優先させるもの」と見なされます。家への従属は、国家への従属につながりますから、これまた戦争への道。

根拠が皆無というわけではありません。教育勅語でも、先に引用した「進(ん)で公益を廣め、世務を開き、常に国憲を重んじ、国法に従い」の次はこうなっています。

一旦、緩急あれば、義勇公《こう》に奉じ、以て天壌無窮《てんじょうむきゅう》の皇運を扶翼《ふよく》すべし。

「有事の際には、正義と勇気をもって国に尽くし、皇室の永遠の存続に貢献しなさい」ということ。大島渚の文章に出てきた「一朝事あるときは天皇のために死なねばならぬ」も、当然、これに基づいたものでしょう。

家庭円満は経世済民の実現につながり、経世済民は安全保障の確立につながるという論理構成です。しかるに安全保障の確立とは、武力に訴える能力を充実させることですから、平和主義としてはこれを許すわけにはゆかない。

平和主義を信奉する人に、教育勅語にも良いことが書いてあるじゃないかとたずねれば、この点は浮き彫りになります。「全部が全部、悪いわけではないが、結局は戦争の正当化にたどりつくようになっているからダメなのだ」といった答えが返ってくるに決まっているのです。

だとしても、「家庭円満→経世済民→安全保障」という図式を踏まえて、政府が武力に訴えることを不可能にするには、どうしたらいいでしょうか？


ピンポーン！　家庭円満と経世済民を、ともにつぶしてしまえばいいのです。こうすれば安全保障までたどりつけるはずがない。

戦後日本の平和主義が、家と繁栄をそろって否定するのは、たんなる論理的な帰結にすぎません。少子化の肯定と、貧困化の肯定は、その意味でコインの裏表というか、相互補完性を帯びています。

しかし、なんと惨めったらしい帰結でしょう。戦争が結婚・出産、さらには家の存在によって支えられているのにたいし、平和を支えるのは非婚・不妊、さらには家の崩壊です。あまつさえ、戦争の側にはインフレ、つまり好景気までついていますが、平和の側にはデフレ、つまり不景気がついている始末。

みなさんもそろそろ、平和がしんそこイヤになってきたのではないでしょうか。もっとも、平和そのものに罪はありません。平和と平和主義、とりわけ戦後日本型の平和主義は、まったく別物なのです。

世界の片隅の不都合な真実

ちなみに近年のわが国では、不妊と平和をかなり露骨に結びつけた作品が大きな話題となりました。こうの史代の漫画『この世界の片隅に』です。

同作品が注目されるにいたったきっかけは、二〇一六年に公開された片渕須直監督によるアニメ映画版が予想をはるかに超えてヒット、カルト的な人気を獲得したこと。ただし作品の奥行きや深みという点では、原作漫画のほうが明らかに優っていますので、ここでは漫画版を中心に取り上げることにしましょう。(20)

『この世界の片隅に』は戦時中の一九四四年、広島県呉市の「北條家」に嫁いだ十八歳の女性・浦野すずの物語です。すずは絵が得意ながら、いわゆる天然ボケの気味があり、少女っぽさが抜けていない。

北條家には夫の周作と、彼の両親のほか、周作の姉・径子と、五歳になる径子の娘・晴美がいます。径子は結婚して家を出たあと、夫に先立たれて戻ってきた人物。彼女には久夫という息子もいるものの、夫の実家が跡取りにしようと引き取ってしまったせいで会うことができません。

すずは主婦として明るく家を切り盛りしますが、周作との間に子供ができないのを引け目に感じます。それに追い打ちをかけたのが、呉の遊郭に暮らす娼婦・白木リンとの出会いでした。すずとの縁談が持ち上がる前、周作はリンに思いを寄せ、彼女との結婚を真剣に考えていたのです。

一九四五年に入り、海軍工廠《こうしょう》がある呉も空襲を受けるようになります。同年六月、空襲直後の町を晴美と歩いていたすずは、米軍が投下した時限爆弾の爆発に巻き込まれました。このせいで晴美は亡くなり、すずも右手をなくします。

北條家に申し訳なく思ったすずは、妹・すみの勧めもあり、傷がある程度治ってきたところで、広島の実家に戻ろうとします。ところが北條家を離れようとした矢先、原爆が落とされ、出戻るどころではなくなってしまう。すずの両親は原爆で命を落とし、すみも被爆により寝込みがちになってしまいました。

白木リンの消息にも、すずは強い関心を寄せます。周作に愛された者同士として、彼女はリンを自分の分身のごとく見なすようになっていたのです。

そのことを知った周作は、リンの働いていた遊郭に行って、自分で確かめるよう告げる。遊郭は焼け落ちており、人の気配はまるでありませんでした。

晴美やリンがこの世に存在したという記憶を残しつづけるためにも、すずは呉にとどまり、周作と生きてゆくことに決めます。しばらく後、夫婦で広島駅にいたすずは、晴美と同じくらいの年格好をした浮浪児の女の子と出会う。この子は軍人の父親が戦死したあと、原爆で母親も亡くし、ひとり焼け跡をさまよっていたのです。

二人は女の子を連れて帰り、自分たちの子供として育てることにしました。そして物語は、周作の両親や径子、および焼け出されて同居していた親戚夫婦が、浮浪児を温かく受け入れるところで終わります。

表面的に見れば、『この世界の片隅に』は、戦争で崩壊しかけた家族が、平和の到来によって再生するさまを描いています。(21)

径子の離婚も、白木リンとの一件も、晴美の爆死も、障害を負ったすずが実家に帰ろうとするのも、すべて戦時中の出来事。他方、敗戦後に起きるのは、周作との絆の再確認であり、浮浪児の引き取りです。浮浪児は晴美と同じくらいの年格好をしているわけですから、晴美が生まれ変わって戻ってきたと解釈してもよいでしょう。

にもかかわらず、真相は逆です。作者のこうの史代がそうと自覚していたかどうかはともかく、この作品が本当に描いているのは、戦争中、すでに揺らいでいた家族が、平和の到来とともに最終的に再生不能となるさまなのです！

どうしてそうなるのかって？

これを理解するには、ある点について考えてもらわねばなりません。「すずと周作が浮浪児を連れて帰り、北條家の人々がその子を温かく受け入れる」という結末が成り立つには、満たされるべき条件が存在するのです。

何だか分かりますか？　そうです。**すずには今後も子供ができる見込みがないという認識が、夫の周作のみならず、北條家全体で共有されていること**です。

でなければ、身元の分からない浮浪児を、あっさり引き取って育てようという話になるはずがない。アニメ映画版の片渕監督など、上映パンフレットに収録されたインタビューで、「物語のラストで、すずさんは自分には作ることができなかった子供を拾います」と明言しました。

しかし、なぜそんなことが言い切れるのでしょうか。

この時点で、すずはまだ二十歳です。妊娠しようと思えば、十分可能な年齢。

結婚してすぐには子供が出来なかったとしても、不妊とまでは断定できない。当時は食糧事情の悪化による栄養不足と、勤労動員などのストレスのせいで生理が止まる「戦時下無月経症」が見られたのです。(22)

同様、右手がないからといって、妊娠・出産できないことにはなりません。こうの史代自身、二〇〇四年に発表した『夕凪の街　桜の国』では、軽い知的障害のある被爆者の女性が、結婚して母になる様子を描いているのです。にもかかわらず、「作ることができなかった」とくる。

『この世界の片隅に』の結末は、心温まる感動的なものと見なされます。とはいえ、くだんの感動は、もしかしたら妊娠できるかも知れないヒロインを、不妊と決めつけることによって成立しているのです！

問題の決めつけがなされるのは日本が降伏してから。つまり戦争が終わった後です。これで「平和の到来によって家族が再生した」ことになるのでしょうか？

この点こそ、同作品の不都合な真実と呼ばねばなりません。

飛び去る生殖能力

しかも面白いのは、普通に考えるかぎり、すずを不妊にしなければならない理由がないことです。「平和になってしばらく経ち、食糧事情が良くなってきたら、すずも子宝に恵まれた」という結末ではまずいのでしょうか？　現に一九四七年から一九四九年にかけて、わが国では「（第一次）ベビーブーム」と呼ばれる出産ラッシュが起きました。

一九四九年でも、すずはまだ二十代前半。問題は何もないはずでしょう。

が、それではまずいのです。「出産＝戦争、不妊＝平和」という、あの図式に触れてしまうからです。

こうの史代は平和主義の観点から、物語に戦争肯定のニュアンスを盛り込むまいとして、すずを意識的に不妊にした可能性が高い。作中には、この点を裏付ける場面がありました。

問題の場面は、一九四四年九月、すずとリンが会って話をしているもの。すずはまだ、リンと周作の過去を知らず、気さくに接しています。

ところがリンは、出産が楽しみなのに妊娠できないと悩むすずにたいし、「うちの母ちゃんは、お産のたびに歯が減ったよ。しまいにゃ、お産で死んだよ。それでも楽しみなもんかね?」と問う。(23) すずの返事は以下の通りでした。

そりゃあまあ…怖いこた怖いけど、ほいでも世の男の人は、みな戦地で命懸けじゃけえ、こっちも義務は果たさんと。(24)

ここで言う「義務」は、婚家にたいするものと説明されます。「出来の良《え》え跡取りを残さんと。それが嫁の義務じゃろう」というわけです。(25) すずは、立派な男児が産めなければ嫁失格と見なされ、実家に帰されるとまで心配していました。

けれども「男の人は、みな戦地で命懸け」がある以上、妊娠・出産が国家にたいする義務でもあるのは明らかでしょう。男児が産めなければ嫁失格どころか、非国民という話。すずは「生めよ育てよ家のため」と「生めよ育てよ国のため」の両方に忠実なのです。

ただしこうなると、「平和になってしばらくしたら、すずも子宝に恵まれた」という展開は、彼女が敗戦後も家（制度）から自由にならず、ナショナリズムや愛国心も捨てなかったという含みを持つ。深読みすれば、冷戦の深刻化に応じた再軍備の必要性を象徴的に表していることにもなりかねません。

平和主義の観点に立つかぎり、すずは生殖能力を持ってはいけないのです！　片渕監督など、すずは周作とのセックスにたいし「表には出さないけど、内心とても違和感を感じる」はずだとまでコメントしました。[26] この発想を反映してか、アニメのすずは原作よりも少女っぽさが強調され、夫婦生活の描写もかなりトーンダウンされています。

夫の周作をはじめ、北條家の人々、果てはすず本人までが、「戦争中に妊娠しなかったうえ、右手までなくしたのだから、この先も子供ができるはずはない」と言わんばかりに振る舞うのも、こう考えれば無理からぬ話でしょう。

だがその場合、北條家には次の世代がいなくなります。家が滅んでしまうのです。家族の再生も何もありません。

『この世界の片隅に』が、平和主義を維持しつつハッピーエンドにたどりつくためには、すずが妊娠・出産を経験しないまま、新たな世代を北條家にもたらすことが必要となります。だからこそ物語は、浮浪児を引き取る場面で終わるのです。「政治的に正しい」形でオチをつけるには、たしかにこの方法しかないでしょう。

もっとも浮浪児は女の子なので、「出来の良《え》え跡取り」をつくるという嫁の義務が果たされたことにはなりません。[27] 婿養子でも迎えないかぎり、北條家はやはり滅んでしまうのです。「結婚・出産、さらには家の存在が戦争と結びつき、非婚・不妊、さらには家の崩壊が平和と結びつく」という、戦後日本型平和主義の正体は、ついに隠しきれなかったのでした。[28]

すずに限らず『この世界の片隅に』では、出産年齢にあたる女性の登場人物が、そろって「戦後に子供をつくる可能性」をなくしてゆきます。

義姉の径子は夫に先立たれたうえ、息子の久夫とは生き別れ、娘の晴美とは死に別れている。物語を通じて、再婚する見込みは描写されません。原爆症で寝込みがちになった妹のすみが、健康を取り戻す見込みについても同様です。

白木リンは性的に成熟こそしているものの、遊郭の娼婦ですから、妊娠につながらないセックスが専門。しかも敗戦前後に、空襲で死んだことが暗示されます。物語にはもう一人「テルちゃん」という娼婦が登場しますが、こちらも一九四五年のはじめ、肺炎で亡くなりました。

玉音放送を聴き、敗戦を知ったすずは、「この国から正義が飛び去ってゆく」と嘆きます。(29) とはいえ物語の内容を踏まえれば、八月十五日に失われたものはそれだけではないと評さねばなりません。

女性の生殖能力も、正義と一緒に飛び去ったのです。(30) アニメ映画版の主題歌が「悲しくてやりきれない」というタイトルだったのも、当たり前のことではないでしょうか？(31)

（※）

本章117ページには、『この世界の片隅に』（原作漫画）の図版を掲載する予定でしたが、版元である双葉社ライツ事業部の承諾が得られなかったため、見合わせることになりました。

とはいえ『この世界の片隅に』が、豊かな味わいと、戦後日本の本質に迫る鋭さをあわせ持つ作品である点は変わりません。未読の方がおられましたら、ぜひお勧めします。

掲載を予定していたのは、第19回「19年11月」の冒頭を飾った二つのコマ。ここでは遊郭でたたずむリンと、家で炭団の代用品をつくるすずの様子が、背中合わせで描かれます。

一見、対照的な両者が、じつは表裏一体であることが、構図によって暗示されているのです。しかるにリンは娼婦で、すずは妊娠できないと悩んでいるのですから、この図版は本章の論考を視覚的に裏付けるものと言えるでしょう。

双葉社ライツ事業部からも、図版掲載の承諾は見送りたいが、論考内容に異議はないという旨のコメントがあったことを付記したいと思います。

第三章

愛国は虚妄か、さもなければ売国だ

戦後日本で強い影響力を持った平和主義は、「平和のためなら貧困に耐えろ」という恐るべき含みを持った理念でした。おまけにこの理念のもとで、どうにか発展・繁栄を達成しようとすると、「結婚するなとは言わないが、平和のために家をつくってはいけないし、わけても子供はつくらないほうがいい」という結論にたどりつく。

現在のわが国で、国民の貧困化と少子化が進み、国の行く末が危ぶまれるようになったのも、必然の帰結と言わねばなりません。したがって「日本再生」のためには、平和主義からの脱却が不可欠です。

ただし、この脱却は非常に難しい。平和主義にたいして懐疑的、ないし否定的な立場の人々は、とりあえず「保守（派）」と規定できるでしょう。しかるに保守も、当の理念にひそむ問題を、正しく捉えそこねています。否、肝心なところでは、保守まで平和主義の発想を受け入れてしまっているのです！

「何だって、保守まで平和主義を受け入れている？　平和主義にたいして懐疑的、あるいは否定的なのに？　まさか、いくら何でもそんなはずは——」

あるんですよ、しっかり。毎回毎回、賢いほどのバカはなしと答えるのも芸がないので、この名台詞を使うことにしましょう。
「これが最悪だと言えるうちは、まだ最悪ではない」(1)

平和主義の是非をめぐる議論は、私の知るかぎり、国防や安全保障の文脈でばかり行われてきました。信奉派は「これを金科玉条として守らなければ戦争の悲劇が繰り返される！」と叫び、懐疑派、ないし否定派は「そんな夢みたいな発想で国が守れるか！」と叫んできた次第。

安全保障の方法論として、戦後日本型の平和主義に根本的な問題があることは確かです。しかしそれは、この理念が抱える問題の一部、もっと言えばうわべにすぎない。

平和主義の発想に従うと、**貧困や少子化、あるいは家庭の崩壊こそ、国が望ましい状態にある証拠だ**という話になってしまうのです。すなわち経世済民の達成に関して、まるで間違った結論が成り立つ。

経済が貧しく、家庭が崩れ去り、次の世代が生まれてこないとき、国防や安全保障を云々することに、どれほどの意味があると思いますか？

戦後日本型の平和主義は、よしんば安全保障の方法論として有効だったとしても(そんなことはありませんが)、経済や社会、家庭のあり方といった分野から、国を衰退・没落に追いやるのです。これこそ、最も肝心な問題にほかなりません。

「平和主義化」を深める保守派

保守派が平和主義にたいし、どこまで懐疑的・否定的かも、こう考えると怪しくなります。

わが国の保守は、安全保障をめぐってこそ、平和主義よりも現実的な方法論を提唱してきました。けれども経済政策となると、新自由主義やグローバリズムといった理念を提唱するようになって久しい。これらの理念は、「積極財政の否定」や「デフレ志向の肯定」という点で、平和主義と多々通じるにもかかわらず、です。

同時に改革志向が強いので、国や社会の永続性を重視することもありません。(2) 財政均衡主義との関連で「小さな政府」も肯定しているため、国家を大きな家族のように見なしもしないでしょう。「家の解体」の大義名分となった、女性解放や男女平等の促進についても、主として経済活性化の立場（いわゆる「女性の活躍」です）から前向きとくる。

安全保障を別とすれば、国家の経世済民をめぐる保守の姿勢は、平和主義者とほとんど変わらないのです！

そればかりではありません。保守が新自由主義やグローバリズムに染まりだしたのは、一九八〇年代あたりからのこと。しかもこの傾向、あとになればなるほど顕著になってゆきました。改革志向や男女平等の促進についても同様です。

一九八〇年代と言えば、現実的な安全保障政策が強化されるかたわら、「憲法九条の理想に従い、武力など一切持つべきではない」といった絶対平和志向の主張が、タテマエとしても支持を失っていった時期。そのかぎりでは、平和主義からの脱却が進んでいます。

にもかかわらず、経済や社会、家庭のあり方といった分野では、まさに同じころより、保守が平和主義的な発想にどんどんハマっていったのです！

平和主義をめぐる問題は、過去四十年近くにわたり、表向きは解決に向かっているかに見えつつ、じつは深刻化していったと言わねばなりません。が、そうなると新たな疑問が生まれます。

戦後日本型の平和主義の重要な特徴は、自国の政府にたいする不信です。「武力に訴える能力を持つことを許したら最後、政府はまた戦争をするに決まっている」という発想が、この理念の出発点。ゆえに国防や安全保障については、平和を愛する諸国民の公正と信義に頼り、武力を一切持たないのが望ましいという話になる。財政均衡主義へのこだわりにしたところで、根底にあるのは「政府の経済的信用（＝負債を抱え込み、返済する能力）について厳しく制限しておかなければ、また国債発行によって戦費を調達したがるに決まっている」という考えです。

「家の解体」にしてもそう。自国の政府にたいする不信を徹底させるには、愛国心やナショナリズムも解体しなければなりません。

他方、この二つの理念は、家、ないし家族の概念と深く結びついている。家（族）を解体しないかぎり、平和主義の理想は達成できないのです。

家族の解体が達成されれば、非婚や少子化が進行し、未来の世代が生まれにくくなる。国の永続性が揺らぎ、「日本もいずれはつぶれる」という話になります。そんな国を愛する者もいないでしょうから、愛国心やナショナリズムも弱まる。まして永続性の揺らいだ国の政府など、つぶれるまでの期間限定、かりそめの代物にすぎません。

だが永続性こそ、経済的信用の本質をなすものではありませんか。(3) 貸した金が、いずれ必ず（利子つきで）戻ってくると安心できればこそ、「すぐに返さなくともかまわない、信用しよう」という話になったはず。

裏を返せば、いつ、つぶれるか分からない（と見なされた）国の政府は、たえず収支の帳尻を合わせねばなりません。家族の解体は、愛国心やナショナリズムを突き崩すだけでなく、財政均衡主義へのこだわりを強める作用も持っているのです。

「修身斉家治国平天下《しゅうしんせいけちこくへいてんか》」という言葉は、多くの方がご存じでしょう。天下を取るには、まず自分が立派な行いをできるようになり（修身）、次に家庭を整え（斉家）、続いて国家の経世済民を達成する（治国）という手順を踏まねばならない、そう説いているわけですが、わが国の平和主義は、ここから「斉家」と「治国」を抜き取ってしまおうとする試みと規定できる。

個々の人間が、戦争否定や民主主義の理想を深く自覚すれば（修身）、それだけで世界規模の恒久平和が一気に達成される（平天下）と構える次第。「平和を愛する諸国民の公正と信義」のバックアップを受けて、平和主義者が天下を取れることになっているのです。
しかるにお立ち会い。日本の保守は、次の特徴を持っています。

（1）安全保障については平和主義を否定したがるが、経済、社会、家庭のあり方など、他の分野に関する姿勢は、平和主義とほとんど変わらない。

（2）のみならず、時代が経過すればするほど、この点が顕著になる。

保守にしたところで、表向きの言い分はともかく、「斉家」や「治国」に関心など持っていないのではないでしょうか？　むろんこれは、保守も本当は政府を信用しておらず、愛国心やナショナリズムを否定していることを意味します。

現にグローバリズムをめぐっては、「才能や実力さえあれば、国境や国籍にこだわらず、世界を舞台に活躍できるようになる」といった主張がしばしばなされます。(4) 才能や実力とは個人レベルのものですから、これは「修身ができれば、いきなり天下が取れる」というにひとしい。「世界規模の恒久平和」ならぬ「世界規模の持続的繁栄」も、あわせて達成されることになっています。「修身斉家治国平天下」から、「斉家」と「治国」を抜き取ろうとする点において、グローバリズムは平和主義とまるで同じなのです！　そしてわが国の保守派は、すでに四十年近くにわたって、グローバリズムに賛同してきました。(5)

さあ、そんな人々の愛国心やナショナリズムが信用できますか？

必殺！　自己欺瞞vs自己欺瞞

断っておきますが、保守派の中にも、積極財政の立場から「小さな政府」に反対したり、新自由主義やグローバリズムに否定的な姿勢を取ったりする人がいないわけではありません。ただしそのような人は、いかんせん傍流、ないし少数派です。

家庭のあり方となると、状況はますます悪くなる。なるほど保守派は、家庭や家族の重要性を説きたがる傾向を持っています。とはいえ男女平等や、女性の社会進出に反対する度胸を持った人は、私の知るかぎり、ほとんど存在しません。

戦後日本における「家の解体」は、女性解放の大義名分のもとに進められてきたのですから、これでは外堀どころか内堀まで埋められた状態で、観念的な理想論を説いているにすぎない。対抗できるはずがないのです。

論理で勝ち目がないとすれば、感情に逃げ込みたくなるのが人間の常。かくして、家庭や家族の重要性にこだわる保守派は、「昔の女性は、貧しさをはじめ、社会的条件がいろいろ厳しい中でも、結婚して子供を産み育ててきた。ひきかえ今の女性は、自由で豊かな暮らしを維持したいから、結婚も出産もイヤだなどと、甘えた現実逃避を並べ立ててけしからん！」といった、精神主義的な批判、またはお説教に行き着きます。

しかし国が（少なくともいったんは）豊かになったあと、貧しかったころと同じように行動しろと求めるのは、どだい無理な話でしょう。ついでに男女平等や、女性の社会進出に反対する度胸もない以上、いかにいきり立ったところで、結婚や出産を「義務」として強要する根拠も持ち合わせていない。(6)

ハッキリ言ってしまいましょう。こんなお説教など、保守派（の男性）が溜飲を下げるための繰言、つまり一種の愚痴でしかありません。いくら繰り返したところで、女性たちからは呆れられ、無視されるのがオチです。

しかも見過ごせないのは、ここに**「結婚・出産のためなら貧しさ（あるいは選択肢の限られた人生）に耐えろ」**という含みがひそんでいること。「平和のためなら貧困（あるいは家族の解体）に耐えろ」という平和主義の含みと、いったい何が違うのでしょう？　保守派の説く愛国心やナショナリズムが、いよいよいかがわしく思えてくるではありませんか。

安全保障をめぐる保守派の姿勢にしたところで、アメリカの軍事力にたいする依存、ないし従属が大前提。武力の行使を一切否定するような発想に比べれば、方法論としてマシには違いないものの、愛国心やナショナリズムに必ずしも適ったものではありません。

要するに保守の主張も、国を衰退・没落に追いやるか、少なくともそれを阻止しえない代物なのです。あまつさえ、本当は愛国心やナショナリズムを否定しているにもかかわらず、そうと自覚することすらできない。

近年の保守派は、平和主義者（＝左翼・リベラル）のことを「非現実的・観念的な夢想の世界にひたっている」という意味で、よく「お花畑」と揶揄《やゆ》します。ところが保守派は保守派で、「愛国・ナショナリズムお花畑」とも呼ぶべきものにすっぽりハマっている。なのに「自分たちは現実的なのであり、お花畑の平和主義者ごときとは違う」と信じて疑わない次第。自己欺瞞をまるで自覚できないという、深刻な自己欺瞞に陥っているのです。

平和主義者にしたところで「自分たちは正しい理想を抱いているのであり、ふたたび戦争をしたがっている保守派ごときとは違う」と信じて疑わないので、お互いさまと言えばその通り。だとしても、なぜこうなってしまったのでしょう。どうして戦後日本では、まっとうな愛国心やナショナリズムが成り立たないのでしょうか？

娘の結婚にひそむもの

これを理解するうえで、たいそう役立つ映画があります。日本映画の巨匠の一人である小津安二郎監督が、占領中の一九四九年に発表した『晩春』。

同年度のキネマ旬報ベスト・テンで、日本映画部門のトップとなった作品です。海外でも広く知られており、映画史に残る傑作として称賛を集めました。

『晩春』の主人公は、曾宮周吉という初老の大学教授。妻に先立たれた周吉は、二十七歳になる娘・紀子と鎌倉で暮らしています。紀子は敗戦前後の混乱と食糧不足で健康を害し、ようやく元気を取り戻したところ。

この時代、二十七歳といえば婚期を逃しかねない年齢です。心配になってきた周吉は、娘に結婚をうながす。片や紀子は、自分が嫁に行ったら周吉の面倒を見る者がいなくなると主張、叔母（＝周吉の妹）の「まさ」が持ち込んだ見合い話にも関心を寄せません。

曾宮家には使用人がいるため、嫁いだところで、周吉が独り暮らしになるわけではない。紀子は父を気遣うようでいて、本当のところ結婚を嫌がっているのです。

周吉はとうとう、自分も再婚を考えていると打ち明けます。そうすれば紀子が嫁いでも、新しい妻が面倒を見てくれるというわけですが、彼の狙いは、娘が反発から家を出てゆくよう仕向けることにありました。

なにせ紀子は、適齢期にあたる自分が結婚するのさえ嫌なのです。年配の男女が再婚するなど、不潔以外の何物でもないでしょう。おまけに彼女は、ずっと父親と二人で暮らしたいのですから、そこに別の女が入り込んでくるのは、一番許せないはず。

狙いどおり、紀子は見合い相手「佐竹熊太郎」との結婚を受け入れます。ただし挙式の直前、周吉と京都に旅行したときには、ふたたび決意がぐらつき、父が再婚しても構わないから、このままそばにいたいと口走る。

京都での紀子と周吉。明日は鎌倉に戻るという、旅の終わりの晩。

『晩春』監督 / 小津安二郎（1949 年）写真提供 / 松竹

周吉はこう言って、娘をあらためて説得します。

だけどそれは違う、そんなものじゃないさ。お父さんはもう五十六だ。お父さんの人生は、もう終わりに近いんだよ。だけどお前たちはこれからだ。これから、ようやく新しい人生が始まるんだよ。つまり、佐竹君と二人でつくりあげてゆくんだよ。お父さんには関係のないことなんだ。それが、人間生活の歴史の順序というものなんだよ。

結婚することが幸せなんじゃない、新しい夫婦が新しい一つの人生をつくりあげてゆくことに幸せがあるんだよ。一年かかるか、二年かかるか、五年先か、十年先か、努めて初めて幸せが生まれるんだよ。それでこそ、初めて本当の夫婦になれるんだよ。（中略）お互いに信頼するんだ。お互いに愛情を持つんだ。お前がこれまで、お父さんに持っていてくれたような、あったかい心を、今度は佐竹君に持つんだよ。いいね、そこにお前の本当に新しい幸せが生まれてくるんだよ。(7)

旅行を終えた紀子は、佐竹のもとに嫁ぎます。けれども周吉には、再婚話などありませんでした。すべては娘をその気にさせるための嘘にすぎなかったのです。そして映画は、自宅に戻った周吉が、リンゴの皮をナイフで剝きながら、寂しそうにうなだれるところで終わりました。

表面的な内容を取るかぎり、『晩春』は日常的な世界を淡々と描くことで、「戦後日本における新たな家庭の誕生」を謳ったホームドラマとなるでしょう。とはいえ、ここで思い出していただきたいのが、第二章で取り上げた『この世界の片隅に』です。

『この世界の片隅に』も、表面的には戦時下の日常生活を淡々と描くことで、「平和の到来による家族の再生」を謳ったホームドラマ。しかし物語の構造を読み解いてゆくと、「平和主義へのこだわりが、出産の否定を通じて、日本の家族を消滅に追いやる」という、正反対のテーマが浮かび上がりました。

だったら『晩春』も、読み解き方次第では、表面的な内容とはまるで違うテーマが浮かび上がらないとも限らない。しかも小津安二郎は、『晩春』の前作にあたる『風の中の牝雞《めんどり》』（一九四八年）において、「敗戦による家庭崩壊の危機」を描いていたのです。(8)

映画の主人公は、敗戦後の物価高騰に耐えながら、夫が戦争から復員してくるのを待つ時子という女性。息子・浩の医療費を工面するため、彼女は一度だけですが、心ならずも売春に手を染めます。

数週間後、夫の修一が無事に戻ってくる。浩のために何をしたか、時子はつい打ち明けてしまいます。はたして、この夫婦はやり直せるか？　という物語。(9)

『風の中の牝雞』の評価は、『晩春』と違って、あまり良くないものの、これは脇に置きましょう。ポイントは、わずか一年のうちに、「敗戦による家庭崩壊の危機」から「戦後日本における新たな家庭の誕生」へと、テーマが移行したことなのです。

この変化、いくら何でも速すぎないでしょうか？　朝鮮戦争をめぐる特需によって、復興に弾みがつくのは一九五〇年です。講和条約が発効し、独立が回復されるのは、さらに二年あとの一九五二年。一九四九年、日本はまだ大変だったのです。言い替えれば、『晩春』で語られる「新しい人生」や「本当に新しい幸せ」にも、裏があると見なければならない。

また愛国心やナショナリズムは、「父性」「母性」とのつながりを通じて、家庭と深く関連しています。「家庭円満」と「経世済民」、あるいは「斉家」と「治国」の間にも、密接な関係があるのはすでに見たとおり。

以上を踏まえて読み解くとき、『晩春』はたんなるホームドラマではなくなります。結婚をめぐる父娘の心の動きを題材にしつつ、映画は戦後日本における愛国心やナショナリズムのあり方をみごとに探求しているのです。

曾宮周吉とフリードリヒ・リスト

『この世界の片隅に』の作者・こうの史代は、自作が「家族の再生」を描くかに見えて、じつは「家族の消滅」を描いていることに気づいていなかったと思われますが、小津監督は『晩春』において、戦後の愛国心やナショナリズムのあり方を意識的に探ろうとした可能性が高い。そう考えないかぎり説明のつかない描写が、始まってすぐに出てくるのです。

ここでは周吉が、助手の青年「服部」と一緒に、原稿を清書しています。しかるに服部は、十九世紀前半にドイツで活躍した政治経済学者、フリードリヒ・リストの名前の綴りが、「List」か「Liszt」かを調べており、「やっぱりz《ツェット》はありませんね」と切り出す。(10) 周吉は周吉で、名前の綴りが「Liszt」なのは、音楽家のフランツ・リストのほうだと指摘しました。その後、二人はリストについて、ほぼ独学だったにもかかわらず、「歴史派の経済学者としては大したものだったんだ」などと話し合うのです。(11)

じつは服部、学者リストの生没年として、音楽家リストの生没年を述べるお粗末をやらかしています。

フリードリヒ・リストは一七八九年の生まれで、一八四六年死去。他方、フランツ・リストは一八一一年の生まれで、一八八六年死去。

生年は二十二年、没年にいたっては四十年のズレがある。何を調べていたのかという感じですが、この点は脇に置きましょう。肝心なのは、結婚をめぐるホームドラマで、どうしてリストが詳しく紹介されるのか、です。『晩春』全編を通じて、名前や業績が語られる学者は他にいません。

可能性は以下の二つでしょう。

(1)周吉の人物像には、フリードリヒ・リストのイメージが重ねられている。

(2)紀子の結婚、ないし『晩春』の物語全体についても、リストの思想を踏まえて解釈するよう求めている。

ならばリストは、いかなる思想の持ち主だったのか？　この人、経済政策は国民統合推進の手段であり、市場原理や自由貿易にばかり頼るのではなく、ナショナリズムに基づいて立案されねばならないと説きました。

リストの主張は受け入れられず、彼は失意のうちにピストル自殺を遂げます。ただし十九世紀後半になると、ドイツは一転、リストの理論や提案に沿った政策を展開、ヨーロッパの経済大国へとのし上がってゆきました。(12)

時代に先んじていたせいで、不遇のまま生涯を終えた悲劇の人なのですが、『晩春』のつくられた一九四九年、わが国のナショナリズムはどうなっていたか？

そうです。

敗戦の衝撃と占領改革によって、ナショナリズムは強く否定されていました。朝鮮戦争による再軍備も、まだ始まっていませんから、〈ナショナリズム否定の全盛期〉と言っても過言ではありません。ナショナリズムがダメなのですから、むろん愛国心もダメ。「戦争を引き起こし、日本を破局に追いやった元凶」として片づけられています。

けれどもナショナリズムと愛国心は、それぞれ「母（性）」「父（性）」と深くつながっている。「ナショナリズム＝母、愛国心＝父」というわけながら、劇中の曾宮家にこの図式を当てはめると、どう

なるか？(13)

曾宮周吉は妻、つまり紀子の母に先立たれています。周吉自身も、「お父さんはもう五十六だ。お父さんの人生は、もう終わりに近いんだよ」という台詞のとおり、自分のことを〈まもなく滅びる過去の存在〉と位置づけている。

「ナショナリズム＝母、愛国心＝父」ですから、これは**「ナショナリズムはすでに死んでおり、愛国心も滅びる寸前」**ということになります。おや、国の状況そのままではありませんか！(14)

周吉の人物像は、「歴史」や「伝統」とも密接に結びつけられています。クライマックスの旅先となるのは京都ですし、映画の中盤でも、彼は紀子を能の公演に連れてゆきました。結婚して新しい人生を始めるのは「人間生活の歴史の順序」だという台詞ではありませんが、リスト同様、周吉も「歴史派」の大物なのです。

ナショナリズムに反発するナショナリズム

では、紀子の人物像はどうか。「敗戦前後に健康を害したものの、元気を取り戻した若い女性」ですから、これはどう見ても〈復興に向けて動き出した戦後日本〉を表しています。

彼女が結婚したがらないのも、こうなると当然の話。敗戦後は「女性の解放」の名のもと、「家の解体」が進められたのですから、新しい家庭をつくろうとするはずがありません。現に紀子には、女学校時代からの親友「北川アヤ」がいますが、彼女は出戻り、今で言う「バツイチ」でした。台詞から察するところ、嫁ぎ先を追い出されたのではなく、夫がイヤになって飛び出してきたらしい。「だいたい男なんてダメよ、ずるいわよ。結婚するまでは上手いこと言って、いいところばかり見せているけど、結婚してしまうと、とってもイヤなところばかり出してみせるんだもの」とくるのです。(15)

そんなことを言いつつ、紀子には結婚を勧めるのがアヤのすごいところですが、これもひとまず脇に置きましょう。問題は、「斉家」と「治国」の関連性を思えば、新しい家庭がつくられないとき、新しい国が築かれるなどありえないこと。

一九四九年の日本は、まだ復興が進んでいなかったのですから、例によって映画の内容は、時代の状況と対応しているものの、このままだと紀子、すなわち戦後日本は自立できません。だとしても「治国」の二大理念たる愛国心とナショナリズムが否定され、家の解体まで始まったとき、「斉家」(＝結婚による新しい家庭の構築)を正当化する根拠はどこにあるのか?

紀子を説得したときの周吉の台詞を、ここで振り返ってみましょう。

お父さんの人生は、もう終わりに近いんだよ。だけどお前たちはこれからだ。これから、ようやく新しい人生が始まるんだよ。(中略)お父さんには関係のないことなんだ。

結婚することが幸せなんじゃない、新しい夫婦が新しい一つの人生をつくりあげてゆくことに幸せがあるんだよ。一年かかるか、二年かかるか、五年先か、十年先か、努めて初めて幸せが生まれるんだよ。

物語の文脈から言って、「お父さんには関係のない新しい人生」は、「過去とは関係のない新しい日本」を表すものと解釈できます。敗戦の苦難を経て、そういう国がようやく生まれようとしているのだから、新日本の「治国」のために「斉家」すべきだ、という次第。

続く「一年かかるか、二年かかるか、五年先か、十年先か」も重要です。結婚生活が十年も続けば、普通、子供が生まれる。紀子は母となり、佐竹は父となります。

「ナショナリズム＝母、愛国心＝父」とすれば、これは「戦後日本に、従来とは違った新しいナショナリズムや愛国心が生まれる」ことを意味します。だからこそ、現時点で愛国心やナショナリズムが否定されていようと、「斉家」や「治国」を放棄してはならないのです。(16)

娘の結婚をうながすべく、周吉が（架空の）再婚話を持ち出す展開も、この解釈にぴったり当てはまる。

再婚相手に仕立て上げられたのは、紀子も面識のある三輪秋子という女性。こちらは夫を亡くしたらしいのですが、秋子が姿を見せるのは、紀子が叔母・まさと参加した茶会の席、まさの家、そして周吉が観に行きたがった能公演の会場です。

秋子も過去の世代に属する人間、「歴史」「伝統」の側の人間なのです。そんな女性が、紀子の（血のつながらない)母になろうというのですから、これは「従来の愛国心を補強すべく、ナショナリズムがでっち上げ同然の形で甦る」ことにひとしい。だいたい「春」を題名にした映画に「秋」が出てくるとは、ずばり季節外れではありませんか。(17)

こう考えるとき、「結婚を渋っていた若い女性が、父親の再婚話に反発して嫁ぐ」という『晩春』の筋立てには、**「戦後日本において、新しい愛国心やナショナリズムを成立させる唯一の方法は、従来の愛国心やナショナリズム、さらには歴史や伝統(の復活)に反感を抱かせることだ」**というメッセージがこめられていることになります。

けれども保守(主義)とは、歴史や伝統の尊重に基づいて、愛国心やナショナリズムを肯定する立場。小津監督は、「戦後日本において、保守は本当には成立しえない」とほのめかしているのです。

実際、「結婚とは新しい夫婦が、新しい一つの人生をつくること」という周吉の発想からは、「(嫁ぎ先の)家」の存在がキレイに抜け落ちています。それどころか、この台詞は「婚姻は、両性の合意のみに基いて成立し、夫婦が同等の権利を有することを基本として、相互の協力により、維持されなければならない」という日本国憲法二十四条の規定を、分かりやすく解きほぐしたものと評することすらできる。

「歴史派の大物」であるにもかかわらず、周吉はいわゆる戦後民主主義の理想を説くことで、ようやく紀子を結婚させたのです。とはいえ周吉にしてみれば、これは徹底的な自己否定。リンゴを剥きながら、うなだれてしまうのも無理からぬ話ではありませんか。(18)

佐竹熊太郎の正体をあばく

問題はこれにとどまりません。従来の愛国心やナショナリズム、さらには歴史や伝統にまで反発したあとで、新たな愛国心やナショナリズムの基盤となりうるものは、果たして存在するのでしょうか？

『晩春』の物語に即して言えば、この問いは次のように置き換えることができます。

結婚相手の佐竹熊太郎が、紀子の愛情や信頼に値する男性だと判断しうる根拠はどこにあるか。「この人となら、新しい一つの人生をつくれるし、幸せも見いだせるだろう」という信用が成立するための条件は何か。

第二章でお話ししたとおり、信用の本質とは永続性です。つまり、時間の経過による影響を受けないこと。将来の行動が見越せること、と言い替えてもいいでしょう。

バツイチの北川アヤが、「(男なんて) 結婚するまでは上手いこと言って、いいところばかり見せているけど、結婚してしまうと、とってもイヤなところばかり出してみせるんだもの」と怒るのは、その点でじつにもっとも。夫の振る舞いについて、アヤは永続性が見出せなくなったのです。これは夫を信用できなくなったということですから、破局を迎えたのも無理はありません。

よって、佐竹が結婚相手として信用するに足るための条件はこうなります。

紀子への愛情や信頼が、時間の経過、とくに結婚の前と後とで変化しないこと。男尊女卑を前提とした戦前の家制度にとらわれず、男女平等を前提とする戦後型の家庭観を追求しつづけること。

だが一九四九年といえば、家制度が廃止されてわずか二年後。「両性の合意のみに基いて成立し、夫婦が同等の権利を有することを基本として、相互の協力により維持される結婚生活」など、理想として吹聴されてはいても、経験した者はほとんどいないのです。くだんの理想にしたところで、四年前に敗戦を迎えていらい、突如として広まったものにすぎません。

普通に考えたら、佐竹が先の条件を満たすなどありえないのです。けれども周吉は、戦後民主主義の理想を説くことで、どうにか紀子を説得したのですから、「結婚してみたら、佐竹も古い家庭観にこだわる男だった」では話にならない。

一発、出戻ってくるのは目に見えています。リンゴの皮を剝いたはいいが、中から虫が姿を現すようなものでしょう。

『晩春』の幕切れが感動を呼ぶためには、「佐竹は望ましい〈戦後日本の夫〉になるだろう」と、観客が納得しなければなりません。しかも松竹は、センチメンタルな女性メロドラマをお家芸とする会社。(19)

女性客の比率も高くなりやすい。いい加減な描写では見破られてしまうでしょう。そこにもってきて、北川アヤに「男なんてダメよ、ずるいわよ」とまで言わせてしまったのです。

このハードルを乗り越え、「一般的に男はずるくてダメかも知れないが、佐竹は違う」という印象をつくるため、小津監督はどんな手を使ったか？

理解のカギは、紀子の叔母・まさが、見合い話を持ち出した直後に提示されます。まさはこの場面で、佐竹が東大の理系を出ているとか、年齢は三十四歳だから、二十七歳の紀子と釣り合うとか、丸の内の会社に勤務しており、職場での評判もとてもいいなどと並べ立てる。しかるにその後、こんなやりとりがあるのです。

まさ「ほら、何とか言ったっけ、アメリカの、ほら、こないだ来た野球映画のさ、あの男」

紀子「ゲイリー・クーパー？」

まさ「そうそう、クーパーか、あの男に似ているの。口元なんかそっくりよ。（自分の鼻のあたりを手で指して）このへんから上は違うけど。ねえ、どう、一度会ってみない？　本当に立派ないい人よ」(20)

口元はそっくりだが、鼻から上は違うのなら、ろくろく似ていないはずですが、これは不問としま す。「なぜ佐竹熊太郎は結婚相手としてふさわしいか」という話のクライマックスに、ハリウッド・

スターと顔が似ていることが持ち出されることがポイントなのです。

話はここで終わらない。紀子が（かなり渋々）佐竹とお見合いしたあと、まさは周吉にたいし、「彼女は熊太郎という名前がイヤなのかも知れない」と言い出します。理由は以下の通り。

だって熊太郎なんて、なんとなくこの辺（胸元を手でさらってみせる）、もじゃもじゃ毛が生えているみたいじゃないの。若い人って、案外そんなこと気にするもんよ。(21)

ゲイリー・クーパーに似ていて、胸毛がすごい。この台詞から浮かび上がる佐竹のイメージは、日本人ではありません。アメリカの白人です。

「クマタロー」という古風な響きに騙されるべからず。これぞ佐竹の正体にほかなりません。(22) 小津安二郎は「戦後日本の女性にとって、幸せな家庭をつくる条件は、アメリカの白人（みたいな男性）と結ばれることだ」とほのめかしているのです！

占領軍とハリウッド・スター

『晩春』がつくられた一九四九年、日本でアメリカの白人と言えば、むろん占領軍関係者です。片や男女平等を前提とする戦後型の家庭観は、敗戦、より正確には占領改革によって広まったもの。

当時のアメリカ人男性が、男女平等をどこまで信じていたかは問題ではありません。日本人にとって、「両性の合意のみに基いて成立し、夫婦が同等の権利を有することを基本として、相互の協力により維持される結婚生活」は、アメリカ的なものだったのです。

よって、佐竹熊太郎が「アメリカの白人」だとすれば、男女平等を前提とする戦後型の家庭観を追求しつづける保証が得られます。結婚相手として信用するための条件が満たされるのです。渋々であろうと、紀子がお見合いに応じたのも分かる話ではありませんか。『晩春』には**「戦後日本において、新しい愛国心やナショナリズムが安定的に成立する条件は、〈民主主義の先進国〉アメリカとの一体感を抱くことだ」**というメッセージもこめられていることになるでしょう。

バツイチで、「男なんてダメよ、ずるいわよ」とまで言い切る北川アヤが、紀子には結婚を勧める理由も、ここまで来れば察しがつくのではないでしょうか。

そうです。アヤは紀子から、佐竹がゲイリー・クーパーに似ていると聞かされているのです。反応はこうでした。

じゃあ、すごいじゃないの！　あんた、昔からクーパー好きじゃないの。（中略）考えるとこないじゃないの。（嫁に）行っちゃいなさいよ。今どき、そんな人って、めったにいやしないわよ。言うとこないわよ。(23)

「男なんてダメよ、ずるいわよ」は、この直後に出てきます。しかし「佐竹＝クーパー」とすれば、アヤの言葉に矛盾はありません。彼女は「日本の男はダメでずるいけれど、あんたはアメリカの白人（みたいな男）との縁談が舞い込んできたんだから、迷わず結婚すればいい」と言っているのです！

これは映画の中だけの話ではありません。そのころの日本では、「アメリカの男性＝カッコよくて優しい、日本の男性＝ダサくてみっともない」という図式が、現実に存在していました。

いくつか例を挙げましょう。アメリカの社会人類学者ハーバート・パッシンは、太平洋戦争中、米陸軍で日本語を学び、語学将校として占領に関わった経歴の持ち主ですが、出張で別府の温泉に泊まったとき、面白い経験をしています。

何人かの女中が身の上相談を持ちかけてきたものの、「フミコさん」という人は、町の巡査と婚約しているが、男性としてもう一つ満足できず、結婚しても幸福になれそうにないと打ち明けたのです。その結果、どうなったかというと――

日本の女性が日本の男性を軽蔑していることをパッシン少尉は知った。日本の男は、彼女らにとって、「小さく、醜悪で、弱くて、頼りにならない」。それに比べて、「進駐軍さんはみんなクラーク・ゲーブルさんみたいで……」(24)

ゲイリー・クーパー同様、クラーク・ゲーブルも、このころのハリウッドを代表するスターです。占領軍関係者が、そろってゲーブルのような二枚目だったわけはありませんが、そんなことはどうで

もよろしい。日本人女性には、彼らがハリウッド・スターのように見えたのです。(25)

庶民に限った話ではありません。敗戦直後のわが国では、占領軍総司令部（GHQ）民政局の大物、チャールズ・ケーディス大佐と、鳥尾鶴代という子爵夫人（のちに「鳥尾多江」と改名）のロマンスが話題になりました。もともと弁護士だったケーディスは、日本国憲法の草案作成を実質的に仕切った人物として知られます。

子爵夫人である以上、鶴代にとってこれは不倫。片やケーディスも、アメリカに妻がいました。しかし鳥尾鶴代は、断固としてこう語っています。

進駐軍将校との、それもあんなにすばらしい彼との恋愛は本当に思いがけないボーナスだった。……彼は主人の持っていないものを全部持っていた。決断力、抱擁力、女子供をいたわり、養う力。それは勝者、敗者という立場とは別のものだった。私と主人との仲は肉体的にも精神的にもすっかり離れていて、その分だけ反比例して私とケーディスの仲は深まった。(26)

「包容力」を「抱擁力」と書いてみせるところが、あでやかというか、大人の女の色香を感じさせます。ついでに「勝者、敗者という立場とは別のものだった」と断るくだりには、ケーディスにたいして抱いた一体感の深さがうかがわれる。

だとしても、哀れをとどめるのは夫の鳥尾敬光子爵。「男の魅力なんて、あんたには皆無じゃない！」と宣告されたようなものではありませんか。
ノンフィクション作家・木村勝美による評伝『子爵夫人　鳥尾鶴代』にも、ほとんど同じ記述が出てきました。(27) しかも本のあとがきには、こう書いてあるのです。

> 日本の女性の多くは、今日も封建的なしがらみから自由ではない。
> それだけに、自分の正当な欲求や希望、基本的な人権や個人の尊厳、といったメンタルな部分を、なによりも優先させた鳥尾さんの生きざまは、現代女性の生き方に、重要な指針を与えてくれるように思う。(28)

「今日」とは、ケーディスと鶴代が愛し合った一九四〇年代後半とか、日本が独立を回復した一九五〇年代はじめのことではありません。『子爵夫人　鳥尾鶴代』が刊行された一九九二年のことです。

敗戦による民主改革が行われて半世紀近くたっても、わが国の女性の多くは「封建的なしがらみ」を脱しきれずにいるらしい！　これだけで十分スゴいものの、いっそう注目されるのが、鶴代の行動について、「自分の正当な欲求や希望、基本的な人権や個人の尊厳、といったメンタルな部分を、なによりも優先させた」結果だと形容している点。

木村勝美は**「日本人の男と結婚するくらいなら、アメリカの白人と（ダブル）不倫したほうがマシだし、民主改革の理想にも適う」**と主張しているのです！　はたせるかな、チャールズ・ケーディス

も、フランス出身のハリウッド・スター、シャルル・ボワイエを思わせる美男子でした。(29)

新しい愛国の条件

佐竹熊太郎がゲイリー・クーパーに似ている（とされる）ことが何を意味しているのか、もはや疑問の余地はないでしょう。

紀子を演じた原節子は、チャールズ・ケーディスどころか、かのマッカーサー元帥の愛人ではないかと、しばしばウワサされた人物。(30) 彼女はこのころ、『わが青春に悔なし』（黒澤明監督、一九四六年）や『青い山脈』（今井正監督、一九四九年）といった出演作の内容もあって、民主改革のシンボル的な存在となっていました。(31)

こうなると小津監督としても、紀子に（従来の）愛国心やナショナリズムを肯定する含みを持った行動をさせるわけにはゆきません。

「治国」と「斉家」のつながりを思えば、これは結婚せず、独身を貫くことを意味します。家（族）のあり方をめぐる戦後日本型平和主義の結論は「結婚するなとは言わないが、平和のために『家』をつくってはいけないし、わけても子供はつくらないほうがいい」なのです。

けれども若い女性が結婚を忌避するようでは、世代の再生産が達成されず、国は存続しえません。

「両性の合意のみに基いて成立し、夫婦が同等の権利を有することを基本として、相互の協力により維持される結婚生活」という民主改革の理想まで、絵に描いた餅に終わってしまいます。

　否、愛国心やナショナリズムを肯定してはいけないという意識にとらわれるあまり、かえって形骸化した愛国心にしがみつく（＝家に残って、ずるずる周吉の世話をする）ことだって起きかねない。京都旅行の最後の日、紀子は父が再婚してもいいから、そばにいたいと言っているのです。

「民主主義的な新しい日本」の理想を信じるのなら、その実現に貢献するためにも結婚しなければならない。しかし「民主主義的な新しい日本」の理想を信じるのなら、封建的なしがらみ、ないし男尊女卑の古い家庭観にこだわる（に決まっている）日本の男などと結婚してはいけない！

『晩春』のドラマの根底には、このようなジレンマがひそんでいるのです。くだんのジレンマを解決すべく、小津監督が用いた戦略こそ、「周吉の再婚話（＝古い家庭観の復活）への反発から、紀子が結婚するよう仕向けつつ、佐竹をハリウッド・スターになぞらえることで、幸福な結婚生活（＝新しい家庭観の確立）への希望を持たせる」という二段構えの手でした。

　ここにこめられたメッセージを、再度まとめておきます。

（1）戦後日本において、新しい愛国心やナショナリズムを成立させる唯一の方法は、従来の愛国心やナショナリズム、さらには歴史や伝統（の復活）に反感を抱かせることだ。
（2）戦後日本において、新しい愛国心やナショナリズムが安定的に成立する条件は、アメリカとの一体感を抱くことだ。

面白い実験をやってみましょう。映画のクライマックス、紀子を説得しようとする周吉の台詞について、「お父さん」を「(従来の)日本」に、また「佐竹君」を「アメリカ」に、それぞれ置き換えるのです。すると、こうなります。

(従来の)日本の人生は、もう終わりに近いんだよ。だけどお前たちはこれからだ。これから、ようやく新しい人生が始まるんだよ。つまり、アメリカと二人でつくりあげてゆくんだよ。(従来の)日本には関係のないことなんだ。それが、人間生活の歴史の順序というものなんだよ。

お互いに信頼するんだ。お互いに愛情を持つんだ。お前がこれまで、(従来の)日本に持っていてくれたような、あったかい心を、今度はアメリカに持つんだよ。いいね、そこにお前の本当に新しい幸せが生まれてくるんだよ。

おっと！　戦後の民主改革の精神を体現したかのごとき主張になるではありませんか。この映画、核心の部分では非常に政治的なのです。

「あったかい心」を向ける対象が、日本からアメリカに切り替わっている以上、こうすれば紀子の結婚も、平和主義の条件たる日本政府への不信と両立する。「平和のために『家』をつくってはいけないし、わけても子供はつくらないほうがいい」という、例の結論が取り払われるのです。

「家」をつくることができれば、そこにはいずれ「父」と「母」が登場する。言い替えれば、新たな愛国心やナショナリズムの基盤が築かれます。

平和主義のもとでも、「斉家」や「治国」が可能になるのです。「国」と「家」が分離されたあとでも、日本が「国家」たりうるための道が拓かれると形容することもできるでしょう。周吉の言葉ではありませんが、まさしく「本当に新しい幸せ」。

紀子が婚礼をあげるラストが、映画史に残るものとなったのも不思議はありません。小津安二郎は「新しい人生や幸せをめざして嫁ぐ娘」の姿を通じて、「古い家庭観を乗り越えた家の再生」、ひいては「政府不信と両立しうる愛国心やナショナリズムの再生」を象徴的に描いているのです。(32)

幻に嫁いだ女

しかし小津監督の使った手には、重大な問題があります。

アメリカにたいして一体感を持つのは、日本人の自由です。鳥尾鶴代のごとく、それが「勝者、敗者という立場とは別のもの」だと思うのも自由。

日本人がアメリカに信頼や愛情を持ったところで、向こうがこちらに信頼や愛情を持ってくれる保証はありません。だとしても、「いや、きっと持ってくれる」と信じ込むのも、やはり自由ということでいいでしょう。

けれども**アメリカへの**一体感を基盤としているかぎり、戦後日本の「新しい愛国心やナショナリズム」は、本当のところ、自国を肯定するものとはなりえません。なにせ日本人は、政府への不信を強く持っているのです。ついでに従来の愛国心やナショナリズムまで、歴史や伝統ともども、反発の対象となってしまっている。

なるほど、日本そのものがアメリカと一体化してしまえば、それは「新しい愛国心やナショナリズム」にとっても、肯定の対象となるでしょう。

が、「アメリカと一体化した日本」などという国は存在しえません。五十一番目の州になるなどの形で、一体化を果たしたら最後、日本は消滅します。(33) そこにはアメリカが残るだけではありませんか。

逆に日本が国として存在するかぎり、今度は「アメリカと一体化した」の部分が満たされません。戦後の「新しい愛国心やナショナリズム」は、観念の上でしか存在できない架空の日本を肯定する理念であり、その意味で虚妄にすぎないのです。

『晩春』において、この問題は傑作な形で浮き彫りとなりました。

紀子の夫となる佐竹熊太郎については、すでに見たとおり、東大の理系を出て三十四歳になるとか、丸の内の会社に勤め、職場での評判も上々とか、ゲイリー・クーパーに似ているとか、いろいろ話が振られています。叔母のまさは「本当に立派ないい人よ」と褒めたたえ、北川アヤも「今どき、そんな人って、めったにいやしないわよ。言うとこないわよ」と応じました。

しかるにお立ち会い。これだけ前口上があるにもかかわらず、佐竹は最後まで映画に登場しないのです！

なぜそうなっているのか、理由はお分かりでしょう。

結婚相手として信用するに足るためには、佐竹は「アメリカの白人みたいな日本人の男」でなければなりません。もちろんこれは、「アメリカと一体化した日本」という観念の人間版に該当します。が、そんな男は存在しえません。勝者と敗者の差を、例によって脇に置くとしても、日本人のくせにアメリカ人みたい、まして白人のハリウッド・スターみたいというのは、国籍どころか人種まで飛び越えなければ成立しない点で、いかんせん無理がある。

占領軍関係者がみなクラーク・ゲーブルみたいとか、チャールズ・ケーディス大佐がシャルル・ボワイエみたいというのとは訳が違う。鳥尾鶴代風に言えば、このころの日本の男は、アメリカの白人スターが持っている（はずの）ものを何一つ持っていないのですぞ。(34)

これでは画面に佐竹が現れたとたん、「どこがクーパーに似ているの!?」と、観客の失笑やヒンシュクを買うのは明らか。だいたい女性メロドラマをお家芸とする松竹では、明るく行動的な役の似合う男性スターが乏しい。(35) クーパーはいよいよ遠くなってしまいます。

佐竹熊太郎も、観念の上でしか存在しえない架空の男であり、その意味で虚妄にすぎません。「そんな人って、めったにいやしないわよ」という北川アヤの言葉も、「そんな人って、絶対にいやしないわよ」と訂正しなければならないでしょう。

もっとも、つづく「言うとこないわよ」は間違っていません。観念の上でしか存在しないからこそ、いくらでも美化できるのです。前口上が長いのに登場しないのではなく、登場しないからこそ前口上が安心して長くなったと言うべきでしょう。

佐竹が虚妄なら、紀子の結婚も虚妄となります。彼女は幻に嫁いだのです。

映画のクライマックス、周吉が紀子にたいして「一年かかるか、二年かかるか、五年先か、十年先か、努めて初めて幸せが生まれるんだよ。それでこそ、初めて本当の夫婦になれるんだよ」と諭したのは、関連して注目に値します。だったら結婚したところで、佐竹と紀子は、かなり長期にわたって、うわべだけの夫婦にすぎないことになる。

まして佐竹が架空の男なら、いつまでたっても、本当の夫婦にはなれずじまい。いわば周吉は、娘の結婚が虚妄であることを、遠回しに予告しているのです。(36)

紀子の婚礼が持つ意味も、こうなると考え直さねばなりません。この結婚が「古い家庭観を乗り越えた家の再生」、ひいては「政府不信と両立しうる日本再生」を象徴的に表しているというのは、彼女と佐竹が(いずれは)本当の夫婦になれることを前提としたうえでの話。婚礼自体が虚妄だとすれば、描き出されているのは次の二点です。

(1)「家の解体」のもとで、家(族)をどうにか再生させようとすると、かえって家(族)自体が虚妄となる。

（2）「家」と「国」の持つ関連性を踏まえれば、これは「政府不信のもとで、愛国心やナショナリズムをどうにか再生させようとすると、かえって国自体が虚妄となる」ことを意味する。

だからというわけではありませんが、曾宮紀子を演じた原節子は、二〇一五年に亡くなるまで独身を貫いています。しかも原さんが長らく暮らしたのは、映画の中で曾宮家があるとされた鎌倉でした。紀子は本当に嫁いだのでしょうか？

神の摂理「外人ポンポン」

有名な政治学者・丸山眞男は、かつて「大日本帝国の『実在』よりも戦後民主主義の『虚妄』の方に賭ける」と語りました。『晩春』はまさしく、この発想を体現した作品と評しえます。紀子は周吉という実在よりも、佐竹という虚妄に賭けるよう仕向けられているのです。

虚妄や幻の中には、時間の経過とともに、実体化してゆくものもある。丸山にしても、いずれは戦後民主主義が「実在」になるという前提のもとで、先の発言をしたのでしょう。

ただし戦後の「新しい愛国心やナショナリズム」が、時間さえかければ虚妄から現実に変わるとは信じがたい。問題の愛国心やナショナリズムは、日本とアメリカの一体化という条件のもとで、はじめて安定的に成立するからです。

けれども、そのような一体化は日本の消滅にほかならない。愛したり、帰属感を持ったりする祖国が、架空のものとなってしまうのです。かと言って、アメリカと一体化しないままの日本を肯定することは、「新しい愛国心やナショナリズム」にはできません。それでは従来の愛国心やナショナリズムと同じになってしまうではありませんか。

佐竹熊太郎にしても同じこと。この人物像は、日本人とアメリカの白人、それもハリウッド・スターとの一体化という条件のもとで、はじめてリアリティを持ちます。けれども、そのような一体化は「日本人としての佐竹」の消滅にほかならない。愛したり、信頼を寄せたりする夫が、架空のものとなってしまうのです。かと言って、アメリカの白人と一体化しないままの日本人を「良い夫」として肯定することは、紀子にはできません。それでは封建的で男尊女卑な（はずの）従来の家庭と同じになってしまうではありませんか。

紀子と熊太郎が、本当の夫婦として「実在」になることは起こらないのです。しかしそうなると、二人の間には子供も生まれない。「平和のために『家』をつくってはいけないし、わけても子供はつくらないほうがいい」という、例の結論が甦ってくるのです。そして世代の再生産ができなければ、国は存続しえません。

この問題を切り抜けるには、どうしたらいいのか？

『晩春』は、これについても答えを暗示しています。

佐竹との見合い話が持ち上がる直前、アヤは曾宮家に遊びに来て、紀子とおしゃべりに興じます。話題はアヤが最近行ってきた、女学校のクラス会の模様なのですが、かつての級友の中で、妊娠・出産について言及される者が二人いる。

一人目は、卒業してすぐ嫁いだ「池上さん」。ところが彼女について、アヤは妙に厳しい。本当は四人子供がいるのに、人に聞かれると「三人でございますの」とサバを読むのがずるい、と言うのです。

二人目は、目下妊娠七ヶ月のため、クラス会に来られなかった「渡辺さん」。アヤはニコニコして、彼女は「外人ポンポン」なのだと説明します。

占領軍関係者の子を、結婚しないまま宿してしまったらしい。紀子は「まあ、やだ」と顔をこわばらせますが、アヤはこう笑いました。

やだって、仕方ないわよ。すべては摂理よ、神様の。(37)

奇妙な返事ではないでしょうか。嫁入りして四人子供をつくった同窓生には批判的なのに、シングルマザーになりそうな同窓生には好意的。嫌悪感をあらわにする紀子にたいし、神様まで持ち出して弁護していきます、これは一体、どういうこと？

そうです。問題は相手の男が日本人かどうかなのです。ノンフィクション作家の木村勝美ではありませんが、アヤも「日本人の男と結婚して子供を何人も産むくらいなら、ちゃんと結婚できなくと

も、アメリカ人の子を妊娠するほうがマシだし、民主改革の理想にも適う」と考えているのに違いありません。(38)

し・か・る・に。

かの図式「ナショナリズム＝母、愛国心＝父」を、「外人ポンポン」の状況に当てはめると、注目すべき結果が出てきます。

渡辺はシングルマザーとなる可能性が高いわけですから、これは「愛国心が弱いまま、ナショナリズムが成立する」ことを意味する。ナショナリズムは「母国への愛着」、愛国心は「祖国への忠誠」とも規定されますので、「自国にたいし、愛着はあるが忠誠心は弱い」という状態です。

そのような人間が、祖国のために戦うとはちょっと考えられません。「愛国心が弱いままのナショナリズム」とは、「父性が乏しいまま、母性だけがある」状態でもありますが、父性は「男の（戦う）力」と深く関連しています。そして戦争は、くだんの力と密接に関わっている。

「愛国心が弱いままのナショナリズム」というシングルマザー的組み合わせは、平和主義にとっても受け入れやすいのです。戦後日本における自国政府への不信は、平和主義に由来するものなので、平和主義にとっても受け入れやすいナショナリズムが成り立つとすれば、政府不信のもとでも、国が存続するための理念的基盤が見えてくる。現に渡辺は、世代の再生産をしてくれているではありませんか。(39)

だいたい「外人ポンポン」の場合、「母国」（＝母親の国）は日本ですが、「祖国」（＝父親の国）はアメリカ。愛国心は「祖国への忠誠」ですから、日本への忠誠心は成立しません。

日本にたいして愛着を持ちつつ、アメリカにたいして忠誠を誓うことになるのです。とはいえ渡辺はシングルマザーでしょうから、父親、ないし父性の影はどのみち薄い。

「日本に愛着を持ってはいるが、国への忠誠心は乏しく、しかもアメリカに向けられている」という特徴が備わるのです。平和主義と両立させるには、いよいよもって好都合。おまけに生まれてくる子供はハーフ、つまりアメリカ（の白人）と一体化の進んだ日本人とくる。(40)

だめ押しと言うべきか、渡辺は自分を妊娠させた男と、「本当の夫婦」になる必要がありません。「なりたくともなれない」が真相かも知れませんが、日本人であることをやめなくともいいのです。すなわちこのナショナリズム、片手落ちかも知れないものの、決して虚妄ではない！(41)

戦後の保守のとんでもない真実

アヤが「神様の摂理」などと言い出すのも、こうなると意味深長です。

一般的な日本の男が「ダメよ、ずるいわよ」で、「アメリカの白人みたいな日本人の男」たる佐竹が虚妄だとすれば、結婚しないまま「外人ポンポン」になるのは、戦後日本の女性の生き方として、消去法ながらベストの選択のはずでしょう。(42)「両性の合意のみに基いて成立し、夫婦が同等の権利を有することを基本として、相互の協力により維持される結婚生活」こそ手に入りませんが、夫が「とってもイヤなところばかり出してみせる」のにつきあわされることもありません。

木村勝美風に言えば、封建的なしがらみから自由になって、自分の正当な欲求や希望、基本的な人権や個人の尊厳、といったメンタルな部分を、なによりも優先させられるのです。シングルマザーの子育ては経済的に大変だとか、ハーフはいじめられやすいなどの批判は、この場合当たりません。ここでの話は、「メンタル最優先の生き方こそ素晴らしい」ことを前提にしているのですから。(43)

では、「外人ポンポンポン＝神の摂理説」、ないし「シングルマザー的ナショナリズム」を、国家レベルの文脈において言い直したら、どうなるでしょう？

どうぞ。

「主人」たるアメリカにたいし、一応は独立を保ちつつも、安全保障面での依存を続け、向こうの方針に（なるべく）従うという「東アジアの現地妻」的な姿勢を取るのは、戦後日本のあり方として、消去法ながらベストの選択のはずである。

安全保障を依存するため、日本の愛国心は弱いままでありつづける。しかし、まさにそのことによって、「日本に愛着を持ってはいるが、国への忠誠心は乏しく、しかもアメリカに向けられている」という、平和主義のもとでも受け入れやすいタイプのナショナリズムが成立する。

同時にアメリカの方針に従っていれば、同国との一体感は強まる。戦後日本において、アメリカは

「民主主義の先進国」なのだから、これは日本が望ましい方向に進んでいることの証拠となり、ナショナリズムを安定的なものにする。

そして一応は独立を保っているので、アメリカと完全に一体化することは起こらず、日本が消滅してしまうことはない。すなわち、このナショナリズムは虚妄ではない！

「これって、戦後の政府の基本路線じゃないのか？」

ピンポーン！　その通りです。わが国では敗戦以来、保守と目される勢力がほぼ一貫して政権を担ってきましたから、戦後の保守（派）の基本路線と言ってもいいでしょう。

安全保障面での依存を核心に据えた対米従属は、戦後日本型の平和主義と、それに由来する政府不信という条件のもと、「新しい愛国心やナショナリズム」をどうにか安定的に成立させようとした結果のものでもあったのです。その際に用いられた手こそ、「愛国心をあえて弱いままにしておき、かつアメリカに向けさせておくことで、ナショナリズムと平和主義を調和しやすくする」という奇策でした。

日本にとり、アメリカは太平洋戦争の主要な対戦相手だったうえ、自分たちを打ち負かし、占領するにいたった国。そのアメリカにたいして依存や従属を決め込むのは、かつての敵に尻尾を振っている点で、売国の側面も間違いなく有します。(44)

他国の方針に従いつづけていれば、自国の利益を犠牲にしなければならない事例もしばしば生じるはず。そもそも「愛国心が弱く、かつ他国に向けられたもとでのナショナリズム」は、国家にたいする忠誠心と愛着のバランスが崩れている点で、片輪、もとへ機能不全を抱えたものにすぎない。だとしても、このような手を使わないかぎり、戦後日本においては、愛国心どころかナショナリズムまで、成立しないか、成立しても虚妄と化してしまうのです。

愛国は虚妄か、さもなければ売国だ！

これこそ、戦後の保守のあり方にひそむ、とんでもない真実です。この真実が、保守派の動向にいかなる影響を与え、どのような矛盾や混迷へと導いていったか、次章では戦後史の経緯を踏まえて見てゆくことにしましょう。

第四章

経世済民のために経世済民を放棄せよ

政府への不信感が強い戦後日本において、ナショナリズム、つまり国への愛着を成立させるには、愛国心、つまり国への忠誠を弱める必要があります。「日本のことは好きだが、尽くすつもりはない」という心理状態をつくり、それを許容、ないし肯定するのです。

このようなナショナリズムなら、平和主義としても受け入れやすい。国のために尽くすつもりが国民になければ、政府としても戦争はできないでしょう。

しかしナショナリズムと愛国心は、もともとペアになっているので、前者が成立すれば、後者も甦ってくる可能性が高い。これを封じるにはどうすればいいか？

そうです。忠誠が自国以外のところに向かうよう仕向ければいいのです。そして敗戦後の日本では、アメリカが「民主主義の先進国」（および、自分たちよりずっと豊かな国）として、尊敬や憧れを集めるにいたりました。

民主主義が発達し、経済的にも繁栄しているとは、経世済民がうまく行っていることにほかならない。しかもアメリカは、「悪しき敗戦国」たる日本を、正しい道に導こうとまでしてくれる（ことになっている）のです。

そんなに良い国（の政府）なら、信頼に値するはず。忠誠を抱いても問題はないでしょう。

おまけに日本人にとって、アメリカは祖国ではないため、尽くさなければいけない義務があるわけではない。のみならず、母国たる日本への愛着も存在するはず。アメリカへの忠誠は、放っておいてもブレーキがかかるのです。

愛着は日本に向けるが、忠誠はアメリカに向ける。この構造をつくることができれば、以下の状態が実現します。

(1)政府への不信のもとでも、ナショナリズムが成立する。
(2)ナショナリズムが成立しても、(日本への)愛国心は復活しない。
(3)ナショナリズムが成立しているので、アメリカへの忠誠も過剰にはならない。

愛国心は「父(性)」、ナショナリズムは「母(性)」と、それぞれ密接に結びついています。したがって、くだんの構造は「日本を母と見なし、アメリカを『海の向こうの父』と見なす」ことにひとしい。

父と母で「国」が違うのですから、これはハーフの視点です。しかも両親が、それぞれの国で別れて暮らすハーフ。日本人の女性がアメリカ人の男性に抱かれて妊娠したが、結婚して向こうに渡ろうとせず、シングルマザーのまま子供を育てることにしたら、状況として最も近くなる。

この状況が「外人ポンポン」です。都合良く遊ばれただけと見ることもできるでしょうが、日本の女性、否、ナショナリズムが必要だと考えるあらゆる日本人にとって、これが消去法ながらベストの選択となります。「外人ポンポン」、ないしシングルマザー的ナショナリズムこそは、戦後日本において母国への愛着を成立させるための「神の摂理」のごときものなのです！(1)

憲法と「元帥ポンポン」

「待ってくれ。いくら名作だろうと、一本の映画からそこまでの結論を引き出すのはコジツケじゃないか？」

と、言いたくなった方もいるかも知れません。けれどもご覧のとおり、第三章の内容は『晩春』をめぐる話を抜きにしても、きっちり筋が通ります。戦後日本の愛国心やナショナリズムのあり方を考える素材として、小津監督の作品はたいそう有益ですが、導き出される結論は、映画の内容に依存することなく、独自の普遍性を持っているのです。(2)

また敗戦後の日米関係を、男女の仲になぞらえたのは私だけではありません。ジョン・ダワーはこう述べています。

一部の占領軍将兵にとって、日本の女性は手軽に遊べるオモチャ以上のものではなかった。（中略）だが、もっと特筆されるべきは、乗り込んできたアメリカ人たちの目に、日本そのものが「女」として映りだしたことである。「攻め滅ぼすしかない野蛮きわまる敵」だったはずの日本人は、あっという間に「白人に口説かれるのを待っている、異国情緒に満ちた従順な人々」へと変化した。うまく誘えば楽しい時間が過ごせる。パンパン（売春婦を意味する当時の言葉）は、「異国のお楽しみ」を象徴的に体現していたのだ。(3)

占領時代、吉田茂の腹心として活躍した白洲次郎にも、こんなエピソードがあります。日本国憲法の草案は、一九四六年二月から三月はじめにかけて、ＧＨＱ、つまり占領軍総司令部が、日本側に自分たちの案を押しつける形で作成されました。

その間、白洲はずっと自宅に帰ることができず、カンヅメ状態で仕事に追われます。しかるによやく戻ってきたとき、同居していた親友の河上徹太郎（のちに有名な文芸評論家になる人です）にたいし、吐き捨てるようにこう言ったのです。

監禁して強姦されたらアイノコが生まれたイ！(4)

驚くなかれ、憲法そのものが「外人ポンポン」の産物だった！　ただし「強姦」という白洲の認識には留保をつけねばなりません。

このころの日本では、マッカーサー元帥の子種がほしいので会ってもらえないか、いや抱いてもらえないかと訴える手紙が、ＧＨＱに多数寄せられました。「外人ポンポン」、それも「元帥ポンポン」を進んでめざしたのです。

敗戦直後、占領軍のＡＴＩＳ（連合軍翻訳・通訳部）という部署で、元帥宛の手紙を英語に訳す仕事をしていたグラント・グッドマンは、これらの手紙について以下のように述べています。

それは二通や三通にとどまらず、私がこの部局にいた一九四五年の暮までの二ヵ月たらずの間に八〇通はかぞえたと思う。（中略）

マッカーサーがどんな気持でわれわれの翻訳したラヴ・レターを読んだのかは知るよしもないが、たぶんショックを受けたのではないかと推察する。

しかし、この手紙は、占領時期における日本の女性の心理状態を推察するには、あるいはおもしろい一つの材料になるかもしれない。マッカーサーは、うちひしがれた日本の男性にかわり、もっとも〝男らしい男〟として日本の女性たちのあこがれの的になっていたに相違ない。(5)

マッカーサーを「父」に見立てたのは、女性だけではありません。占領期のわが国において、元帥はしばしば「おやじ」と形容されました。一九五一年四月、マッカーサーの帰国が決まったとき、朝日新聞は社説でこう主張しています。

われわれに民主主義、平和主義のよさを教え、日本国民をこの明るい道へ親切に導いてくれたのはマ元帥（マッカーサーのこと）であった。**子供の成長を喜ぶように、**昨日までの敵であった日本国民が、一歩一歩民主主義への道を踏みしめていく姿を喜び、これを激励しつづけてくれたのもマ元帥であった。(6)

平和主義者が九条にこだわる理由

第二章に出てきた話を、ここで思い出して下さい。戦前の日本において、国家とは天皇を中心とする巨大な家族のように思い描かれていました。だからこそ、幼くして父を亡くした大島渚にたいし、学校の教師はこう断言したのです。

お前はお父さんを亡くしたが、天皇陛下はお前のお父さんだからな、お前にはお父さんがあるんだ、胸を張って堂々と生きろ！

この言葉、愛国心の本質が、「父の共有」という観念に象徴される祖国への忠誠であることを浮き彫りにしています。ついでに愛国心を持つことの効用が、アイデンティティの安定による自信の獲得であることも、よく表していると言えるでしょう。

が、敗戦後だったら、教師も次のように諭したのではないでしょうか。

天皇陛下はお前のお父さんでなくなったが、マッカーサー元帥はお前のお父さんだからな、お前にはお父さんがあるんだ、胸を張って堂々と生きろ！

『晩春』の曾宮周吉は、結婚を渋る娘にたいして「お前がこれまで、お父さんに持っていてくれたような、あったかい心を、今度は佐竹君に持つんだよ」と語りました。そうすれば「本当に新しい幸せ」が生まれてくるらしい。そして第三章で見たとおり、この言葉は「お前がこれまで、(従来の)日本に持っていてくれたような、あったかい心を、今度はアメリカに持つんだよ」と読み替えることができたはずです。

マッカーサーを「父」と見なして愛情や信頼を寄せることこそ、敗戦後の日本人が「本当に新しい幸せ」を得るうえでの必然的な道だったと言わねばなりません。GHQによる洗脳工作(とやら)をあげつらうまでもない、アイデンティティを安定させ、自信を持って生きるために、日本人は元帥を進んで崇拝したのです。

愛国心の本質が「父の共有」である以上、敵に尻尾を振っていることを別とすれば、これはまったく合理的な行動です。ただしマッカーサーにたいし、あまりに「あったかい心」を持ってしまうと、今度はアメリカに忠誠を尽くさねばならず、日本への愛着、つまりナショナリズムが成り立たなくなってしまう。

「外人ポンポン」であれ「元帥ポンポン」であれ、最後には「相手に添い遂げず、日本にとどまる」というシングルマザー路線に行き着かねばならないのです。はたせるかな、マッカーサーがアメリカに帰国するや、彼にたいする愛情や信頼はすぐになくなりました。映画評論家・佐藤忠男の表現にならえば、日本人は「夢からさめたようにマッカーサーについては語らなくなった」のです。(7)

マッカーサーにたいする幻滅の引き金となったのは、アメリカ議会上院の聴聞会において、彼が日本人の成熟度を「十二歳の少年」になぞらえたことでした。(8) けれども、この発言の何が気に障ったのかは、考えてみる必要があります。

一般的な解釈は「子供扱いされてプライドを傷つけられたから」というものでしょう。しかし占領中、マッカーサーを「おやじ」と形容したのは日本人です。朝日新聞など、「十二歳の少年」発言がなされる一ヶ月足らず前の時点で、元帥が「子供の成長を喜ぶように」日本の民主化を喜んでくれたと、社説に堂々書いたではありませんか。

で、十二歳の少年と言われて何が不満だったのでしょう?

問題は二つありました。第一はマッカーサーが、日本人は自分の「子供」であると、かなり露骨に認めたこと。(9) 第二はその宣言が、日本ではなくアメリカでなされたことです。

このうえ日本人が、マッカーサーを「父」として認知してしまえば、いよいよアメリカにたいして忠誠心を持たねばならなくなる。「十二歳の少年」発言は、敗戦後の日本における愛国心の正体が、**他国への忠誠**、それも数年前までの敵国にたいする忠誠であることを暴いてしまったのです。

ナショナリズム、つまり母国への愛着などあったものではない。日本人がふいに元帥について語らなくなったのも当たり前でしょう。

戦後日本のナショナリズムは、日本を対象とする愛国心が復活しないことを条件にしています。アメリカ（人）の「おやじ」を崇拝するのが都合悪くなったからといって、国内にあらためて父を見出すことはできません。「マッカーサー元帥はお前のお父さんでなくなったが、そのかわりに天皇陛下が、ふたたびお前のお父さんになったんだからな」とはやれないのです。

では独立回復後、例の教師はどう諭せばいいか。正解こちら。

お前のお父さんは外国に去ってしまった。外人だから仕方ないさ。だが落ち込むな、すべては神様の摂理だって、『晩春』の北川アヤさんも言っているだろう。だいたい、お父さんがいなければ、誰にも忠誠心を持たなくていいんだぞ。素晴らしいじゃないか、胸を張って堂々と生きろ！(10)

父親のいない「外人ポンポン」の産物であることこそ、「国」と「家」を分離した（＝平和主義に徹すると誓った）戦後日本にふさわしい人間である証明なのだから、進んで誇りにしろ、というわけです。(11)

わが国の平和主義者が、日本国憲法、とりわけ九条の擁護にこだわるのも、こう考えるとじつに納得がゆきます。白洲次郎が述べたとおり、この憲法は（強姦の結果かどうかはともかく）「外人ポンポン」によって生まれたハーフなのですから、戦後日本にふさわしくないはずがない。

ついでに前文や九条では、政府不信のもとで平和主義に徹することが謳われている。ならば護憲こそ、神様の摂理ということになるではありませんか。

「政治の現実を知るには、神話を信じなければならない。子供時代に聞かされたおとぎ話を、世の中に当てはめてみることだ」とは、アメリカの哲学者ノーマン・O・ブラウンの言葉です。そして「外人ポンポンポン＝神の摂理」説こそ、戦後日本の核心にひそむ神話なのです。(12)

売国的愛国のメカニズム

とはいえ「外人ポンポンポン＝神の摂理」説を受け入れたら最後、わが国における愛国は、虚妄か売国のどちらかになってしまいます。

生粋の平和主義者、すなわち左翼かリベラルであれば、問題は何もありません。彼らはもともと、政府への不信を強く持っています。愛国心（＝祖国への忠誠）どころか、できればナショナリズム（＝母国への愛着）まで否定したい立場の人も少なからずいるのですから、「虚妄で大いに結構」というところでしょう。(13)

ところが保守（派）となると、そうはゆきません。ナショナリズムをどうにか成立させようとしたあげく、愛国心を虚妄として投げ捨てるなど自滅への道です。「日本を好きでいてくれさえすれば、日本のために尽くさなくても構わない」という発想のもとで、国防や安全保障が成り立ちますか？だとしても、従来の愛国心やナショナリズムの復活をただ主張するだけでは解決になりません。敗戦の衝撃のせいで、政府への強い不信が生じているというのが、戦後日本の大前提なのです。

この点を無視した議論は、出発点からハズしているにひとしい。仲間内で溜飲を下げる効果ぐらいはあるかも知れませんが、広くアピールするものとはなりえないでしょう。

政治の現実を知るには、神話を信じなければなりません。一方、「外人ポンポン＝神の摂理」説、つまり「愛国は虚妄か売国」の二者択一こそ、戦後日本の核心にある神話だったはず。するとこの話、いかなる結論にたどりつくか？

そうです。

実体のある愛国心をどうにか成立させようと思えば、保守派は売国に走らざるをえないのです！

当然ながら、くだんの売国は「（日本にたいする）愛国」の名のもとになされます。国の存立や安全、国益や国家戦略を満たすためにも、アメリカとの協調路線が不可欠だという理屈。「本来なら自主独立が最も望ましいのだが、現実的には対米従属を選ばざるをえない」といった弁明がなされることも珍しくありません。

この弁明も、それなりの根拠を持っています。戦後日本では、祖国のために尽くすこと（＝本来の愛国心）をストレートに正当化するわけにはゆかない。逆にアメリカは「尊敬や憧れに値する良い国」の地位を確立しています。

くだんの条件のもと、愛国心を成立させるには、自国を「尊敬や憧れに値するアメリカに尽くしている国」として位置づけるしかないでしょう。こうすれば「〈正しい国〉アメリカに尽くしているのだから、そのような日本に尽くすのも正しい」という形で、回り回って正当化が可能になる。

ただし「尊敬や憧れに値する」のは、日本ではなくアメリカです。問題の愛国心は、じつのところアメリカに向けられたものであり、ゆえに売国的なのです。

「おいおい、それも自滅への道じゃないのか？」

こんな疑問を持たれた方もいるでしょう。良い質問です。が、その前に押さえておくべき重要な点がある。

何であれ、買い手がつかなければ売ることはできません。ここで言う「売国」とは、日本ではなくアメリカに忠誠心を持ち、対米従属に甘んじることを意味しますが、向こうが「ジャップの忠誠心などいらん！」と断ってきたら、話はそこで終わり。

保守が「売国的愛国」に走ることができたのは、日本（人）の忠誠心にたいするニーズがアメリカ側にもあったからなのです。「われわれへの忠誠や従属と引き換えに、日本人にも（少しは）愛国心を持つことを認めてやろう」という判断がなされた、そう形容してもいいでしょう。

けれども、考えてみれば妙な話です。戦後の平和主義が、憲法前文や九条と深い関連性を持っていることが示すように、占領政策はもともと、日本における愛国心やナショナリズムの否定をめざしていました。

ポツダム宣言第六項では「われわれは無責任な軍国主義が世界より駆逐されるまで、平和、安全、および正義の新秩序は生じえないと主張する」という旨が述べられています。つづく第七項では、「そのような新秩序が建設され、かつ日本の戦争遂行能力が完全になくなったという確証が得られるまで」日本を占領する旨が謳われているのです。(14)

連合国は、わが国の愛国心やナショナリズムについて、「戦争を引き起こす無責任な軍国主義」と見なしていたと評さねばなりません。とくに愛国心は、祖国への忠誠、さらには「男の（戦う）力」と結びついていますから、強く否定されねばならないはず。にもかかわらず、忠誠や従属と引き換えにしろ、日本人が愛国心を持つことを認めようという話になったのはなぜなのか？

ハイ、気がつきましたね。

「無責任な軍国主義」、つまり愛国心やナショナリズムをわが国から一掃しようとしたのは**連合国**です。ひきかえ、日本人が愛国心を持つことを認めようと判断したのはアメリカなのです。

アメリカは連合国の一員、それも最も有力な一員ですが、連合国全体とイコールではありません。ところが日本占領は、連合国軍によるものと銘打たれつつ、事実上、米軍が単独で行っています。(15)

わが国の保守は、このズレを利用する形で、売国的愛国を成立させたのでした。

占領のタテマエとホンネ

アメリカは連合国の最も有力な一員だが、連合国全体ではない。しかるに日本占領は、「アメリカ＝連合国」であるかのような形で行われた。

これは一体、どんな結果を引き起こすでしょうか？

占領がいかなる方針のもとに行われるか、中身を具体的に考えれば、答えは明らかとなります。連合国軍による占領というタテマエに従えば、それは「連合国の方針」です。他方、米軍による占領というホンネ、または内実に従うなら、それは「アメリカの方針」となるでしょう。

二つの方針に違いがなければ問題はありません。そして連合国が一枚岩でまとまっているかぎり、違いは生じないはずでした。

しかし実際には、日本の降伏からほどなくして、アメリカとソ連（現ロシア）の覇権争いが表面化、連合国は一枚岩でなくなります。この争いがやがて冷戦に発展し、四十五年近くにわたって続くのはご存じのとおり。[16]

ポツダム宣言は、連合国が一枚岩だという前提のもとに書かれています。よって「平和、安全、おの新秩序」をわが国に建設し、かつ戦争遂行能力を完全になくすというのも、連合国としての占領方針。連合国全体の都合にあわせて、日本をつくりかえるという話です。ただし、占領を実際に担当しているのは米軍。アメリカの都合にあわせて、日本をつくりかえたいという話になっても、何ら不思議はないでしょう。

「平和、安全、および正義の新秩序」を日本に建設し、かつ戦争遂行能力を完全になくすことは、はたしてアメリカの都合にあうか？　ソ連との覇権争いが始まったあとは、そうとも言えなくなってきます。日本の地理的条件を考えれば、東アジアにおける手駒として、ソ連の封じ込めに活用したいところではありませんか。

こうなると、「戦争遂行能力を完全になくす」という方針は不都合になってきます。アメリカに逆らいさえしなければ、（ある程度は）武力に訴える能力を持たせたほうが、むしろ望ましいのです。(17)

かくして占領方針は、以下のように分裂しました。

タテマエ＝「平和、安全、および正義の新秩序」、つまり連合国全体にとって都合の良い政治体制を日本に建設し、かつ戦争遂行能力を完全になくす。

ホンネ＝「平和、安全、および正義の新秩序」、つまりアメリカにとって都合の良い政治体制を日本に建設し、かつアメリカに逆らわないという条件のもとで、ある程度は武力に訴える能力を持たせる。

売国的愛国にたいするニーズが、アメリカ側に出てきたのはお分かりでしょう。あわせて押さえておきたいのは、占領軍総司令部の組織自体が、このようなタテマエとホンネの分裂に対応するかのごとく、二重性を持っていた点です。

日本占領は、表向き連合国によって行われているのですから、総司令部も「連合国（軍）の司令部」でなければなりません。だが実際にはアメリカが単独でやっている以上、総司令部は「アメリカ（軍）の司令部」でもあります。

というわけで、この司令部には二つの名前がついています。それは「連合国最高司令官（SCAP）」の司令部であり、同時に「アメリカ太平洋陸軍（AFPAC）」の司令部なのです。マッカーサーにも、連合国最高司令官と、アメリカ太平洋陸軍総司令官という二つの肩書きがありました。(18)

連合国最高司令官総司令部としてのGHQと、アメリカ太平洋陸軍総司令部としてのGHQは、大部分が重なり合っていますが、完全に同じではありません。どちらか一方にのみ属している部署も存在します。一九五〇年、マッカーサーの参謀部が本国に宛てて作成した報告書から、関連箇所を紹介しましょう。

　マッカーサー元帥が連合国最高司令官に任命されたのを受けて、すでに存在していた太平洋陸軍総司令部を基盤とする形で、連合国最高司令官のための総司令部が組織された。太平洋陸軍総司令部としてのGHQは、連合国最高司令官総司令部としてのGHQと一体化されたのだ。占領を効率良く行うため、参謀部や幕僚部のあらかたは双方の司令部に所属し、二重の役割を果たすことになった。他の部署や、スタッフの多くについても同様である。

ただし連合国最高司令官と、太平洋陸軍総司令官とでは、権限と責任にハッキリした違いが存在する。前者としてのマッカーサーの権限は日本国内に限定されていた。だが後者としてのマッカーサーは、太平洋全域の米陸軍を指揮する権限を持っていたのだ。(19)

「占領軍総司令部」としてのGHQは、連合国最高司令官総司令部としてのGHQと、アメリカ太平洋陸軍総司令部としてのGHQを混ぜ合わせたもの、ということになります。「連合国の都合」と「アメリカの都合」を、同時に担っていた次第。

GHQという言葉自体は、「総司令部（General Headquarters)」の略称にすぎません。ですから「○○のための」とか「○○としての」を頭につければ、こんな芸当が可能になるのです。

総司令部の中核はどこだ？

すでに見たとおり、連合国とアメリカとでは、「都合」と言っても違いがあります。ならば占領軍総司令部の中でも、連合国の都合、ないし占領方針のタテマエを主として担う部門と、アメリカの都合、ないし占領方針のホンネを主として担う部門が出てきて当たり前でしょう。連合国最高司令官総司令部としての性格が強い部門と、アメリカ太平洋陸軍総司令部としての性格が強い部門、ということです。

前者の代表格は、幕僚部内に「専門部」として設けられた、民政担当のさまざまな部署。(20) 第三章に登場したチャールズ・ケーディス大佐の属する「民政局」も、ここに含まれます。民政局をはじめ、専門部のいくつかの部署は、連合国最高司令官総司令部としてのGHQにのみ所属し、アメリカ太平洋陸軍総司令部としてのGHQには属していません。

後者の代表は、幕僚部とは別に存在する「参謀部」です。幕僚部、とくに専門部については、活動内容がよく知られていますが、参謀部については、あまり知られていません。参謀第二部（G-2）に属する「民間検閲局（Civil Censorship Detachment, CCD）」など、ピーク時には九千人近いスタッフを抱えたほどの巨大な部署でありながら、占領中は存在自体が秘密にされていました。(21)

民主改革を謳いながら検閲を行うのは、人聞きのいい話ではありません。しかし民間検閲局の存在が伏せられたのには、もっと重要な理由がひそんでいます。占領期の検閲は、最初こそ軍国主義者や右翼を主な監視対象としていましたが、やがて社会主義者や左翼、言い替えればソ連の手先となりかねない（と判断された）勢力の監視へと力点を移行させたのです。

ソ連も連合国の一員ですから、これで連合国の都合を担っているはずはありません。参謀部が「アメリカ・ファースト」で動いていたことを示す好例でしょう。

専門部と参謀部で、占領軍総司令部内部のランクが高いのはどちらか？

司令部の組織構造を見るかぎり、間違いなく参謀部です。なにせ参謀部が、名称どおり参謀長の管轄なのにたいし、専門部が属する幕僚部は、副参謀長の管轄。

一九四七年末のGHQ組織図を見ると、参謀長のポール・ミュラーは少将ですが、副参謀長のA・P・フォックスは准将。少将の率いる部署が、准将の率いる部署の下に位置するわけがないではありませんか。(22)

だとしても、専門部と参謀部で、より脚光を浴びていたのはどちらか？

少なくとも初期の段階では、間違いなく専門部でした。占領方針のタテマエの部分を担っていたのですから、これまた当然の話。

タテマエとは、安心して大っぴらにできるからタテマエなのです。わけても民政局は、日本国憲法の草案作成を仕切ったくらいですから、占領改革の中枢と言っても過言ではありません。

参謀部にしてみれば、これは格下のはずの部署、それもアメリカ太平洋陸軍総司令部としてのGHQに属してすらいない部署が、自分たちを差し置いてデカい顔をしていることを意味する。面白いはずはないでしょう。

おまけにここには、参謀部にとって、何とも腹立たしい経緯がありました。日本占領は、はじめのうち参謀部の主導で行われる予定になっていたのです。

太平洋陸軍総司令部の参謀部は、参謀第一部から第四部までの部署で構成されます。しかるにマッカーサーは、民政を担当する「参謀第五部」を新設して、日本を直接統治することを考えていました。要するに軍政を敷くということです。(23)

けれどもこの計画、ぎりぎりの段階で没になります。日本政府を利用して、間接的に占領統治を行うことになったのです。アメリカ陸軍省が計画を変更したのは、一九四五年八月二十二日、日本がポツダム宣言を受諾した後のことでしたから、まさに土壇場のどんでん返し。(24)

「参謀第五部を新設して、直接的な占領統治の中核とする」という構想は、これを受けて「連合国最高司令官総司令部としてのGHQを新設して、間接的な占領統治の中核とする」というものに変化します。新設される組織の規模に関しては、むしろスケールアップしたのですが、問題はSCAP、つまり連合国最高司令官総司令部としてのGHQが、AFPAC、つまりアメリカ太平洋陸軍総司令部としてのGHQと対等の存在として位置づけられたこと。

参謀部と専門部の関係も、こうなると微妙になります。SCAPとAFPACの違いを無視して、「占領軍総司令部」としてまとめてしまえば、幕僚部に属する専門部より、参謀部のランクのほうが上なのは明らか。

ところが民政局をはじめ、専門部の部署のいくつかは、AFPACには属していません。SCAPの専属です。

逆に参謀部は、SCAPにも属してはいますが、「AFPACの部署」という性格を強く持ってい

占領軍総司令部の二重性

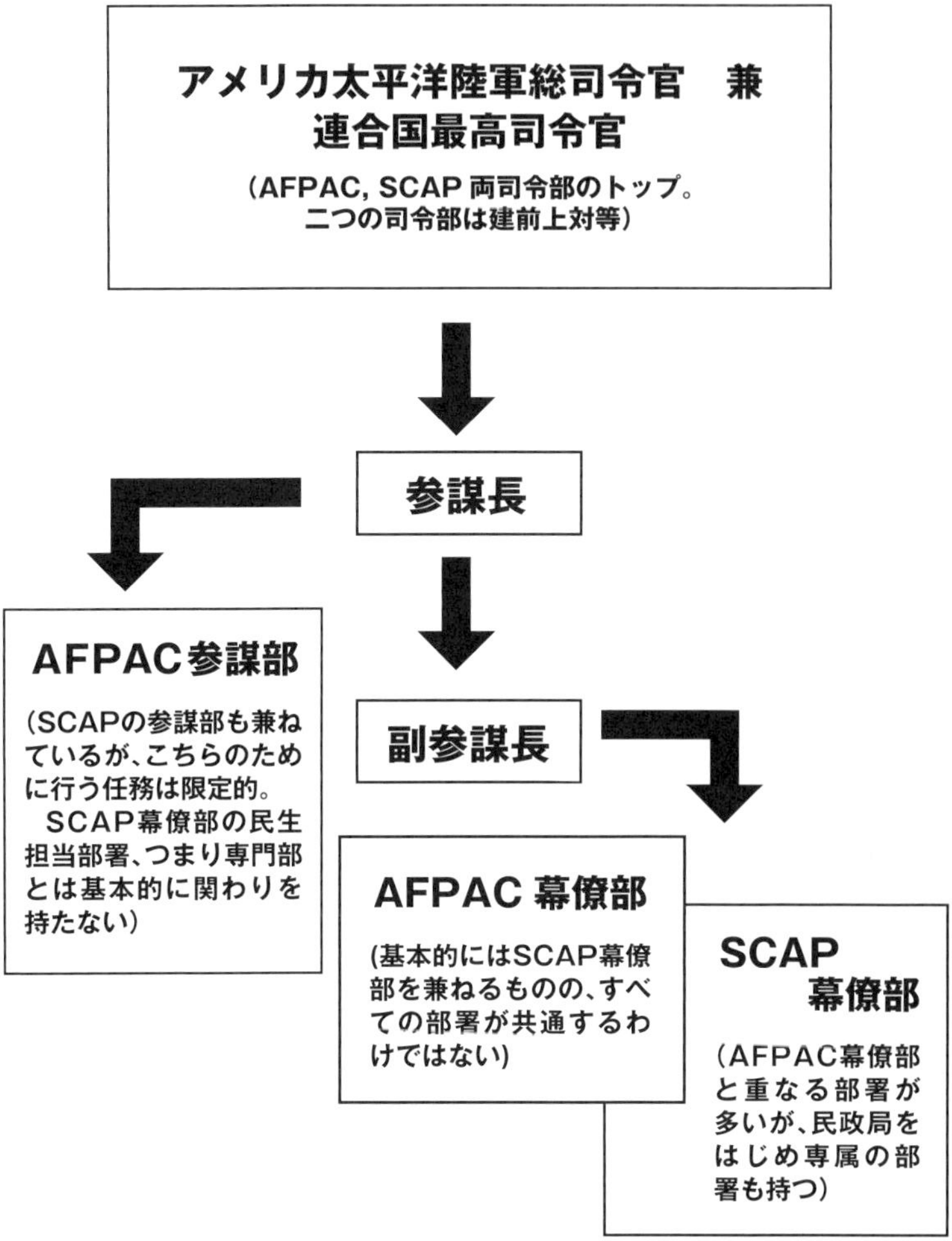
アメリカ太平洋陸軍総司令官　兼
連合国最高司令官
（AFPAC, SCAP 両司令部のトップ。
二つの司令部は建前上対等）
参謀長
AFPAC参謀部
（SCAPの参謀部も兼ねているが、こちらのために行う任務は限定的。
SCAP幕僚部の民生担当部署、つまり専門部とは基本的に関わりを持たない）
副参謀長
AFPAC 幕僚部
（基本的にはSCAP幕僚部を兼ねるものの、すべての部署が共通するわけではない）
SCAP
幕僚部
（AFPAC幕僚部と重なる部署が多いが、民政局をはじめ専属の部署も持つ）

るため、上下関係もいささか曖昧になります。「とりあえず格下だが、厳密には別組織の部署」というニュアンスが生まれてしまうのです。

しかも厄介なことに、くだんの「別組織」、すなわちＳＣＡＰ自体は、ＡＦＰＡＣと対等とくる！　専門部が占領の主役としてデカい顔をする条件は、こうして整ったのでした。

検閲をめぐるエロチックな対立

はたせるかな、マッカーサー参謀部がつくった報告書にも、こんな記述が見られます。

アメリカ太平洋陸軍総司令部の参謀部は、連合国最高司令官総司令部のためにも、**いくつかの限定的な任務**を果たした。たとえば参謀第一部は、もともとＡＦＰＡＣ、つまり前者の部署なのだが、ＳＣＡＰ、つまり後者の参謀第一部でもあった、という具合。ただしＳＣＡＰに設けられた民生担当の部署（注：専門部）の活動については、参謀部は**基本的に関わっていない。**それらの活動が、軍事的な観点から、占領軍のあり方に影響を与える場合にのみ、参謀部は必要なサポートを行った。(25)

「いくつかの限定的な任務」！「基本的に関わっていない」！　ＳＣＡＰ、とくに専門部への反感がモロに伝わってくるではありませんか。そんなわけで、「必要なサポートを行った」という表現とは裏腹に、参謀部と専門部の縄張り争いも起きています。

先に述べたとおり、参謀第二部には「民間検閲局（ＣＣＤ）」という組織がありましたが、ここは映画の検閲も行っていました。他方、専門部には専門部で「民間情報教育局（Civil Information and Education Section, ＣＩＥ）」という部署があります。

日本の民主改革を進めるため、どのような映画をつくるのが望ましいか、業界に指導するのはこちらの役割。ＣＩＥが事前にいろいろ指示や注文を出し、できあがった作品をＣＣＤがチェックする仕組みになっていたのです。「指導はＣＩＥ、検閲はＣＣＤ」と要約することができるでしょう。

　にもかかわらず、ＣＩＥはシナリオの内容に口を出すのはもとより、完成した映画についても、指導の内容と一致しているかどうか確認しはじめました。そして気にくわない点があると、カットや変更、新たな場面の追加まで要求するようになったのです。(26)

名目が指導であろうと、ここまでくれば検閲と変わりません。さあ、収まらないのはＣＣＤ。山本武利は『ＧＨＱの検閲・諜報・宣伝工作』でこう指摘しました。

　ＣＣＤが検閲の最終的な権限を持っていることはＧＨＱの内部権限仕分けで明らかであった。しかし検閲の現場ではＣＩＥとＣＣＤの意見が一致しないケースが随所で発生した。ＣＣＤに対する不満・不信を表明したＣＩＥ側の資料はなぜか見当たらない。ところがＣＣＤ側にはＣＩＥへの不満が終始渦まいていたことを示すものが多い。(27)

（一九四六年三月のCCD内部文書は）映画の領域ではCCDとCIEの活動は密接に関係していることを承知しているが、検閲の領域にまで介入している点には腹が据えかねるとCIEを批判する。「CIEの機能はポジティブ（注：日本の映画業界にたいし、やるべきこと、やったほうがいいことを指導する）であるのに対し、CCDのそれは厳密にはネガティブ（注：同じく、やってはいけないことを取り締まる）である。しかし、CIEが検閲のような行為を行うことを許した指令や命令はどこにも見当たらない」と。(28)

具体的な規制の内容についても、専門部のCIEと参謀部のCCDでは発想が異なっていました。傑作な例は、エロチックな場面の扱いです。

CIEにとって、映画の製作指導は日本人を「平和的、民主的な良い国民」に導く手段でした。つまりは指導内容が、道徳的な意味合いを帯びていたのです。よってエロチックな場面は、不潔でよろしくないと、文句をつける対象となる。

片やCCDにとっては、日本人が道徳的であろうがなかろうが、アメリカの国益や国家戦略が満たされればいい。エロチックな場面など、知ったことではないわけです。

かくしてCIEが文句をつけたエロチック場面を、CCDが「問題なし」としてパスさせることが起こります。この手の場面に関するCCDの検閲基準は、CIEどころか、日本国内の法律と比べても甘かったそうで、とうとう検閲担当者が「われわれがオーケーしても、君たちの法律で取り締まられる可能性は残っている。その点、承知しておくこと」なる旨を言い添えるようになったほどでし

た。(29)

激闘！ 参謀第二部vs民政局

余談はさておき。専門部にたいし、参謀部が反感を抱いた理由は、以下のようにまとめられます。

（1）占領統治の主導権を土壇場で取られた。
（2）占領方針に関する発想が違う。
（3）格下のはずなのにデカい顔をしており、しかも（SCAPとAFPACの違いがあるので）文句がつけにくい。

ところがここに、さらに二つの理由を追加しなければなりません。

第一は、職業軍人がスタッフの大半を占めていたアメリカ太平洋陸軍総司令部と違い、連合国最高司令官総司令部のスタッフは、民間人、ないし軍務一筋ではなかった予備将校が大半を占めていたこと。たとえばチャールズ・ケーディス大佐は、前にも述べたように弁護士出身で、一九三〇年代にはアメリカ財務省に勤務していました。ケーディスの直属の上司で、民政局の局長を務めたコートニー・ホイットニー少将（参謀第二部のウィロビー同様、マッカーサーの腹心の一人です）も、陸軍をいったん除隊し、マニラで弁護士をしていた経歴の持ち主。

このため同じ「占領軍総司令部」でも、ＡＦＰＡＣ、アメリカ太平洋陸軍系と、ＳＣＡＰ、連合国最高司令官系とでは雰囲気が変わってきます。前者では職業軍人の集団らしく、階級の上下関係が強調されましたが、民間人色の強い後者では、階級へのこだわりもそれほど厳格ではありませんでした。

おまけに日本占領は平和的に遂行されたため、職業軍人の存在感がどうしても薄れてしまう。ＧＨＱの経済科学局顧問を務めたセオドア・コーエンは、ＳＣＡＰ系の将校や民間人は、ＡＦＰＡＣ系の将校について「光栄あるお庭番」程度にしか思っていなかったと述べています。お庭番とは、江戸幕府における将軍直属の隠密のことですから、「占領改革の理想とは無縁なまま、軍事研究と諜報活動に明け暮れるマッカーサー直属の参謀」というところでしょう。

一方、ＡＦＰＡＣ系の将校は、ＳＣＡＰ系のスタッフがめざす日本の民主化など、軍の本当の仕事、ないし占領統治の現実とは無関係と見なしていたとのこと。早い話、民間人（および予備将校）グループと、職業軍人グループとで、互いに相手をバカにしあっていたのです。(30)

第二の理由は、第一の理由と密接に関連しています。

日本占領は、とくに占領方針のタテマエに従うとき、広範かつ徹底的な改革を伴います。他方、当時のアメリカで社会改革と言えば、一九三〇年代、大統領フランクリン・ルーズベルトのもとで行われた「ニューディール政策」のことでした。

ＧＨＱの専門部にも、ニューディールの方法論の信奉者、いわゆるニューディーラーが多数参加しています。代表格は、ふたたび民政局のケーディス。

しかるにニューディールは、政府の強いリーダーシップのもと、平等性を重視する点で、一種、社会主義的とも評すべき特徴を持っていました。そのころは世界恐慌（一九二九年）のせいで、自由主義的資本主義への信頼が大きく揺らいでいましたから、無理もない話でしょう。ただし社会主義的な特徴を持っている以上、これはニューディーラーに左翼・リベラルが多いことも意味します。

逆に職業軍人は、たいてい保守、ないし右寄りです。マッカーサー自身、反共主義者として知られており、アメリカでは保守層から強く支持されていました。

もっともマッカーサーは、左翼や社会主義の思想に精通したうえで「反共」を標榜していたのではなく、「よく知らないが、（自分が信奉する）アメリカ型民主主義を否定しかねないもの」という程度の認識で、漠然と嫌っていただけのようです。(31) 裏を返せば、左翼・リベラル的な発想であっても、元帥の思い描く「アメリカ型民主主義」のイメージに合致していれば、それはそれでオーケーになる。

反共主義者と呼ばれつつ、ニューディール的な色彩の強い占領改革を推進したのも、こう考えれば納得がゆきます。だが参謀部には、もっと徹底した反共主義者もいました。代表格は、参謀第二部のチャールズ・ウィロビーです。

ウィロビーはアメリカ政府が、左翼分子や共産主義のシンパ（同調者）を集めて、GHQの専門部に送り込んできたと信じていました。ほかならぬ民政局こそ、そのようなアカの巣窟の最たるものという次第。本人の発言を紹介しましょう。

（日本が降伏した段階で）私はすでに、ロシア共産主義の脅威をヒシヒシと身に感じていた。（中略）民政局の連中は〝よそ者〟なんだよ。ワシントンから来た共産党シンパなんだ。しかし、私は人を見分ける方法を知っている。自由主義者と称するヤツのツラの皮をむいてみろ。その下から共産主義シンパの顔が出てくる。私は七十人ばかり、そういうヤツを見つけ出して本国へ追い返してやった。(32)

チャールズ・ケーディスによれば、民政局にはそもそもそれだけの数のスタッフがいなかったとのことなので、この話の信憑性には留保をつけたほうがいいかも知れません。(33) けれどもポイントは、参謀部、わけても参謀第二部が、専門部、とりわけ民政局について、以下のように見なしていたことです。

（1）占領の何たるかを理解していない民間人だらけ。
（2）ソ連の手先になりかねない左翼・リベラルの巣窟。

つまり専門部の中には「反米勢力」がひそんでいることになる。片や参謀部は、アメリカ・ファーストの原則で行動していたはず。これは何を意味するでしょう？

そうです。

占領軍総司令部の中のＡＦＰＡＣ系、ないし参謀部系スタッフは、アメリカの国益や国家戦略のために、ＳＣＡＰ系、ないし専門部系スタッフの行動を妨害する用意があったのです。しかるに専門部こそ、占領改革を推進する中核なのですから、「専門部系スタッフの行動を妨害する」とは、占領改革を妨害することにひとしい。

なんと占領軍の中に、改革への抵抗勢力がいたのです！　そして占領改革は、日本における愛国心やナショナリズムの否定をめざしていたはず。ならばＡＦＰＡＣ（参謀部）系の抵抗勢力は、アメリカ・ファーストの原則に反しないかぎり、日本人の愛国心やナショナリズムを認めるはずではありませんか。

ＡＦＰＡＣをもってＳＣＡＰを制す

さて、日本の保守へと視点を戻します。

愛国心やナショナリズムは、本来、保守、ないし右翼の専売特許ではありません。保守（主義）の本質とは、「世の中のあり方をなるべく変えないことこそ、経世済民を達成するカギだ」と考えること。したがって改革は必要最小限にとどめ、ゆっくり進めるべきだという話になります。

経世済民にこだわる以上、保守主義者は自国への愛着や忠誠、言い替えればナショナリズムや愛国心を持っています。ただし世の中のあり方をどんどん変えるべきだと考える人々、すなわち左翼が、自国への愛着や忠誠心を持っていないとは限りません。

「抜本的な改革を、できるだけ迅速に進めることこそ、経世済民を達成するカギだ」という発想とて、論理的には成立するでしょう。「右」と「左」の相違は、世の中を変えたほうがいいと思うかどうかに関わるものであり、愛国心やナショナリズムの有無に関わるものではないのです。(34)

けれども敗戦後のわが国では、話が変わってきます。

まず占領軍によって、国や社会のあり方を根底からつくりかえようとする改革が、迅速に進められている。この改革、日本の愛国心やナショナリズムを否定するという方針を掲げています。

おまけに日本人(の多く)は、これに反発するどころか、敗戦によって自国(政府)のあり方に深く幻滅したせいもあって、いそいそと占領改革に乗ってしまいました。白洲次郎の嘆きとは裏腹に、日本占領の内実は、強姦より和姦に近いものだったのです。(35)

「抜本的な改革を、できるだけ迅速に進めることこそ、経世済民を達成するカギだ」と考える者を、われわれは左翼と呼びます。よって敗戦後の日本では、**占領改革に賛同するのが左翼**という話になる。

その点において、戦後日本人の多くは左翼(的)です。「左翼」を自認していなくともそうなのです。

占領改革に賛同するとは、日本の愛国心やナショナリズムを否定することにひとしい。このため左翼(を自認する人々)をはじめとする多くの日本人は、少なくともタテマエのレベルでは、愛国心やナショナリズムを肯定できなくなりました。

とくに愛国心は、国への奉仕を正当化することになるため御法度。こうしてわが国では、保守が愛国心やナショナリズムを一手に引き受けるにいたります。

とはいえ占領改革に賛同した人々とて、経世済民の達成、つまりは日本が平和のうちに繁栄することをめざしているはず。国への忠誠はともかく、愛着まで捨て去ってしまうことに、内心抵抗をおぼえたとしても不思議はないでしょう。このジレンマを切り抜けるためのホンネ、または奥の手が、シングルマザー的ナショナリズムだったのです。(36)

それはさておき、愛国心やナショナリズムを専売特許としたからには、保守はいよいよ占領改革に反対しなければなりません。

保守（主義）の本質とは、「世の中のあり方をなるべく変えないことこそ、経世済民を達成するカギだ」と考える点にある。愛国心やナショナリズムを敵視し、日本のあり方を根底からつくりかえようとする試みを許すわけにはゆかないのです。

し・か・し。

占領改革に抵抗すると言っても、具体的にどうすればいいのでしょうか？

ポツダム宣言を受け入れて降伏したのですから、占領軍が日本に「平和、安全、および正義の新秩序」を構築しようとすることにたいし、正面切って反対することはできません。たとえ反対したところで、あえなくつぶされるのがオチ。

ついでに国民の多くは、改革賛成に回っています。「草の根の支持」は存在しないのです。

となれば、残る手はゲリラ戦術しかありません。占領軍内部の改革抵抗勢力と手を結ぶことで、「占領軍に逆らうことなく占領改革に抵抗する」立ち位置を築くのです。

占領軍総司令部の改革抵抗勢力といえばＡＦＰＡＣ、わけても参謀第二部。逆に改革推進派といえばＳＣＡＰ、わけても民政局です。そして両者は、好都合なことに犬猿の仲とくる。「ＡＦＰＡＣをもってＳＣＡＰを制す」、ないし「参謀第二部をもって民政局を制す」こそ、日本の保守が取りうる唯一の選択でした。参謀第二部と民政局、それぞれのトップの名にちなんで「ウィロビーをもってホイットニーを制す」と言ってもいいでしょう。

なにせウィロビーは、民政局を「反米勢力」と見なすばかりか、ポツダム宣言にまで否定的だった人物。本人の発言をふたたび紹介しましょう。

ポツダム宣言は、（注：第二次大戦末期の）**厭戦《えんせん》ヒステリー**の空気の中で作られた。そして戦犯逮捕などという**バカげたこと**をやった。陸軍省など日本の政府機構はそっくり残しておくべきものだった。戦争責任者は静かに引退させて、公職につかせないようにするくらいで十分だったのだ。(37)

ウィロビーの言う「戦犯」とは、主要な戦争指導者として裁かれたＡ級戦犯のことです。

くだんの戦犯を裁いたのが極東国際軍事裁判、通称「東京裁判」。むろんウィロビーはこれにも否定的でした。彼は同裁判で判事を務めたオランダ人ベルト・レーリンクと親しくなり、よく一緒にテニスを楽しんだのですが、裁判が終わり、日本を去ろうとするレーリンクにたいし、こう言い切ったと伝えられます。

この裁判はな、あらゆる歴史を通じて**最悪の偽善**だよ。(38)

ポツダム宣言はヒステリーの産物で、東京裁判は最悪の偽善、日本軍も解体すべきでなかったというのですから、日本の保守にしてみれば、こんなにありがたい人物もいません。あまつさえウィロビー、本国宛ての報告書に盛り込む戦史の編纂を手伝わせるという名目で、日本陸海軍の参謀たちをひそかに大勢雇っていました。

ソ連がこれらの軍人を抱き込み、日本国内に革命軍を組織しようとしていたので、機先を制したのだとのこと。いわく。

日本人将校たちは、あの**いまわしいポツダム宣言**によって辱しめを受け、道ばたにほうり出されていた。そこで私が手をさしのべた。日本人たちはロシアの誘いを拒絶し、私の歴史課に入って、給料を受けるようになった。そして、日本側から見た戦争の真相を克明に提供してくれたのだ。(39)

占領軍総司令部の幹部で、マッカーサーの腹心でもあった人物が、日本占領の基本方針を提示したはずのポツダム宣言を「いまわしい」と形容したのです！

吉田・白洲コンビの大奮闘

「AFPACをもってSCAPを制す」戦略の担い手となったのは、日本国憲法をアイノコ呼ばわりした白洲次郎でした。

当時の日本政府には、占領軍総司令部との折衝を行う「終戦連絡中央事務局」、略称「終連」という部署がありました。白洲は一九四五年十二月、吉田茂によって終連の参与に抜擢されるのですが、翌年三月になると、専任次長にまで昇進します。

これを受けて白洲は、民政局には内緒で、終連の総裁だった吉田をウィロビーに引き合わせる。接収中だった帝国ホテルに置かれたウィロビーの部屋に、吉田はある朝、和服姿で単身乗り込んだそうですが、両者は初対面から意気投合しました。(40)

もとより民政局としては、日本政府が参謀第二部に接近するのが面白くない。とくに次長のチャールズ・ケーディス大佐は、白洲次郎を目の敵にします。

吉田茂のことも大嫌いで、「彼は（和装が好きなので）白足袋をはいており、昔のメガネをかけているから支持できない」という旨をコメントしたこともあるとか。冗談にかこつけて、「あいつは保

守的だからダメだ」とほのめかしているわけです。(41)

ケーディスと白洲は、置かれた立場がよく似ています。片や占領改革の中核たる民政局の次長で、局長たるホイットニー少将の腹心。片や占領軍と渡り合う終連の次長で、総裁たる吉田茂の腹心。年齢も白洲のほうが四歳上ですが、要は同年代。

両者の対立には、近親憎悪の側面があったのかも知れません。ケーディスは一九四六年、上司ホイットニーの部屋に白洲を呼びつけ、「(日本)政府はGHQを甘く見ているのではないか。マッカーサー元帥は、このままならこれまでのソフトな政策を厳しいものに転換せざるをえないとおっしゃっている」と恫喝したことまであったと言われます。(42)

けれども日本側にとってラッキーだったのは、冷戦が勃発したことでした。これによって占領方針についても、タテマエとホンネのバランスが逆転しはじめる。格下のくせに脚光を浴びてきたSCAP系(わけても民政局)にたいする、AFPAC系(わけても参謀第二部)の逆襲が始まったのです。

一九四八年にもなると、吉田茂と白洲次郎はウィロビーと完全に共闘、民政局、とくにケーディスの追い落としを図っていました。ここで持ち上がるのが、第三章で触れたケーディスと鳥尾鶴代夫人のロマンス、もとへダブル不倫。

追い落としのネタとして絶好ではありませんか。不倫の証拠をつかむため、ウィロビーは警視庁に命じて、ケーディスと鳥尾夫人の両方を尾行させます。

さらにケーディスにとって不利な情報(今でいうフェイクも含まれていたようです)が、やはりウィロビーの意向に基づいてリークされる。そしてついに、鳥尾子爵邸に張り込んでいた刑事が、酔った夫人を抱いて家に入るケーディスの姿を撮影するにいたりました。(43)

日本の新聞は競ってこの話題を書き立てたとのことながら、参謀第二部がからんでいなければ、そんなことは起こりえません。このころの日本では、新聞報道も検閲されていたのです。担当部署はおなじみ、参謀第二部に属するCCD。

しかるに占領軍関係者と日本人女性との性的関係をめぐる記述は、最大のタブーの一つでした。見逃した場合、担当の検閲者までが、上級の監督官からとがめられたほどなのです。(44)

ケーディス関連の報道について、CCDは意図的に目をつぶっていたのに違いありません。それどころか「積極的に報道しろ」という指示を、新聞各紙に出していたかも知れないではありませんか。

一九四八年の夏あたりを境に、民政局の権限は縮小されはじめました。同年秋、アメリカ大統領選挙で現職のハリー・トルーマンが再選されると、この傾向はいっそう強まります。従来、占領政策はGHQの裁量に任される部分が大きかったのですが、ワシントン政府が直接、乗り出してくることになったのです。(45)

ソ連との対立が深刻化しているのですから、ワシントンの方針も、SCAP的な連合国(または国連)中心主義志向ではなく、AFPAC的なアメリカ・ファースト志向に決まっている。白洲次郎はこれについて、以下のように回想しました。

占領が始まった当時は連合国側の意図は、日本が侵略戦争を再びくりかえす可能性を徹底的に根絶して、永遠の平和国家即《すなわ》ち完全無力国家建設ということにあったことには間違いはない。(冷戦によって)米国が対ソヴィエット観を一変してからは、この連合国の占領は米国一国によるものかの如《ごと》くに転換し、日本も防共の一員として育成しようという当初全然皆無であった一要素が占領政策に加味され始めたことは御承知のとおりである。(46)

「永遠の平和国家」を「完全無力国家」と(正しく)言い替えているのがさすがです。ついでに完全無力だとすれば、経済的繁栄を達成する力だってあるわけがない。だから戦後日本型の平和主義は貧困への道だと言うのですよ!

白洲次郎もこの点を、ずばり指摘しています。

(当初の占領方針は)貧乏人は米なんて食うな、麦を食って我慢しておれば天下泰平なんだという論法かもしれぬ。日本人はいくらもがいても永久に米は食えないし、また米を食いたいという欲望すらもち得ないようにすることが、初めの占領政策の一貫した主旨であった様《よう》に思う。(47)

占領政策の転換は、「完全無力国家建設」の目標が放棄されたことを意味しました。そんな国は「防共の一員」、つまり子分としても役に立ちませんから、無理もない話ですが、これは「麦を食って我慢しておれば天下泰平なんだ」（＝日本など貧しいままのほうが、戦争を起こせないので望ましい）という論法も放棄されたことにひとしい。

わが国を東アジアにおける反社会主義の拠点として活用すべく、アメリカは復興・発展を積極的に支援する方向へと舵を切ったのです。こうなると、愛国心やナショナリズムについても、ある程度は許容しなければならなくなる。国への愛着や忠誠がないところで、経済を発展させたり、安全保障を整備したりするのは、きわめて難しいからです。

吉田・白洲コンビの大奮闘のおかげもあって、日本の保守は息を吹き返すにいたりました。占領改革に抵抗しつつ、自国の存立と発展、すなわち経世済民を追求し、愛国心やナショナリズムを肯定するための足場を得たのです。

一九四六年に初めて総理となった吉田茂は、翌年の総選挙で敗退、下野していたものの、一九四八年秋に総理の座へと返り咲き、以後六年間にわたって政権を担うことになります。片やケーディスは一九四八年暮れに帰国、一九四九年五月三日には民政局次長を正式に辞任しました。(48)

マッカーサーの手のひらで踊れ

「ＳＣＡＰ的タテマエからＡＦＰＡＣ的ホンネへ」という占領政策の転換も、このころになると誰の目にも明らかでした。ＡＦＰＡＣの中核たる参謀部は、ＳＣＡＰの中核たる幕僚部（ないし専門部）

より、もともと格上なのですから、「SCAPよりもAFPAC」の流れがいったんできてしまえば、堂々と主導権を握れます。ウィロビー少将など、一九四九年から一九五〇年あたりにかけては、「総司令部を牛耳《ぎゅうじ》る存在になった」とまで言われたほど。(49)

数年間のうちに、GHQ(占領軍総司令部)そのものが、「アメリカ太平洋陸軍総司令部としての側面も持つ連合国最高司令官総司令部」から、「連合国最高司令官総司令部としての側面も持つアメリカ太平洋陸軍総司令部」に変貌した、そう要約することもできるでしょう。GHQは最初から「連合国の都合」と「アメリカの都合」の両方を担っており、組織としても二重性を持っていたので、こんな芸当が可能だった次第です。

占領政策の転換が、日本の保守の勝利という意味合いを持っていたことは、くだんの転換が「逆コース」と呼ばれたことによっても裏付けられます。(50)

逆コースとは読んで字のごとく、特定の方向に進んでいた流れが反転してしまうこと。この場合の「特定の方向」とは、もちろん占領初期に掲げられたタテマエと、それに基づく一連の社会改革です。日本人の多くは占領改革に賛同していたので、「逆コース」は普通「望ましくないこと」「失望させられること」というニュアンスで用いられます。だとしても「世の中のあり方をなるべく変えないことこそ、経世済民を達成するカギだ」と構える保守(主義)の立場からすれば、望ましくないどころか、「世の中がようやく多少まともになってきた」というところでしょう。

占領政策が当初の方針のまま進められていたら、白洲次郎が述べるとおり、「いくらもがいても永久に米は食えないし、また米を食いたいという欲望すら持ち得ない」状態が待っていたかも知れないのです。その点ではまさに、逆コース様々と評さねばなりません。実際、一九四〇年代末ごろになると、人々の間には「改革推進はほどほどにして、経済復興に力を入れてくれ」という風潮も生まれていました。

この願望が叶う契機となったのが、一九五〇年に勃発した朝鮮戦争です。わが国ではこれによって「朝鮮特需」と呼ばれる好景気が到来、復興に弾みがつきました。

朝鮮戦争は、第一章でも触れたように、日本の再軍備の契機ともなります。戦争勃発から約二週間後、マッカーサーは政府にたいし「警察予備隊」の創設を命じました。この警察予備隊こそ自衛隊の前身となった組織。経済と安全保障の両面で「完全無力国家」を脱する糸口がつかめたのです。(51)

正式に誕生するまでには、さらに一ヶ月ほどかかりますが、

一九五一年九月八日にはサンフランシスコ平和条約が調印され、日本の独立回復が確定しました(発効は翌年四月)。日本の首席全権は、むろん吉田茂。白洲次郎も同行、受諾演説の原稿を英語から日本語に書き直しています。

サンフランシスコ平和条約は、アメリカ主導で進められたこともあって、ソ連など一部の社会主義国が加わりませんでした。日本国内では、左翼を中心とする人々がこれに不満を抱き、連合国すべて

と講和を結んで独立を回復する、いわゆる「全面講和」でなければダメだと主張します。

占領をめぐるタテマエとホンネの対立が、土壇場で再燃した形になったものの、占領政策そのものがホンネ路線に転換してしまったあとで、タテマエ派が勝てるはずはありません。だいたい冷戦が深刻化し、お隣の朝鮮半島では本当に戦争が繰り広げられているときに、全面講和などめざしたら、独立が大幅に遅れるのは確実。それまではアメリカの（実質的な）単独占領が続くのです。

アメリカ主導による独立回復を受け入れるくらいなら、アメリカによって占領されていたほうがマシというのでは、いかんせん説得力がない。よってここでも、AFPAC的なアメリカ・ファースト志向が、SCAP的な連合国中心主義志向に勝利する結果となりました。(52)


わが国の保守は、占領改革への抵抗を貫き、主権国家としての独立回復を勝ち取った！

と、言いたいところですが……

保守が抵抗したのは、あくまでSCAP型、または専門部・民政局系の占領政策。つまりは連合国全体の都合のもと、一連の左翼的な抜本改革によって、日本を〈完全無力国家〉につくりかえるという方針です。

アメリカの都合のもと、日本を〈対米従属国家〉につくりかえるというAFPAC型、ないし参謀部・参謀第二部系の占領政策には抵抗していないのです。そしてAFPACにしたところで、占領軍総司令部に含まれている点は変わりません。

保守が占領軍そのものに抵抗したと見ることはできないのです。吉田茂や白洲次郎は、参謀第二部を率いたウィロビー少将に近づくことで、民政局を率いたホイットニー少将（および、彼の右腕であるケーディス大佐）に対抗したわけですが、二人の将軍はどちらもマッカーサーの腹心。

その意味では、天下の吉田・白洲コンビにしたところで、マッカーサーの手のひらで踊らされていたと言っても過言ではありません。だいたい「AFPACをもってSCAPを制す」戦略を取った以上、AFPACの意向には逆らえなくなる。ケーディスを追い落とす際、ウィロビーは日本の警察やメディアにいろいろ指示を出していますが、吉田も白洲もこれに反対したはずはないのです。(53)

保守にプリンシプルはあったか

アメリカ・ファースト志向の強いAFPAC、わけても参謀（第二）部と手を結ぶことこそ、独立回復を達成する大前提だったのですから、保守の掲げる愛国心やナショナリズムにしたところで、対米従属を前提としたものとならざるをえません。

これも、仕方ないと言えば仕方のない話。日本人の多くは、敗戦の衝撃もあって、愛国心やナショナリズム（とくに前者）について否定的になっています。「日本人なのだから、自国に愛着や忠誠を持とう」というのは、戦後のわが国において、決して一般にアピールする主張ではないのです。

となれば、ここでもゲリラ戦術に訴えるしかない。前にも述べたとおり、アメリカが「尊敬や憧れに値する国」の地位を確立したことを利用して、「そういうアメリカに尽くしているのだから、日本も今や良い国である。ゆえに愛着や忠誠を持とう」とやるのです。

最近、流行りの表現にならえば「日米は100％共にある」。国民の多くが望まなくなったことを、アメリカの威光を借りて正当化しようとしている次第です。

お待たせしました！　売国的愛国、ないし保守の身売りの成立となります。「身売りするにも買い手が必要」という原則を踏まえて、この国家的人身売買を可能にした事情を振り返れば以下の通り。

売り手の事情＝占領軍ＳＣＡＰ系によってどんどん社会改革を進められ、「完全無力国家」にされてしまうのだけは避けたいという日本の保守の思惑。ここから、「アメリカ（占領軍ＡＦＰＡＣ系、および一九四八年以後のワシントン政府）に従属してもいいから、独立を回復し、国の存立と繁栄の基盤を築かなければならない」という発想が生まれた。「冷戦下、アメリカの後ろ盾もないまま独立したら、社会主義陣営に飲み込まれる」という判断もあったに違いない。

買い手の事情＝冷戦下、社会主義勢力を抑え込むべく、日本を「対米従属国家」にしようとしたアメリカ（占領軍ＡＦＰＡＣ系、および一九四八年以後のワシントン政府）の思惑。ここから「アメリカへの従属と引き換えに、日本人にも（少しは）愛国心を持つことを認めてやろう」という発想が生まれた。

サンフランシスコ平和条約を調印した数時間後、吉田茂は日米安保条約にも調印します。独立後もアメリカにたいし、軍事的に従属することが決まったのです。この条約、「自国を守る能力を持たない日本が、独立回復後の安全保障をアメリカにお願いする」という形になっていました。

それどころかアメリカは、わが国で大規模な騒乱や暴動が起きたときも、「日本国政府の明示の要請」さえあれば介入することができたのです。身売りはみごとに徹底的だったと評さねばなりません。(54)

完全無力国家に甘んじるよりは、対米従属国家でもいいから、経世済民の達成をめざしたいというのは、判断としてまっとうです。吉田茂や白洲次郎について、「売国奴」などと批判することはできません。(55)

だとしても敗戦直後、保守が「愛国とはアメリカに従うこと」という構図をつくってしまったことも否定しがたい。アメリカが自国の都合より日本の都合を優先させるはずはありませんので、これは突き詰めれば「日本の国益、ないし経世済民より、アメリカの国家戦略を優先させるのが愛国（または真の経世済民）」という話になる。

戦後日本の保守は、**「経世済民のために経世済民を放棄する」**というパラドックスを抱え込んだのです！

ウィロビー率いる参謀第二部のCCDは、郵便の検閲や、電信・電話の傍受まで行っていました。占領軍の主導で制定された日本国憲法の第二十一条二項には、「検閲は、これをしてはならない。通信の秘密は、これを侵してはならない」と明記されているにもかかわらず、です。
かくも露骨な人権侵害が横行しているとき、経世済民も何もあったものではない。占領の現実など、しょせんはそんなものなのですが、保守がこのような部署を仕切る立場の人物と手を組んだ事実は忘れるべきではないでしょう。

また敗戦後の日本で、緊縮財政によるプライマリー・バランス黒字化を最初に断行したのは、一九四九年、ワシントンから経済顧問として派遣されたジョセフ・ドッジです。当時のわが国は、激しいインフレに悩まされていたので、この方針が間違っていたとは言えません。(56)
ただしその結果、日本は深刻な不況に陥り、官庁と民間企業あわせて五十五万人に及ぶ失業者が出ました。翌年に朝鮮特需が生じていなければ、社会不安が生じた恐れも強かったでしょう。そしてここには、日本への援助を減らすことで、占領の負担を軽くしたいというアメリカの思惑があったのです。

白洲次郎は一九六九年、日本人の言動には「プリンシプル(原理原則)」が欠けていると述べました。筋が通っておらず、ご都合主義の繰り返しに堕しているということです。いわく。

何でもかんでも一つのことを固執しろというのではない。妥協もいいだろうし、また必要なことも往々ある。しかしプリンシプルのない妥協は妥協でなくて、一時しのぎのごまかしに過ぎないのだと考える。日本人と議論をしていると、その議論のプリンシプルはどこにあるのかわからなくなることがしばしばある。

ほんとの妥協ということは、原則がハッキリしている所に妥協ということが出て来るんでね。日本人のは妥協じゃないんだ。単なる頬かぶりですよ。原則をほったらかしといて「まあまあ」で円《まる》く納めようとする。納まってやしないんだ。ただ問題を先へやっとこうというわけだ。(57)

堂々たる正論です。ただし今までの話を振り返るとき、白洲次郎にこう反問しなければなりません。敗戦直後、日本の保守にプリンシプルはあったと言えるでしょうか？　占領軍のAFPAC系、ひいてはアメリカに尻尾を振ったあげく、「経世済民のために経世済民を放棄する」というジレンマを抱え込んだのは、原則のハッキリしているところに生まれた「ほんとの妥協」でしょうか、それとも一時しのぎのごまかしでしょうか？

第五章

従属徹底で自立をめざせ!

一九四〇年代後半から一九五〇年代初頭にかけて、保守がアメリカとの間で行った妥協、ないし一時しのぎのごまかしの中身は、以下のようにまとめられます。

（1）早期に独立を回復し、かつ冷戦のもとで社会主義陣営に飲み込まれないようにするため、太平洋戦争における主要な対戦国のアメリカに尻尾を振った。

（2）「正義と繁栄の国」たるアメリカへの従属を、日本人にたいして愛国心やナショナリズムを説くうえでの根拠に活用しようとした。

（3）その結果、「愛国とはアメリカに従うこと」という図式をつくりあげた。これは突き詰めれば、「日本の国益、ないし経世済民より、アメリカの国家戦略を優先させるのが日本のためになる」という結論にたどりつくので、経世済民の名のもと経世済民を否定する事態をもたらす。

普通に考えれば、こんな姿勢はあっさり崩壊しそうなものです。ところが実際には、そうはなりませんでした。

理由は簡単、朝鮮特需以来、わが国の経済は発展を続けたのです。経世済民について、もっとも分かりやすい形で結果が出ているのですから、「経世済民のために経世済民を放棄する」パラドックスの存在など、問題になるはずはないでしょう。

しかも保守は、対米従属路線を取ることにすらプリンシプルを持っていませんでした。安全保障について、アメリカが積極的な協力を求めてきたときには、「平和主義を信奉する国民感情」を持ち出して抵抗するという手を使ったのです。白洲次郎など一九五〇年、警察予備隊の増強を求める国務省顧問ジョン・フォスター・ダレスにたいして、こう言い放ったとか。

それなら(日本)国民を再教育しなさいよ！　GHQ民政局、すなわちあなたがたアメリカ人が、〝戦争は悪だ〟〝今度の憲法では戦力を放棄したんだから軍隊はもってはならないんだ〟と日本国民を教育したんじゃないですか。いまさら手のひらを返して軍備増強しろとはよくもまあ言えますね。(1)

GHQの参謀第二部、すなわちアメリカ・ファースト派のアメリカ人と組むことで、民政局を抑え込もうとした男が、これを言ったのだから傑作です。都合に応じて、「占領のホンネ(=AFPAC的発想)をもってタテマエ(=SCAP的発想)を制す」戦略と、「占領のタテマエをもって占領のホンネを制す」戦略を使い分けた次第。

交渉術としては巧みですが、プリンシプルがあるとは言えません。白洲の論法に従うかぎり、アメリカが日本人の再教育に乗り出したら、日本政府は協力するしかなくなります。問題の発言がなされた時点では、わが国は独立を回復していないのです。

さらに看過できないのは、この手を使ったら最後、戦後日本型の平和主義を本当には否定できなくなることです。くだんの平和主義が、愛国心やナショナリズムを否定する性格を持っているのは、繰り返し見てきたとおり。

なんと保守まで、回り回って愛国心やナショナリズムの否定に行き着いてしまうのです！「愛国とはアメリカに従うこと」という図式をつくってしまった以上、そうしなければ対米従属が深まるばかりなのは事実。だとしても、保守のプリンシプルはいったいどうなっているのか、いよいよ分からなくなるではありませんか。(2)

対米協調、ないし従属を基本としつつ、安全保障についてはアメリカに依存し、もっぱら経済発展に邁進する方針は、「吉田ドクトリン」と呼ばれます。

吉田茂の打ち出した原則、ないし方法論ということですが、これは「占領をめぐるタテマエとホンネを、都合に応じて使い分けることにより、従属しながらアメリカを利用し、最小のコストで経世済民を達成しようとするもの」と規定できるでしょう。さしずめ、富国強兵ならぬ**「富国弱兵」**路線。

けれども、「都合に応じてタテマエとホンネを使い分ける」というコウモリ的二枚舌が前提になっているのですから、これを「ドクトリン」と呼んでいいかは微妙なところ。白洲次郎ではないものの、ドクトリンと言うからには、原理原則、つまりプリンシプルがなければなりません。ところが吉

田ドクトリンは、「プリンシプルがないことがプリンシプル」としか形容しえない代物なのです。(3)

支離滅裂な自民党の使命

「いや、経世済民について結果を出せれば、あまりプリンシプルにこだわらなくてもいいんじゃないか？」

そう考える方もいるかも知れません。政治は結果がすべてですから、この発想にも一理ある。

しかしプリンシプルがないとは、自分の立ち位置や、進んでゆこうとする方向性が、自分自身にも分からないことを意味します。そんな状態で、はたして結果を出し続けることができるものでしょうか？

関連して取り上げたいのが、一九五五年十一月、自民党が誕生したときに発表された基本文書の一つ「党の使命」です。

自民党は、吉田茂が長らく率いた自由党と、やはり保守系の政党である日本民主党が一体化して生まれたもの。これが世にいう「保守合同」です。いわゆる「五五年体制」も、ここからスタートするものの、「党の使命」には戦後の保守のプリンシプルのなさが浮き彫りになっていました。

「党の使命」は、「世界の情勢を考え、国民の現状を省み、静かに祖国の前途を思うに、まことに憂慮にたえぬものがあり、今こそ、強力な政治による国政一新の急務を痛感する」という文で始まります。要するに「国難突破」ですが、国難の中身は具体的に何か。

真っ先に挙がっているのは、社会主義陣営の暗躍です。いわく。

（「国際共産勢力」の）終局の目標たる世界制圧政策には毫《ごう》も（＝少しも）後退なく、特にわが国に対する浸透工作は、社会主義勢力をも含めた広範な反米統一戦線の結成を目ざし、いよいよ巧妙となりつつある。(4)

興味深いのは、ここで憂慮されているのが、日本国内における「反米統一戦線」の構築だということ。

「国際共産勢力」は世界制圧をめざしているはずなのですから、わが国への浸透工作を行うとすれば、まずもって日本の政治体制をひっくり返し、革命政権を樹立するための統一戦線の結成をめざすべきでしょう。革命は歴史や伝統にたいする強い否定を伴いますので、保守にしてみればこれは「反日統一戦線」です。

ところが、そういう話にはなりません。自民党をつくった人々が危惧したのは、あくまで「反米統一戦線」が結成されることなのです。

国際共産主義勢力も、ずいぶんトンチンカンな戦術を取っていることになりますが、それは脇に置きましょう。問題は自国にたいするアンチより、アメリカにたいするアンチが高まることを憂える姿勢です。

太平洋戦争の敗北と、七年近くに及んだ占領、そして従属を前提とする独立回復という経緯を思えば、アメリカに反感を抱くことこそ、愛国心やナショナリズムに照らしてふさわしいはずではありませんか！

ここにどうにか筋を通すとすれば、「日本社会を安泰に保つためにも、とにかく反米の気運を高らなせてはならない」と解釈するしかありません。ならば自民党は、復興や経済成長を進めるためにも、「愛国とはアメリカに従うこと」に徹する覚悟を固めたのか。

そういう話にもなりません。「党の使命」は、国際共産勢力の活動を憂慮したあと、「国内の現状を見るに、祖国愛と自主独立の精神は失われ、政治は昏迷を続け、経済は自立になお遠く、民生は不安の域を脱せず、独立体制は未だ十分整わず」と、悩みのタネをあれこれ並べるものの、次の箇所ではこう述べます。

思うに、ここに至った一半（＝半分）の原因は、**敗戦の初期の占領政策の過誤**にある。占領下、強調された民主主義、自由主義は新しい日本の指導理念として尊重し擁護すべきであるが、初期の占領政策の方向が、主としてわが国の弱体化に置かれていたため、憲法をはじめ教育制度その他の諸制度の改革にあたり、不当に国家観念と愛国心を抑圧し、また国権（＝国家の権力）

を過度に分裂弱化させたものが少なくない。(5)

おっと、日本をダメにしたのは占領改革だときました。しかるに占領は、アメリカが事実上単独で行っていますから、これは「祖国の前途を暗くした責任（の半分）はアメリカにある」と主張するにひとしい。とりわけ「国家観念（＝ナショナリズム）と愛国心」を抑圧したのは、もっぱらアメリカの罪のようです。

だったら反米なくして、「祖国愛と自主独立の精神」が復活するはずがない。国政一新にしたところで、絵に描いたモチでしょう。にもかかわらず、自民党はわが国における反米の気運について「国際共産勢力の浸透工作であり、まことに憂慮にたえぬ」なる旨を言い出す始末。

支離滅裂ではありませんか。一体、この文章のプリンシプルはどこにあるのでしょう？

戦後保守は保守主義を知らない

もう、お分かりですね。

「党の使命」が支離滅裂なのは、「連合国（国連）中心主義志向に基づく〈完全無力国家〉建設」というSCAP的方針と、「アメリカ・ファースト志向に基づく〈対米従属国家〉建設」というAFPAC的方針を区別せず、「占領政策」として一緒くたにしているせいなのです。

ただし文書を作成した人々が、両者の違いに気づいていなかったわけではありません。引用文中、

「占領政策」の上に、二度にわたって「初期の」という断り書きがついているのがその証拠。後期、つまり一九四八年後半あたりからの占領政策は、それまでとは異なる方向性を持っていたとわきまえていなければ、こんな書き方をする理由はありません。

とはいえ、ではなぜ「初期の占領政策は日本弱体化をめざしていたが、その後アメリカは方針を改め、わが国の復興と発展を後援してくれるようになった。ゆえに対米協調こそが祖国の前途を切り拓くカギであり、だからこそ反米の気運についてわれわれは憂慮する」と書かないのでしょう？　これならスッキリ、筋が通ります。

ピンポーン！　そんなことをしたら、安全保障をめぐるアメリカからの協力、ないし貢献の要請を断れなくなってしまうのです。同国に抵抗する切り札として、初期に掲げられた占領のタテマエ、すなわち戦後日本型（またはSCAP型）の平和主義は大事に取っておかねばなりません。

よって「初期の占領方針＝悪、後期の占領方針＝善」と割り切ることもできないのです。「初期の占領政策の過誤」をあげつらっておきながら、直後に「占領下、強調された民主主義、自由主義は新しい日本の指導理念として尊重し擁護すべきであるが」などと言い訳を挿入するにいたっては、語るに落ちるというか、コウモリ的二枚舌の見本でしょう。論より証拠、それらの立派な理念と、日本弱体化という占領初期の方向性がどう結びついていたのかについて、「党の使命」はみごとに頬かむりしています。

状況認識がこのありさまですから、「自民党は何をするのか」を謳った後半部分にしても、本当のところ何が言いたいのか、書いた当人たちも分かっていないとしか思えない混乱ぶりを見せました。

まずは「わが党は、自由、人権、民主主義、議会政治の擁護を根本の理念とし、独裁を企図する共産主義勢力、階級社会主義勢力（注：労働者階級の利益ばかりにこだわりつつ、政権獲得をめざす社会主義勢力、の意）と徹底的に闘う」とある。ウィロビー少将が聞いたら、大いに喜びそうな反共路線です。

が、冷戦のもと、そのような路線を貫徹するには、アメリカの国際戦略にひたすら追随しなければなりません。自国を打ち負かして占領した相手に、尻尾を振り続けるのです。

これで愛国心やナショナリズムにたいする「不当な抑圧」が解除されたら、そちらのほうが不思議でしょう。くだんの抑圧を行ったのは、アメリカの誤った占領政策だという問題提起は、どこに行ったのでしょうか？

好意的に解釈すれば、自民党は「とりあえずは日本の社会主義化を防ぐためにアメリカに従属しつつ、本来の形における愛国心やナショナリズムを復活させ、国権を強化する」つもりでいたのかも知れません。

けれどもこの発想には、重大な欠陥があります。アメリカがわが国の復興と発展を支援してくれるのは、日本が〈対米従属国家〉でありつづけるかぎりにおいての話。自分たちの言うことを聞かなくなる恐れが生じるくらい、国権の強化された日本など、向こうは望んでいないのです。

だいたいアメリカは、太平洋戦争における日本の主要な対戦国。戦前のような愛国心やナショナリズムが、わが国に復活することを認めるはずがないでしょうに！

日本を〈完全無力国家〉にしようとするSCAP型の改革に抵抗した点では、戦後の保守はたしかに「保守的」でした。

ただし抵抗の方便として、対米従属という札を使ってしまった以上、日本を〈対米従属国家〉にしようとする圧力に逆らうことはできません。売国とひきかえに愛国を守ったことの代償は、本来の愛国、ないし本来の保守に永遠にたどりつけなくなることなのです。

はたせるかな、共産主義勢力や社会主義勢力と徹底的に闘うと宣言した直後、「党の使命」は「秩序と伝統の中につねに進歩を求め（る）」と述べました。だが秩序はいざ知らず、伝統の中につねに進歩を求めるなどできるはずがない。

伝統とは、進歩を否定する側面を持つからこそ伝統なのです。おまけに「世の中のあり方をなるべく変えないことこそ、経世済民を達成するカギだ」と考えるのが保守（主義）の本質。この箇所は「われわれは保守の何たるかを理解しておらず、本当は保守政党ではない」と白状したにひとしいと言えるでしょう。

売国から虚妄への逆戻り

これらの箇所に続いて、自民党がめざす目標の具体的な中身が出てきます。いわく、「内（＝国内的）には国家の興隆と国民の福祉を増進し、外にはアジアの繁栄と世界の平和に貢献し、もって国民の信頼を繋《つな》ぎ得る道義的な国民政党たること」。

けれども敗戦後の日本では、国民の多くが愛国心やナショナリズムに否定的になっていたはず。そのような国民の信頼をつなぐことと、「道義的な国民政党」たることは不可避的に矛盾します。

道義的な国民政党たらんとするなら、自民党は愛国心やナショナリズムを復権させねばならないのです。しかもこれらの復権は、対米従属の方針とも矛盾する。

「アジアの繁栄と世界の平和に貢献し」の箇所にいたっては、お笑いとしか言いようがありません。「党の使命」は、わが国の状況について「祖国愛と自主独立の精神は失われ、政治は昏迷を続け、経済は自立になお遠く、民生は不安の域を脱せず、独立体制は未だ十分整わず」と嘆いたのです。

そんな国が、どうやって地域の繁栄や、まして世界平和に貢献するのでしょうか？

だとしてもプリンシプルのなさ、つまり支離滅裂ぶりをあげつらうだけが能ではありません。視点を変えて考えるとき、「党の使命」は戦後の保守のあり方について、重要な洞察を提供してくれます。

理解のカギとなるのは、ここで並べられた目標を最も満たしている国（ないし、日本人の目にそう映った国）はどこかを考えてみることです。国家として興隆し、国民が豊かで幸福に暮らしており、地域の繁栄と世界の平和に貢献し、国民から信頼されるだけのモラルを持った国。

アメリカに決まっているじゃないですか！

自民党は、「日本としてのアイデンティティを保ちつつ、アメリカのようになりたい」と謳っているのです。ないものねだりの感も強いものの、この話、どこかで聞いたおぼえがありませんか？

そうです。第三章で登場した、ゲイリー・クーパーに似ている（ことになっている）日本人、映画『晩春』の佐竹熊太郎です。

佐竹がクーパー似とされたのは、「アメリカ（の白人）みたいな男性こそ、戦後日本における夫として望ましい」という発想の産物でした。その背後には、以下の二点がひそんでいたはずです。

（1）戦後日本において、新しい愛国心やナショナリズムを成立させる唯一の方法は、従来の愛国心やナショナリズム、さらには歴史や伝統（の復活）に反感を抱かせることだ。(6)

（2）戦後日本において、新しい愛国心やナショナリズムが安定的に成立する条件は、アメリカとの一体感を抱くことだ。

「祖国愛と自主独立の精神」、すなわち愛国心やナショナリズムの復権をめざす自民党（または戦後の保守）が、「アメリカのようになった日本」を目標に据えるのは、まったく正当なことにすぎません。

佐竹は曾宮紀子、つまり原節子の旦那になれたのです。原節子と言えば、マッカーサー元帥の愛人ではないかと噂された女性。

ならば自民党も、「アメリカのようになった日本」をつくりあげたときには、マッカーサーの向こうを張れる「おやじ」として、国民から深く愛されることでしょう。愛国心は「父」の概念と深く結びついていますから、これは祖国愛の復権にもつながります。

ただし佐竹のような男性こそ結婚相手にふさわしいという発想は、「今までの日本の男はダメだった」という過去の否定に基づいています。紀子の父である周吉が、映画のクライマックス、結婚するよう娘を諭した台詞は、こんなふうに読み替えられたはずではありませんか。

だけどお前たちはこれからだ。これから、ようやく新しい人生が始まるんだよ。つまり、アメリカと二人でつくりあげてゆくんだよ。(従来の)日本には関係のないことなんだ。それが、人間生活の歴史の順序というものなんだよ。

お互いに信頼するんだ。お互いに愛情を持つんだ。お前がこれまで、(従来の)日本に持っていてくれたような、あったかい心を、今度はアメリカに持つんだよ。

保守はいよいよもって、本来の愛国心やナショナリズムにはたどりつけません。本来の保守についても同様です。

戦後の新しい日本にとって、そんなものは関係のないことにすぎない。アメリカ化の推進こそ、国民生活の歴史の順序なのです。

ところがアメリカと本当に一体化してしまえば、日本は消滅してしまいます。かと言って、日本が日本でありつづけるかぎり、本当の意味でアメリカのようになることはありえません。

旦那のふりをしたがる現地妻

『晩春』の佐竹は、立派ないい人だとさんざん称賛されたにもかかわらず、否、そこまで称賛されてしまったからこそ、最後まで画面に姿を現すことができませんでした。自民党、ないし戦後の保守がめざした「望ましい日本」も、いかに「美しい国」などと称賛されたところで、本質的に観念の上でしか存在できない代物であり、現実に達成することは不可能です。(7)

その意味で戦後の保守は、「決してなることのできない〈旦那〉に、いつかはなれるふりをしたがる存在」と規定できる。ただしこれは、内面のあり方というか、主観的な願望に基づく規定。外から客観的に見た場合、彼らはいかなる存在になるでしょうか？

保守の基本路線が対米従属にあることを思えば、答えは明らかでしょう。東アジアにおけるアメリカの現地妻です。

アメリカとの関係で見たとき、戦後日本における保守と左翼・リベラルの違いは、「現地妻志向かシングルマザー志向か」という形でまとめることができます。左翼・リベラルは、占領期、とくに初期に植えつけられた（何なら「はらまされた」と言っても構いません）平和主義の理念を愛しており、「ハーフ」たる憲法も大事にしている。

つまりはSCAP系の方針を信奉しているのです。アメリカの国家戦略を重視するAFPAC系の方針は肌に合いません。むろん対米従属にも否定的。(8)となれば、シングルマザー上等となります。「昔（＝占領期）の男」たるアメリカに、独立回復後も旦那面してつきまとわれたくない、子供（＝戦後民主主義）はちゃんと育ててるから放っておいてちょうだい！　とまあ、そういう話。

逆に保守にとり、AFPAC、さらにアメリカは、敗戦による困窮（および、社会主義陣営に囲われてしまうのではないかという不安）を抜け出すべく、必死につかんだ旦那にほかならない。つまりは従属上等なのです。一九五一年に締結された（旧）日米安保条約が、「自分では身を守れない日本が、独立後の安全保障をアメリカにお願いする」形を取っていたのも、意味深長と評すべきでしょう。

けれども左翼・リベラルと違い、保守には愛国心、すなわち「父性」へのこだわりがある。早い話、本来は自分が「旦那」でなければならないと思っているのです。ハーフの憲法など、監禁されて強姦されたあげく生まれてしまった子供であり、まったく不名誉な代物ということになる。(9)

だったらアメリカの現地妻など脱却して、旦那としての復権をめざせば良さそうなもの。しかし保守は、「独立のための従属」という方向性を、敗戦直後から十年にわたって構築してきました。そこから抜け出すことは、決して容易ではありません。

経済学には「経路依存性」という概念があります。新しい分野の市場では、ちょっとしたきっかけや、はては偶然によって、特定の技術や製品が、初期の段階で大きなシェアを得ることがある。するとその後に、より良い技術や製品が出てきても、往々にしてシェアを確保できず負けてしまうのです。すでにシェアを得ていることのメリットが、技術的に劣っていることのデメリットをカバーする次第。そしてこれは、何も市場に限った話ではありません。中野剛志は『富国と強兵』で、経路依存性に関連して、次のように指摘します。

歴史的な事件や偶然の出来事が出発点となり、それ（＝何らかの経路）がひとたび軌道に乗ると、人々はその軌道に従って行動するようになり、その結果、その軌道がますます固定化し、増幅していく。(10)

愛国心やナショナリズムに否定的な戦後の日本人は、保守が旦那面する（＝祖国愛や自主独立の精神を強調し、国への忠誠を求める）ことを望んでいません。アメリカにしても、対米従属の経路から日本が脱却するのを喜ぶはずはないでしょう。

おまけに対米従属の経路のもと、日本は独立を回復し、復興と成長の道を歩み始めている。現地妻であることにも、けっこうなメリットがあるのです。反米的な左翼・リベラルにしたところで、経済発展に文句をつける度胸はありません。(11)

対米従属の方法論は、「戦後日本政治」という市場において、初期の段階で大きなシェアを得たのです。これを乗り越え、「日本再生」をめざすだけのプリンシプルを、保守は持ち合わせていませんでした。彼らが取った行動を、まとめれば以下の通り。

(1)アメリカにたいしては現地妻的な姿勢に徹し、安全保障面での依存を続ける。

(2)社会主義陣営に対抗する必要性(=反社会主義陣営のリーダーであるアメリカに追従する必然性)を口実にして、戦後日本型の平和主義を批判、愛国心やナショナリズムの肯定に努める。

(3)ただしアメリカの戦略にたいする過度な協力や貢献を求められたときは、当の平和主義を口実にして拒む。

(4)前項の戦術を行使するためにも、占領改革については全面的に否定するのではなく、「弊害もあった」と述べる程度にとどめる。もとより、アメリカの不興を買わないためにも、戦前を積極的に肯定するようなことは避ける。

(5)したがって、愛国心やナショナリズムを肯定する努力も中途半端なものとなるが、これについては、「戦後日本では平和主義の影響力が強いから仕方ない」などと、占領軍SCAP系や、左翼・リベラルのせいにして正当化する。(12)

現地妻たる戦後保守は、国内では旦那（＝アメリカ）の威光を借りて、自分が旦那であるようなふりをする一方、アメリカにたいしては、シングルマザー的な態度を時々ちらつかせることで、完全に囲われてしまうのを拒否したのです。これを美しく飾り立てた表現こそ、かの「吉田ドクトリン」と言えるでしょう。

売国的愛国の中のせめぎあい

安全保障に力を入れない国は、経済的な繁栄も維持することはできません。二十世紀に入り、技術革新は政府の存在、わけても政府にバックアップされた軍事研究の推進と切り離せなくなったからです。

「富国」と「強兵」は、歴史的に見ても表裏一体ながら、この傾向がいっそう顕著になったのです。ゆえに安全保障をアメリカに依存し、自分たちは経済発展に邁進するという吉田ドクトリンの方法論も、長期的には立ちゆかなくなります。(13)

とはいえ日本が貧しく遅れている段階において、「二枚舌の現地妻」的な姿勢に徹するのは、たしかに優れた戦略でした。

経世済民の条件たる「富国」と「強兵」のうち、後者を他国に押しつけることができれば、それだけ「富国」を手っ取り早く達成できるではありませんか。片や第二次大戦後、アメリカは文句なしに世界最高の「強兵」国。ついでに繁栄をつかんでいない段階で、「安全保障について手を抜いたら、繁栄を維持できなくなる」などと心配しても始まらないという発想にも、一理ないわけではありません。

繁栄を達成するまでは、とりあえずの方便として「対米従属による富国弱兵路線」を取り、国が豊かになってきたら、これを「自主独立の富国強兵路線」に転換してゆく。これは国家戦略としてまっとうなものです。

戦後保守にも、そのような気運は見られました。自民党は誕生にあたり、「党の使命」のほか、「党の政綱」という文書も発表しているのですが、最後の項目にはこう記されています。

世界の平和と国家の独立及び国民の自由を保護するため、集団安全保障体制の下、国力と国情に相応した自衛軍備を整え、駐留外国軍隊の撤退に備える。(14)

一九五五年、日本はまだ国連に加盟していません。文中の「集団安全保障体制」とは、日米安保を指しています。

「駐留外国軍隊」は、むろん在日米軍。このくだりは、いずれ米軍がわが国からいなくなることを想定しているのです。(15)

さらに注目すべきは、わが国が持つべき軍事力の規模が「国力と国情に相応したもの」となっている点です。国情とは平和主義の風潮を指すのでしょうが、「国力」が併記されている以上、これは「経済大国になれたら、(アメリカに依存しなくてすむような)軍事大国になる」という含みを持つ。

日本が経済大国になれると思っていた人は、この時点ではほとんどいなかったかも知れませんが、それは問題ではありません。国が持つべき軍事力の規模は、国力に対応して決まるという発想、つまりは「富国」と「強兵」の関連性をめぐる正しい認識が見られることがポイントなのです。同じ「売国的愛国」でも、「売国」にポイントを置いた方向性と、「愛国」にポイントを置いた方向性とがせめぎあっていた、そうまとめることもできます。**売国**的愛国(愛国の名における売国)と、売国的**愛国**(愛国にいたるための売国)の対立と表現してもいいでしょう。

一九六〇年に行われた安保条約の改定は、後者の方向性、つまり「段階的な富国強兵化」への布石としての性格を持ったものでした。

改定における大きな変更の一つは、条約終了の条件をめぐるものだったのです。旧条約では、アメリカと日本の双方が「もはや安保は不要になった」と合意しないかぎり、終了することはできないと定められていました。ところが新条約では、条約成立から十年が経過したあと(=一九七〇年以後)は、どちらか一方の国が「安保は終わり」と通告するだけで、条約はその一年後に終了すると定められたのです。

条約の性格も、「自国を守る能力を持たない日本が、独立回復後の安全保障をアメリカにお願いする」から、「アメリカと日本が共同で、日本周辺の防衛を行う」というものに変わっています。日本国内の騒乱や暴動にたいして、アメリカが介入できることを定めた条項もなくなりました。

富国強兵路線への転換はありえたか

一九六〇年当時、自民党内部において、この改定が『安保廃棄』に向かう大きなステップ」であることは自明だったとまで言われます。(16)

ところが左翼・リベラルは、反米的な傾向が強いにもかかわらず、安保改定に激しく反対しました。対米従属を脱却するチャンスなのに、何を考えているのかという感じですが、彼らの理想が「弱兵」ならぬ「無兵」であるのを思えば、これも納得がゆく。

戦後日本型の平和主義において、もっとも信用できないのは日本政府。「段階的な富国強兵化」の発想に基づいて対米従属を脱却するぐらいなら、弱兵のままアメリカに従っているほうが、まだしもマシではありませんか。(17) シングルマザーたる左翼・リベラルにとって、「昔（＝占領期）の男」たるアメリカが旦那面する以上に許せないことがあるとすれば、それは「いっそう昔（＝戦前）の男」たる日本政府が旦那面することなのです。

戦前は「男」だった日本政府が、戦後はアメリカの現地妻になっているのは、敗戦が「去勢」としての意味合いを持ったことを暗示します。(18) 第三章でお話ししたとおり、占領期の日本では「日本の男性＝ダサくてみっともない」の図式があったわけですが、これも「日本の男なんて『男』じゃない」という話だったのです。(19)

ならば一九七〇年こそ、保守が「富国弱兵」路線から「富国強兵」路線へと転換すべき時だったに違いない。

一九六〇年代、わが国は高度成長をなしとげ、自由主義諸国ではアメリカに次ぐ規模のGNP（国民総生産）を持つにいたりました。繁栄が（かなりの程度）達成されたのですから、名実ともに機は熟していたのです。(20)

けれども一九七〇年と言えば、朝鮮特需で復興に弾みがついてから二十年。白洲次郎が「AFPACをもってSCAPを制す」戦略による占領改革への抵抗をもくろんでからは、ほぼ四半世紀となります。

対米従属にしろ、富国弱兵にしろ、経路は相当にできあがっている。それを脱却することは、決して容易ではありません。白洲は一九六九年、あと一年で安保終了が可能になることを意識しつつ、このように述べました。

私が政府であるならば、私は国民にいうだろう。安保を廃止して自分のふところ勘定で防備をすれば、いくらかかる。この費用は当然国民の税金から出てくるのだから、国民の所得税は〇〇パーセント増加、物品税は〇〇パーセントの増加、云々と。なぜ、もっと具体的に数字で、というより、自分で防備をやったらいくら税金がふえると国民に説明しないのか。税金がふえて、我々の生活が今よりぐっと苦しくなっても、なお外国の軍隊を国内に駐留さすよりもいいというのが国民の総意なら、安保など解消すべし。安保の賛成派も反対派もヒステリー女の喧嘩みたいな議論はやめるべしと私は思う。(21)

左翼・リベラルのシングルマザー志向、および保守の現地妻志向を思えば、「ヒステリー女の喧嘩」とは、じつに的確な表現です。だとしても、白洲は何を言わんとしているのでしょうか？「安保など解消すべし」の箇所に騙されるべからず。対米従属に基づく弱兵路線を転換したら、防衛費負担で国民生活が圧迫され、富国が維持できなくなるが、それでもいいのかとおどかしているのです。

「平和を守りたければ貧困に耐えろ」ならぬ「繁栄を守りたければ従属に耐えろ」。白洲は富国弱兵路線の立役者の一人ですから、そう主張するのも無理はないでしょう。

しかし安全保障に力を入れない国は、経済的な繁栄も維持することができないのですから、彼の議論は根本の前提が間違っています。「富国」と「強兵」は、結局のところ切り離せません。

あわせて注目すべきは、防衛費の増加分は税金によって調達する以外にないと決めてかかっていること。国債発行による積極財政という発想が、キレイに抜け落ちているのです。

第一章でお話しした、財政法第四条にみごとに縛られている次第。そしてこの条項の背後には、

「自国の政府にだけは、武力に訴える能力を持たせない」という、戦後日本型の平和主義がありました。白洲次郎ほどの人物にして、平和主義の影響からは逃れられなかったと評さねばなりません。

安保条約と経路依存性

繁栄と安全保障、または富国と強兵がいかに密接不可分かを端的に示しているのが、ほかならぬ日米安保条約です。

安保条約は全十条で構成されていますが、日本、および東アジアの安全保障（つまり防衛）のあり方について定めているのは、第三条から第六条まで。その前に、第一条と第二条が存在します。ここには何が書いてあるのか？

第一条では、安保条約と国連（憲章）との関係が記されています。ポイントは以下の三つ。

（1）日本もアメリカも、国連憲章の規定に従い、国際紛争についてはできるかぎり平和的な形で解決を図る。その解決法は、国際社会の平和、安全、正義を脅かさないものとする。

（2）国連憲章の趣旨に反するような振る舞いはしない。とりわけ武力による威嚇や武力の行使などで、他国の領土や主権を脅かす真似はしない。

（3）どちらの国も、他の平和的な諸国と連携して、国連が世界の平和と安全を維持しやすくするように努める。

問題は第二条です。どうぞ。

日本とアメリカは、国際社会がより平和で友好的になるよう貢献する。そのために両国は、以下の三つの方針を推し進める。

(1) 国内の社会システムをより自由なものにしてゆく。

(2) 当該のシステムの基盤をなす原理原則《プリンシプル》への理解が促進されるよう努める。

(3) 安定と繁栄が達成される社会環境を整える。

日米は、それぞれの国際経済政策に摩擦や対立が生じなくなることをめざすとともに、両国の経済関係が密接の度合いを深めるよう奨励する。(22)

「安全保障」条約であるにもかかわらず、経済をめぐる条項のほうが、防衛をめぐる条項よりも先に出てくるのです！

しかも内容にご注目。国際社会を平和で友好的なものとするための方針として謳われているのは、自由主義の推進(1と2)、および経世済民の達成(3)です。

両者がセットになっているのですから、ここで目標に掲げられているのは「自由主義の推進による経世済民の達成」と見るべきでしょう。とはいえアメリカは自由主義諸国のリーダーなのですから、これは「アメリカ化の推進による経世済民の達成」と実質的に変わりません。

最後の一文も、この点を踏まえると意味深長。アメリカ化の推進による経世済民の達成が目標であるかぎり、日米が「国際経済政策に摩擦や対立が生じなくなることをめざす」と言っても、対等な立場で政策をすり合わせるわけではありません。アメリカの政策こそ正しいという基準のもと、日本が自国の政策を合わせることが、暗黙のうちに求められています。

よって最後の箇所「両国の経済関係が密接の度合いを深めるよう奨励する」も、「アメリカ型のルールを基準として」という断り書きを、冒頭に補足しなければならない。安保条約第二条は、**「日本はアメリカを手本にして自国の社会システムを構築する。日本の国際経済政策、および日米の経済関係も、アメリカ型のルールの優越性・普遍性を前提として進められる」**という、アメリカ・ファーストの原則を宣言しているのです。(23)

面白いことに、旧安保条約にはこれに該当する条項がありません。いわゆる安全保障、すなわち防衛についての規定ばかり。なぜ改定にあたり、経済をめぐる条項が（それも防衛関連の条項よりも優先されるかのごとく）盛り込まれたのでしょう？

ここで想起されるのが、少なくとも改定の時点においては、一九七〇年以後、この条約が存続する保証がなかったこと。富国強兵路線に転換した日本が、条約終了を通告することで、アメリカへの従属を脱しようとしないとも限らなかったのです。ついでに改定によって、アメリカは日本国内の騒乱や暴動に介入する権限も失っている。

安保条約第二条は、これらの点にたいする埋め合わせ、もっと言えば対抗措置として盛り込まれたものではないでしょうか。十年にわたり、アメリカを手本とした社会システムの構築（および経世済民の追求）をうながしたうえ、アメリカ型のルールを基盤とする経済関係をつくりあげておけば、「アメリカ化の推進＝望ましい国の方向性」という親米の経路はますます強まる。

日本社会のアメリカ化は、一九四五年、占領改革によって始まりましたから、一九七〇年の時点において、この路線は四半世紀もの間続いてきたことになります。ならば経路依存性の原則からいって、安保が日本側の一存で終了できるようになっても、条約が維持される可能性は高いでしょう。のみならず、かりに日本が条約終了を通告し、アメリカへの従属から脱したとしても、反米的な路線に転換するリスクを最小限に抑え込める。中野剛志の言葉を、あらためて嚙みしめて下さい。

歴史的な事件や偶然の出来事が出発点となり、それ（＝何らかの経路）がひとたび軌道に乗ると、人々はその軌道に従って行動するようになり、その結果、その軌道がますます固定化し、増幅していく。

先に紹介した安保をめぐる白洲次郎の主張「賛成派も反対派もヒステリー女の喧嘩みたいな議論はやめるべし」にしても、「二十五年も親米でやってきて、今さらその経路を脱却する度胸があるのか？」と（そんな度胸がないことを見越しながら）問いかけたものと言えます。

安保条約第二条は、財政法第四条とよく似ています。どちらの条項も、経済政策のあり方を定めることで、じつは安全保障のあり方を定めている。(24)財政法第四条が「平和主義の縛り」なら、安保条約第二条は「対米従属の縛り」なのです。

崩壊した吉田ドクトリン

一九七〇年代に入ってからも、安保条約を終了させようとする動きは表面化しませんでした。ところが「対米従属を前提とした富国弱兵路線による繁栄の追求」という経路を、根底から揺るがしかねないことが起こります。

第一は一九七三年に発生した石油危機により、一九六〇年代から続いた高度成長が終わったこと。一九七四年のGNPは、戦後初のマイナス成長となりました。

第二はアメリカが、従来ほどの覇権(=経済的・軍事的優位)を維持できなくなってきた状態で、ソ連が極東の軍事力を増強する傾向を見せたこと。(25)東アジアのパワー・バランスが、社会主義陣営側に傾きかねなくなったのです。

しかるにこれは、吉田ドクトリン的な「親米の経路」を取るだけでは、わが国が立ちゆかなくなったことにひとしい。このドクトリンは、次の四つの柱から成り立っているからです。

(1)アメリカの覇権を前提として、安全保障を同国に依存する。

(2) アメリカ（または同国の自由主義）の正しさ、および冷戦の現実を口実として、戦後平和主義の観念性を批判、愛国心やナショナリズムを説く。
(3) 他方、当の戦後平和主義を口実として、アメリカへの全面的従属を拒否する。
(4) 効率的な繁栄の達成を大義名分として、上記三原則（とくに2と3）が持つ二枚舌の性格を正当化する。

(1) が現地妻志向、(2) が旦那面、(3) がシングルマザー志向にあたります。わが国（の保守政権）は「アメリカの現地妻でありながら、内輪では旦那のような顔をしてみせ、そのくせ真の旦那であるアメリカの前に出ると、シングルマザーのような態度をちらつかせる」という、相当にデタラメな振る舞いをしてきたのです。

けれどもアメリカの覇権が弱まれば、まず (1) が危なくなる。(3) にしたところで、アメリカの戦略にたいして積極的に協力・貢献しなくとも、わが国の存立が脅かされないくらい、日本周辺のパワー・バランスが安定していることが大前提。おまけに高度成長が終わってしまったのですから (4) も崩れます。

四つの柱のうち、三つまでが倒れてしまっては、ドクトリン（＝方法論）は機能しません。日本は独立回復以来、吉田ドクトリンでやってきたのですから、これは国として進むべき方向性が見失われたことを意味します。

一九七〇年代半ば、わが国では閉塞感が強まり、自国の状況を「第二の敗戦」のように形容する風潮が見られました。(26) しかしわが国の保守系知識人のうち、若手（四十代）だった者にとり、これは「戦後の欺瞞を脱却するチャンス」のごとく映ったのです。

なぜかって？

吉田ドクトリンの柱のうち、無傷で残っているのは（2）、つまり「アメリカ（または同国の自由主義）の正しさ、および冷戦の現実を口実として、戦後平和主義の観念性を批判、愛国心やナショナリズムを説く」だけです。そしてこれは、日本政府が（国内で）旦那面をすることに該当したはず。

この柱を軸にして保守を立て直せば、戦後平和主義、およびこの理念を信奉する左翼・リベラルの影響力を封じ込められるではありませんか！

高度成長の終焉は、別の意味合いにおいても、平和主義を抑え込む良いチャンスでした。第一章で触れたとおり、日本人（のほとんど）は、豊かさの追求に支障が生じない範囲でのみ、平和主義を掲げていたにすぎないからです。(27)

裏を返せば、繁栄に陰りが生じたら最後、平和主義も揺らぎだす。しかも東アジアのパワー・バランスが、社会主義陣営寄りになりかねないときました。

一九七〇年代後半より、わが国で「保守化」「右傾化」と呼ばれる現象が生じたのも、必然の帰結と言えるでしょう。シングルマザーたる左翼・リベラルは、日本政府が旦那面をすることを何より嫌ってきましたが、ようやく「世の中（＝国際社会）は厳しいんだ、そんな甘い考えじゃ渡ってゆけないぞ！」と言い返す条件が整ってきたのです。(28)

保守、矛盾のあげく爽快になる！

だがここで、決めねばならない点があります。すなわち、アメリカにたいしてどのような態度を取るか。

「現地妻でありながら、シングルマザーのような顔をちらつかせる」二枚舌は、いい加減やめなければなりません。選択肢は以下のどちらかです。

（1）アメリカの覇権維持にひたすら協力する。すなわち現地妻路線の徹底。

（2）アメリカへの従属から脱する。すなわち旦那路線の徹底。

常識で考えれば、取るべき道は（2）に決まっています。（1）の路線では、軍事力を強化させたとしても、対米従属からは抜け出せない。名実ともに「旦那」となって、愛国心やナショナリズムを復権させることはできません。

ついでに（2）のほうが、心おきなく軍事力を整備できます。「富国」と「強兵」の結びつきを考えれば、経世済民の達成や維持にもプラスのはず。そのうえで、社会主義陣営に対抗する必要があるのなら、あらためてアメリカと対等の立場で同盟すればいいではありませんか。

しかし一九七〇年代後半の保守にも、そこまでのプリンシプルはありませんでした。

仕方のない話でしょう。「対米従属を前提とした富国弱兵路線による繁栄の追求」の経路は、すでに三十年以上も続いている。経路依存性の原則に従い、脱却もそれだけ難しくなります。

あまつさえ保守（主義）の本質とは、「世の中のあり方をなるべく変えないことこそ、経世済民を達成するカギだ」と構えることだったはず。保守としてのプリンシプルを持とうとするのなら、親米、ないし対米従属の経路から脱却しようとしては**いけない**のです。吉田ドクトリンを変えるにしても、修正は最小限にとどめねばなりません。

ゆえに（1）の路線を取るほかないのですが、現地妻路線の徹底をめざしながら、国内では旦那面を強めるというのは、明らかに矛盾しています。「プリンシプルのないことがプリンシプル」だった吉田ドクトリンより、下手をすればもっとひどい。

戦後の欺瞞からの脱却も何もあったものではない、そう言いたいところですが……

矛盾に直面した人間の心は、時として、非常に興味深い動きを見せます。

戦後最高の知性とも謳われた評論家・福田恆存《つねあり》さんは、「日本新劇史概観」というエッセイで、問題の心の動きを次のようにまとめました。福田さん、明治以後の日本における「新劇」、つまり西洋風の演劇を実践しようとする活動が、芝居の本質を見失ったあげく、「演劇性」（＝視覚的なスペクタクル志向）と「観念性」（＝左翼的なイデオロギー志向）という、二つの分裂した目標を掲げるにいたったと述べているのですが、結論はこうなっているのです。

両者（注：演劇性と観念性）が互いに関わりえぬほど極端に分離され、それぞれの純粋な自律性が完成されたとき、一種爽快の気に酔い、自分の精神の分裂は忘れて、そこではじめて両極の一致が達成されたかのような錯覚に陥るのである。(29)

分かりやすく言い直せばこうです。スペクタクル志向とイデオロギー志向の分裂が進み、前者で、後者は後者で完全に自閉してしまったとき、日本の演劇人はふいにスッキリしたのです。

そこまで分裂してしまえば、これ以上の分裂は起きません。しかるに長らく分裂に悩んできた者には、「これ以上の分裂が起きなくなった」状態が、「分裂が解消された」状態であるかのように感じられるのです。もう分裂は起こらないという点では、分裂が徹底された状態も、分裂が解消された状態も同じではありませんか。

むろん、この「爽快の気」は錯覚にすぎません。うわべの結果が一見、共通していようと、「分裂が徹底的になされたので、もう分裂の起こりようがない」状態と、「分裂が解消されたので、もう分裂が起きない」状態が同じであるはずはない。

とはいえ、その区別がつくぐらいなら誰も苦労しません。こうして実際には分裂しきっているにもかかわらず、自分たちがふたたび、首尾一貫した目標を持つにいたったかのごとく思い込む次第。

これをわが国の保守に当てはめるとどうなるか。どうぞ。

アメリカにたいする現地妻路線と、国内における旦那（面）路線が、互いに関わりえぬほど極端に分離され、それぞれの純粋な自律性が完成されたとき、一種爽快の気に酔い、自分の精神の分裂は忘れて、そこではじめて両極の一致が達成されたかのような錯覚に陥るのである。

分かりやすく言い直せばこうです。アメリカにたいする従属と、国内における愛国心やナショナリズムの強調の分裂が進み、前者は前者、後者は後者で完全に自閉してしまうとき、日本の保守はふいにスッキリできるのです。

そこまで分裂してしまえば、これ以上の分裂は起きません。しかるに長らく分裂に悩んできた保守には、それが「アメリカへの従属をきわめれば、まさにそのことによって、アメリカへの従属が解消される」ことの証拠であるかのように感じられるのです。

アメリカにとことん従属してしまえば、従属がそれ以上深まることはありえない。しかるに対米従属が解消されても、従属はそれ以上深まらなくなるではありませんか！

注目すべきは、この発想がたんなる観念論、あるいは屁理屈と片付けられない側面を持つこと。アメリカへの従属を徹底させれば、たしかに以下の二つの結果、もっと言えば御利益が期待できるのです。

(1)アメリカから「よく尽くしてくれる、一心同体の同盟国」と見なされ、大事に扱ってもらえるだろう。(30)
(2)他の国々からも「アメリカが特別な信頼感を持っている重要国」と評価され、一目置かれるだろう。

そうです。

「東アジアの現地妻」の地位を脱し、国際的にも(富国強兵路線に転換しないまま)「一人前の旦那」として認めてもらえるはずなのです!

むろん、この「爽快の気」も錯覚にすぎません。うわべの結果が一見、共通していようと、「従属が行くところまで行ったので、もう従属の深まりようがない」状態と、「従属が解消されたので、もう従属が深まらない」状態が同じであるはずはない。

とはいえ、その区別がつくぐらいなら誰も苦労しません。こうして実際には従属しきっているにもかかわらず、自分たちがふたたび、真の愛国心やナショナリズムに向けて邁進しているかのごとく思い込む次第。


さあ、保守は爽快になりました。現地妻路線の徹底が、回り回って旦那路線の徹底につながると信じ込んでいるのですから、こんなうまい話はありません。長年、保守につきまとっていた「**売国**的愛国」(愛国の名における売国)と「売国的**愛国**」(愛国にいたるための売国)の対立は、「売国の徹底こそ愛国の徹底だ」という錯覚のもと、主観的には解消されたのです。

おりしも一九七〇年代末、日本は二度の石油危機から比較的早く立ち直り、経済大国としての地位を確立しました。一九七九年には、ハーバード大学教授のエズラ・ヴォーゲルが『ジャパン・アズ・ナンバーワン』という本を刊行、日米双方で話題を集めます。

同年、わが国はアジア初のサミットも開催しました。翌一九八〇年には、自動車の年間生産台数が、アメリカを抜いて世界一となります。保守がスッキリする理由は、いろいろそろっていたのです。

対米従属をもって対米従属を制す

「現地妻路線の徹底による旦那化」とは、「対米従属をもって対米従属を制す」ことにひとしい。すなわちこれは、占領期に吉田茂や白洲次郎が展開した「AFPACをもってSCAPを制す」戦略を、スケールアップさせて再現したものとなります。

吉田・白洲コンビは、占領軍内のアメリカ・ファースト派に積極的に近づくことで、占領改革を抑え込み、早期に独立を回復しようとしました。「占領軍をもって占領を制す」という仕掛けですが、その三十年あまり後、保守は「アメリカの世界戦略に積極的に尽くすことで、みずからにひそむ平和主義的要素(および、平和主義を看板とする左翼・リベラル)を抑え込み、自立した大国としての評価を得る」という手に出たのです。

占領軍AFPAC系、およびワシントン政府は、日本がアメリカに忠誠を示せば、愛国心やナショナリズムをある程度認める方針を示しました。ならば日本がアメリカにたいし、いっそう忠誠を示したらどうなるか？

ピンポーン、愛国心やナショナリズムをいっそう認めてくれるはずではありませんか。「AFPACをもってSCAPを制す」戦略がうまく行ったことを踏まえれば、「対米従属をもって対米従属を制す」戦略にも、やはりそれなりの根拠があったのです。保守は保守で、一貫した経路を歩んでいたのでした。

同時にこの戦略、例によって映画『晩春』との関連でとらえることもできます。

『晩春』のヒロイン・曾宮紀子は、長らく結婚を渋っていたにもかかわらず、最後には佐竹熊太郎のもとに嫁ぎました。佐竹はハリウッド・スターのゲイリー・クーパーに似ている（ことになっている）ので、ここには「戦後日本の女性は、アメリカの白人男性（みたいな人物）とでなければ結婚しない」という含みがあります。

くだんの含みのせいで、佐竹が最後まで画面に登場できなくなってしまったのは、すでにお話ししたとおり。しかし、かりに占領軍の将校たちが、佐竹を連れて曾宮家を訪れ、「外見こそ日本人だが、クマタローはまったくアメリカ的であり、民主主義的な良い男だ。われわれも深い信頼感と友情を抱いている。結婚相手として申し分ない」などと称賛したらどうなるか？

よしんば佐竹が、ゲイリー・クーパーに大して似ていないことが暴露されたとしても、物語は破綻せず成り立つかも知れません。(31)

保守がめざしたのは、ずばりこれです。アメリカに尽くすことで、向こうのお墨付きをもらうこと。そうすれば「日本人を旦那にすること」に抵抗の強い紀子も、結婚を承諾してくれるでしょう。佐竹熊太郎は、画面に堂々と姿を現したうえで、マッカーサーの愛人と噂された女、原節子の旦那になれるのです！　これが対米自立、つまり従属からの脱却（の象徴的表現）でなくて何でしょうか。

この点において、一九七〇年代後半以後の保守は、一九五〇年代や一九六〇年代の保守より、たしかに一歩前進しています。

自民党が誕生にあたって発表した文書「党の使命」ではありませんが、かつての保守は「日本としてのアイデンティティを保ちつつ、アメリカのようになった日本」という目標を掲げていました。しかしこれは、現実には達成しえません。

ひきかえ「アメリカへの従属をきわめたあげく、自立した大国としてのお墨付きをもらった日本」という目標は、少なくとも理屈の上では、実現の可能性があります。従属をきわめることで自立するという発想には、無理があると思われるかも知れませんが、「奉公したあげく、のれんを分けてもらう」ことの国家版と考えれば、絶対に不可能とまでは言えないのです。

「対米従属をきわめることこそ対米自立の道」という発想は、一九八〇年代に入り、わが国の保守の基本路線となりました。その最初の旗手は、「戦後政治の総決算」を謳いつつ、日米を「運命共同体」と形容した中曽根康弘総理でしょう。

ただしこの路線には、第四章で触れた「経世済民のために経世済民を放棄する」というパラドックスがつきまといます。アメリカの覇権維持への協力をきわめるとは、具体的には以下の三点を意味するからです。

(1) 安全保障に関する、アメリカの戦略への積極的貢献。

(2) 経済政策に関する、アメリカの要求の積極的受け入れ。

(3) 社会のあり方に関するアメリカ化の積極的推進。(32)

上記三点を突き詰めてゆけば、遅かれ早かれ、日本の国益、ないし経世済民にとってデメリットが生じるのは確実。現に(2)や(3)に基づいた新自由主義やグローバリズムの受け入れが、わが国の経済を「良くて停滞、悪ければ衰退」へと追いやったのは、第一章で見たとおりです。(33)

冷戦終結は何を意味したか

それでも一九八〇年代の間、「対米従属をもって対米従属を制す」戦略は、うまく行くかに見えました。

理由は簡単、冷戦が続いていたからです。日本がアメリカに忠誠を示せば、愛国心やナショナリズムをある程度認めるという方針は、もともとわが国を「東アジアにおける防共の拠点」にしようとする判断から生まれたもの。占領軍総司令部におけるAFPACとSCAP、とりわけ参謀第二部と民政局の対立にしたところで、ソ連の手先になりかねない左翼・リベラルが民政局に多数入り込んでいると見なされたことが大きな原因となっています。

ワシントン政府とて、経路依存性から自由ではありません。冷戦という経路が続いているうちは、「日本がこちらへの忠誠や貢献を強めたら、そのぶん日本の顔も立ててやらねばならない」という発想が支配的になって当然でしょう。

ところが冷戦は一九八九年、社会主義陣営の崩壊によって終結します。一九九一年になると、ソ連そのものが崩壊してしまう。

わが国の保守には、これについて「安全保障について依存する必要性が薄れたのだから、いよいよ自立した大国としてのお墨付きを得る時が来た！」と歓迎する傾向が一般的でした。が、冗談ではありません。

アメリカにとって冷戦終結とは、「日本の顔を立ててやらねばならない時代の終わり」なのです。ならば現地妻路線に徹し、忠誠や貢献を強めたところで、見返りとして得られるものはありません。「向こうが勝手に尽くしてくるのだから」とばかり、骨までしゃぶられるのがオチ。

はたせるかな、一九八九年は「日米構造協議」が始まった年でもありました。両国間の貿易摩擦を改善するという触れ込みですが、それまでと違っていたのは、日本の経済・社会システムのあり方について、アメリカが改革を求めてきたこと。

「日米は、それぞれの国際経済政策に摩擦や対立が生じなくなることをめざす」（安保条約第二条）だけでは満足しなくなったのです。だとしてもこの条項、「日米の経済関係は、アメリカ型のルールの優越性・普遍性を前提にして進められる」という旨を宣言してもいるのですから、改革をめぐる向こうの要求について、わが国が拒めるはずはありません。さらに一九九〇年には、在日米海兵隊司令官のヘンリー・スタックポール少将が、**日本の軍事力強化を抑え込むためにも、**米軍は駐留しつづけねばならないという旨を発言しました。

アメリカ・ファースト路線に迎合することで、日本の国益を確保、ひいては従属を脱して自立した大国になるという戦後保守の方法論は、この時点で決定的に破綻したのです。裏を返せば一九九〇年前後、わが国は今度こそ富国強兵の路線に転換しなければならなかったはず。

けれども「対米従属による富国弱兵」の経路は、すでに四十五年間も続いています。しかもわが国の保守は、冷戦終結に危機感を抱くどころか、日米で世界を仕切る時代が来たかのごとく「爽快の気」に酔うありさま。「勝ち組」たる自由主義陣営の主要国として、とうとう旦那になれたし、現地妻としてアメリカに尽くしてゆけば、旦那としていっそう世界的に認められるはずと、勝手に決め込んでいたのでした。(34)

完成した自滅への道

富国強兵路線への転換を果たそうと思えば、戦前の日本にたいする再評価も欠かせません。大日本帝国は、ずばり「富国強兵」を国の方針としたのです。

占領をめぐるSCAP的方針と、AFPAC的方針の区別もつけようとせず、「占領政策」として一緒くたにした保守が、そこまでのプリンシプルを持ち合わせているはずはない。対米従属路線とは、要するにAFPAC的方針の肯定ですから、これでは「占領政策」を否定できなくなってしまいます。(35)

よって、SCAP的方針のもとで打ち出された「戦前の日本＝悪」の図式も、結局は否定できなくなってしまう。よしんば口先では、戦前の美風を称賛したり、占領政策の誤りについてあげつらったりしたとしても、です。

左翼・リベラルはしばしば、保守勢力がわが国を戦前に回帰させようとしていると批判します。というか、これこそ彼らによる保守批判の定番。

しかしこれは、まったくの過大評価にすぎません。(36) 敗戦で女性化し、アメリカに媚びなければ旦那面ができなくなった現地妻が、「私も昔は『漢《おとこ》』だったのに」と愚痴を並べている、その程度に受け止めるべきものでしょう。

「戦前の日本＝悪」を否定できなければ、富国強兵を肯定することも無理。冷戦が終わったからといって、転換できるはずがないではありませんか。(37)

第四章で触れた「自滅への道」、すなわち売国的愛国路線は、こうして完全にできあがりました。おさらいしておけば、これはアメリカを「正義の国」と位置づけたうえで、同国に尽くしていることをもって、日本の正しさの根拠とし、それを理由に愛国心を正当化するものです。

経世済民のために（と称して）経世済民を放棄するという、売国的愛国のダークサイドも、いよいよ顕在化してきます。日米構造協議は、「日米包括経済協議」（一九九三年）、「日米規制緩和対話」（一九九七年）、「成長のための日米経済パートナーシップ」（二〇〇一年）、「日米経済対話」（二〇一七年）へと発展してゆきました。郵政民営化はもとより、道路公団の廃止、独占禁止法の改正、持株会社の解禁、大規模小売店舗法の廃止、労働者派遣法の改正といった政策は、どれもアメリカからの要求を反映したものと言われます。

TPP（環太平洋経済連携協定）への参加など、対米協調路線の一環であるかのごとく謳われたにもかかわらず、当のアメリカが離脱を決めたあとも推進される始末。旦那が出ていっても、かいがいしく留守を預かろうとするのですから、現地妻の面目躍如です。(38)

このような政府の姿勢について、中野剛志は二〇一一年の段階でこう断じました。

内閣官房や経済産業省が並べるTPPのメリットは、とても真面目な議論に耐えられない強引なこじつけや当てずっぽうばかりでした。そうした理屈の歪みや乱れは、おそらくは、TPP参加という結論ありきで、後から、無理やり付けたものだからであろうと、私は推測しました。しかし、どうして「TPP参加ありき」なのでしょうか。（中略）それは、まさに「対米依存の安全保障を続けるためには、アメリカの主導するTPPへの参加が不可欠」という強烈な先入観があったからに違いありません。(39)

TPPをめぐる騒動が示したのは、日本が「自から守るの力」（注：福沢諭吉の言葉。つまりは安全保障の能力）「自立の力」をもっていないだけでなく、もとうとすらしないということでした。(40)

安全保障のために（国際）経済政策をアメリカに合わせ、自国の経世済民を犠牲にしておいて、それこそが経世済民なのだと言い張る。安保条約第二条の精神を体現したような振る舞いですが、従属徹底によって自立をめざしたことの必然的な帰結です。

電力の発送電、水道事業、農業、医療などといった分野でも、新自由主義やグローバリズムの路線に沿って、自由化や民営化などの改革が謳われています。いわゆる「統合型リゾート（IR）」の推進も、カジノの解禁、つまりギャンブルの民営化としての性格を持つ。

いずれの場合も、「改革を進めたほうが国民にとってメリットになる」といった主張がなされています。ただし、それらの主張にどこまで耳を傾けるべきかは、まったく別の話。上記の諸改革が、外国資本の多国籍企業（その大半は、むろんアメリカにあります）の参入を容易にする性格を持っていることは疑いえないからです。

しかもカジノを別とすれば、先に挙げた分野は、どれも国民生活の基盤を形成するもの。そのような分野が民営化されたり、まして外国資本が入り込んできたりすること自体、国民にとってデメリットだと言わねばなりません。

政府と違い、企業は国民生活を守ることに責任を負っていないのです。のみならず、改革によるメリットをめぐる主張も、自由化・民営化推進の結論ありきで、こじつけや当てずっぽう同然の「メリット」を後付けしたものである恐れが強い。「自立を大義名分とする従属徹底」や「経世済民の名における経世済民の放棄」こそ、一九八〇年代以後、とくに冷戦終結後の日本の経路だからです。

かつての日本人は、大島渚の表現にならえば、「わが子はいざとなれば天皇と国家が面倒をみてくれるという実感」「家族、わが子の生活を守ることについて、国家が最終的には責任を持ってくれるという感覚」を持っていました。

他方、保守（主義）の本質は、「世の中のあり方をなるべく変えないことこそ、経世済民を達成するカギだ」と考える点にあったはず。となれば、政府が責任を持って国民生活を守る状態を維持することこそ、保守の基本姿勢でなければなりません。

ところが今では、怪しげなメリットをちらつかせつつ、経世済民をめぐる責任を放棄するような改革をどんどん進めるのが、保守の基本姿勢となっているのです！(41)

老兵は死なず、呪縛を深めるのみ

経世済民をめぐる責任を放棄したがっている勢力が、安全保障について主体的な取り組みを見せるはずはありません。TPPをめぐる騒動によって、わが国が「自から守るの力」を持とうとすらしていないことが露呈されたのも、もっともな話です。

左翼・リベラルは、保守勢力が日本を「戦争のできる国」にしたがっているとも批判します。しかしこれも、またもや過大評価にすぎません。くだんの勢力が目下めざしているのは、せいぜいわが国を「**アメリカのために**戦争のできる国」にする程度のこと。

アメリカの意向とは関係なく、独自の戦略的判断に基づいて、武力の行使や、武力による威嚇を行えるようになるなどという、大それた目標をめざしているとは到底信じられません。これをよく表しているのが、二〇一五年に成立した「平和安全法制」、いわゆる安保法制です。

平和安全法制は「平和安全法制整備法」と「国際平和支援法」から成り立っています。しかるに平和安全法制整備法が（主として）定めているのは、日本と密接な関係にある他国、つまりアメリカへの武力攻撃がなされたときの対処措置と、米軍などにたいして行う後方支援活動。言い替えれば、ア

メリカと連携し、アメリカに協力するための法律です。(42)

国際平和支援法が定めているのは、「国際社会が国際連合憲章の目的に従い共同して対処する活動」に従事している各国軍隊への協力や支援。こちらは国際社会と連携し、国際社会に協力するための法律ということになるでしょう。

けれどもアメリカが覇権国、すなわち「国際社会を仕切る国」なのを思えば、「アメリカ」と「国際社会」は、実質的にイコールだと評さねばなりません。

日米同盟の基盤たる安保条約の第一条が、「どちらの国も、他の平和的な諸国と連携して、国連が世界の平和と安全を維持しやすくするように努める」という旨を謳っているのは、関連して意味深長です。この規定と、「国際社会が国際連合憲章の目的に従い共同して対処する活動」に協力や支援を行うという規定の間に、どれだけの違いがあるでしょう？(43)

国際平和支援法も、じつは安保条約を発展させたものにすぎません。しかも安保条約において、世界の平和と安全を維持するのは国連の役割とされていましたが、こちらではそれが「国際社会」に変わっている。

すなわちアメリカ（とその同盟国）が「国際社会」を自任し、国連憲章の目的に従っているという大義名分、ないし口実のもと、勝手に軍事行動を起こしたとしても、日本は協力・支援しなければならなくなるのです。これもまた、アメリカと連携し、アメリカに協力するための法律だと言わねばなりません。

「ちょっと待ってくれ。アメリカのためには戦えるようにするし、それは大義名分が〈国際社会〉になっても変わらないが、日本が独自の戦略的判断に基づいて戦えるようにはしないということは、じつは保守も自国の政府を信用していないんじゃないのか?」

だから言ったでしょうに。その通りです。(44)

戦後保守の方法論の原型は、「AFPACをもってSCAPを制す」。占領軍総司令部の二重性をうまく利用したわけですが、AFPACもSCAPも、同司令部の部署として、マッカーサー元帥の統率下にあることは変わりません。

他方、左翼・リベラルの方法論の原型は、「SCAPをもってAFPACを制す」。占領方針のタテマエである平和主義を武器に、ホンネであるアメリカ・ファースト、およびそれに迎合したがる保守に対抗しようとしたのです。こちらもまた、占領軍総司令部の二重性をうまく利用しているわけですが……

そうです。両者の方法論には、SCAPとAFPACのどちらにつくかという違いしかありません。(45) 左右そろって、マッカーサーの手のひらで踊らされていたのです!

敗戦後、日本人はマッカーサーに「父」(=愛情と信頼を寄せ、忠誠を捧げるべき存在)を見出したうえ、元帥がアメリカに去った後も、それに代わる「自国の父」を見つけられませんでした。左翼・リベラルは「父の不在」にシングルマザー的な誇りを抱き、保守はアメリカを「父」、または

「旦那」に見立てたのは、第四章で論じたとおり。(46)

これで自国政府への信用が復活するはずはありません。戦後保守は、政府不信のもとでも「完全無力国家」を脱する方法を見つけたのであって、不信そのものを解消したわけではないのです。

論より証拠、安全保障政策をめぐってこそ、保守は平和主義の観念性や非現実性を否定しているもののの、経済や社会、あるいは家族のあり方については、平和主義者とほとんど変わらない姿勢を取っています。

財政均衡主義の立場から積極財政に否定的だったり、「女性の活躍」を促進しようとして「家の解体」や少子化を（実質的に）肯定してしまったりする次第。しかも時代の経過につれて、この傾向は弱まるどころか、かえって強まっている。

支離滅裂のきわみという感もありますが、「保守も自国の政府を信用していない（あるいは信用回復を果たせていない）」と考えれば、何ら不思議はありません。

対米従属の方針に従って軍備を保有しつつ、武力を行使する能力を政府に与えまいとすれば、戦費調達の能力を封じるしかない。その最も簡単な方法は、政府の負債を禁じる（＝信用を認めない）ことです。

財政均衡主義へのこだわりが強くなって当たり前ではありませんか。敗戦後、緊縮財政によるプライマリー・バランス黒字化を最初に断行したのが、ワシントンから派遣された経済顧問ジョセフ・

ドッジだったことも、あらためて想起されるべきでしょう。

政府の信用を認めないまま、なお繁栄を追求しようとすれば、国の永続性を否定するしかありません。となれば、「家の解体」や少子化にしたところで、結局は否定できるはずがない。せいぜい口先で問題視するくらいです。

保守の対米従属志向は、「アメリカにとことん尽くすことこそが自立への道」という錯覚のもと、一九八〇年前後から強まりました。これは自国の都合より、アメリカの都合を優先させることにつながりますから、「自国政府よりワシントン政府を信用する」というにひとしい。経済や社会、あるいは家族のあり方をめぐる平和主義的な姿勢が、時代の経過とともに強まるのも、必然の帰結なのです。

日本を去ったマッカーサー元帥は、一九五一年四月十九日、アメリカ議会の上下両院合同会議で行った演説で、「老兵は死なず、ただ消えゆくのみ」という名言を残しました。だとしても、わが国の現状を踏まえるとき、元帥の言葉はこう修正されなければなりません。

老兵は死なず、ただ呪縛を深めるのみ。(47)

われわれは今なお、自覚することなく占領期を生きているのです。主観的に自立をめざそうとすればするほど、従属が深まってゆくのですから、そうとしか形容できません。

次章ではこれが、二〇一〇年代の日本政治にいかなる影響を与えているかを見ることにしましょう。

第六章

政治は口先と言い訳がすべて

今やみなさんには、戦後日本がガラリと違って映っているのではないかと思います。話の全体像が浮かびやすいよう、ポイントをあらためて整理しておきましょう。

(1)わが国の平和主義の根本、ないし中核をなすのは、自国政府への強い不信感である。政府は安全保障以外の政策も遂行するので、平和主義の影響にしても、安全保障の分野に限定されるわけではない。

「富国」と「強兵」、つまり経済的繁栄と安全保障は密接不可分の関係にあります。よって戦後日本型の平和主義を徹底させようと思えば、政府が「富国」を追求することまで否定しなければなりません。平和主義を信奉する左翼・リベラル型の発想のもとでは、「貧国無兵」が国の理想となってしまうのです。

(2)戦後の保守は安全保障政策をめぐってこそ、平和主義を否定する態度を取った。だが保守にしたところで、平和主義の中核たる「政府への強い不信」を脱却できたわけではない。

保守が達成できたのは、自国への不信を「復興を後押ししてくれた正義と繁栄の国」アメリカへの信頼感へとひっくり返し、同国への従属を通じて、愛国心やナショナリズムを間接的にアピールする

（ないし擬似的に満足させる）ことでした。したがって保守の掲げる国の理想も、本来あるべき「富国強兵」でなく「富国弱兵」にとどまります。

（3）貧国無兵と富国弱兵を比べれば、国が豊かになるぶん、後者のほうが望ましい。そのため国民の大部分は、平和主義をタテマエとして掲げつつ、保守に政権運営をゆだねることで繁栄をめざした。

これは左翼・リベラルが、対立しているはずの保守によって尻ぬぐいしてもらっていたことを意味します。「平和主義を突き詰めれば貧困が待っている」という、彼らの理念にひそむダークサイドが表面化しなかったのは、保守が政権を担い、富国路線を取ったおかげでした。

（4）富国弱兵路線は対米従属が前提なので、放っておけばどんどんアメリカの言いなりにならざるをえなくなる。そのため保守は、アメリカを「正義と繁栄の国」と位置づけつつ、同国への従属に歯止めをかける隠し球として、狭義の平和主義（＝積極的な安全保障政策の忌避）を利用する道を選んだ。

つまり保守も、対立しているはずの左翼・リベラルによって尻ぬぐいしてもらっていたのです。しかし平和主義を温存したら最後、政府への不信からは脱却できません。

この帰結の一つが、経済政策における財政均衡主義や緊縮財政志向の定着です。政府が信用できなければ、政府負債の増加を肯定できるはずはないでしょう。

また愛国心やナショナリズムは、家（族）の概念と深く結びついている。裏を返せば、平和主義を温存するかぎり、「家」の解体や、それにともなって生じる少子化についても、結局は否定できなくなってしまいます。

少子化によって、国が先細りになってゆくことは、政府の信用を弱める効果を持ちます。政府の信用は、「国は永続性を有するもの」という前提の上に成り立っているからです。けれども政府の信用が弱まれば、財政均衡主義や緊縮財政志向はいよいよ不可避。「対米従属と富国弱兵」路線も、長期にわたる経世済民を達成するものではなかったと言わねばなりません。

(5) 一九七〇年代、高度成長が終焉を迎えたころから、保守は富国弱兵路線の問題を自覚しはじめた。けれどもくだんの自覚は、「対米自立による富国強兵」路線への転換をうながすのではなく、「アメリカにたいする貢献を高めれば、〈一人前の大国〉としてのお墨付きを、同国、および国際社会から得られるはずだ」という発想に行き着いた。

「対米従属による富国弱兵」路線は、こうして一九八〇年代あたりから、「従属徹底による弱兵大国」路線とも呼ぶべきものに変貌します。問題はむしろ悪化しているのですが、従属に歯止めをかけなくともよいと割り切った、ないし開き直ったことで、左翼・リベラルに尻ぬぐいしてもらう必要はなくなりました。

保守はこれを、自分たちの矛盾が解消されたことの表れのごとく錯覚し、爽快な気分にひたります。もっとも政府への不信から脱却できていない以上、平和主義から本当に脱却したことにはなりません。おまけに従属徹底に踏み出してしまったため、自国よりもアメリカの国益や戦略を尊重し、それこそが日本のためなのだと強弁する「経世済民の名における経世済民の放棄」まで本格的に始まりました。

(6) 一九九〇年代以後、冷戦が終結したこともあって、アメリカは「日本がいくら尽くしてこようが、向こうの顔を立ててやる必要はない」という発想に転換した。ところが日本(の保守)は、冷戦終結を自分たちの勝利のごとく錯覚し、「構造改革」や「グローバル化」の名のもと、あらゆる分野における対米従属の徹底、つまり経世済民の放棄へと邁進した。

左翼・リベラルは、反米的な傾向が強いにもかかわらず、これを阻止することができませんでした。もとより対米従属は、わが国の経路としてすっかり確立されているわけですが、問題はそれだけにとどまらない。

戦後日本型の平和主義に従うかぎり、安全保障はおろか、経済的繁栄も達成できないのです。「貧国無兵」を(おそらく、そうと自覚もせずに)理想とした報いというべきか、左翼・リベラルは経世済民を達成するための有効な方法論を持っていません。

この点が目立たなかったのは、すでに見たように、保守が政権を担い、かつ一九八〇年代までは繁栄を達成してきたおかげです。経世済民をめぐる保守の方法論が機能しなくなったら最後、左翼・リベラルも困ってしまうのです。

平和主義を信奉したまま、「対米自立による富国強兵」路線を実践できるはずがない。かと言って、貧国無兵は論外です。わが国では一九九〇年代と二〇〇〇年代に一回ずつ、自民党が下野する政権交代が生じましたが、どちらも不評のうちに短期間で終わったのは偶然ではありません。

また対米従属の徹底にしたところで、（2）と（5）で見たように、自国政府への不信の産物という性格を持つ。その意味で左翼・リベラルにとっても、「対米自立と富国強兵」路線よりはマシです。

つまりわが国では、左右を問わず、経世済民のために取るべき路線だけは取らないという暗黙の合意が成立しているのです！

日本はこのまま没落一途か？

冷戦終結の直前、わが国では元号が「昭和」から「平成」に変わりました。以後の三十年は、低迷と衰退の時代だったと評しても過言ではありません。

対米従属が強まる中、多くの国民はだんだん貧しくなってゆきます。厚生労働省が二〇一七年に発表した「平成28年　国民生活基礎調査の概況」によれば、一世帯当たりの平均所得は、一九九四年から二〇一五年の間に百二十万円近くも減少しました。一人当たりのＧＤＰは、二〇〇〇年代にシンガポールに抜かれましたし、二〇一〇年代に入ると、国全体のＧＤＰでも中国に抜かれます。

他方、少子化は着実に進行、近年では年間の新生児数が百万人を割り込んでいます。出生数が死亡数より少なければ、人口は自然に減少しますが、こちらは二〇〇〇年代半ばから十年以上にわたって継続。(1) 初婚年齢は上がりつづけ、生涯独身の人も増える中、「女性の社会進出」、つまり家庭よりも仕事を優先させる傾向の促進が謳われるなど、家の解体も止まりません。

「限界集落」(住民の過半数が六十五歳以上のため、冠婚葬祭などの社会的共同生活が維持できなくなっている集落)という言葉も、すっかりなじみ深くなりました。最近では、「消滅可能性都市」(少子化や人口流出が止まらず、存続できなくなる都市)という言葉まで提起されています。全国の市区町村のうち、じつに約半数が該当するとのこと。

そして中国の覇権志向の高まりと、北朝鮮の核開発に伴う朝鮮半島情勢の変動は、わが国がアジアの国際関係において、「蚊帳の外」、すなわち二次的な存在にすぎなくなっていることを浮き彫りにしつつあります。(2) 要するに日本は、すべての面において、経世済民に失敗しているのです!

「いくら何でもひどいじゃないか。このまま没落するだけで、救いが全然ないみたいに聞こえるが?」

こう言いたくなった方もいるでしょう。自然な反応です。で、答えは次のようになります。未来がどうなるかは、本当のところ、フタを開けてみなければ分かりません。よって日本がこのまま没落するだけで、救いなどないと言い切ることはできません。ただし「従属徹底による弱兵大国」路線という、現在の経路を取り続けるかぎり、没落一途の恐れが強いことも事実です。

「従属徹底による弱兵大国」路線、あるいはその原型たる「対米従属による富国弱兵路線」は、戦後日本型の平和主義と、経世済民の達成とを両立させようとして生まれました。平和主義の根底には、自国政府への強い不信がありますから、「政府不信と経世済民の両立をめざした結果のもの」と形容してもいいでしょう。

ここに最初から無理がひそんでいます。経世済民とは、国全体の存立と繁栄をめぐる事柄。国の行政を担当するのは政府ですから、政府不信のもとで経世済民が達成できるはずはありません。

「政府不信と経世済民の両立」は、「経世済民の肯定と否定の両立」と言うにひとしいのです。しかし同じ事柄について、肯定しつつ否定するのでは身動きが取れない。

それもあって保守は、自国政府への不信を「アメリカへの信頼」へとひっくり返したのです。こうしておけば、あとは「アメリカは日本の経世済民が実現されることを、自国の経世済民と同じくらい真摯《しんし》に願っている」という前提を導入するだけで、経世済民の否定を排除できる。

第三章に登場した子爵夫人・鳥尾鶴代の言葉にならえば、こんなところでしょう。

アメリカは日本政府の持っていないものを全部持っていた。それは太平洋戦争の勝者、敗者という立場とは別のものだった。私と日本政府との仲は、すっかり離れていて、その分だけ反比例して私とアメリカの仲は深まった。(3)

戦後は良い時代ではなかった

「アメリカは日本の経世済民が実現されることを、自国の経世済民と同じくらい真摯に願っている」というのは、日本側が自分の都合に合わせて抱いた幻想にすぎません。冷戦期には、表向きそのように見えることもあったわけですが、向こうは自国の経世済民のほうが、日本の経世済民より重要に決まっています。ついでに冷戦は、もう三十年近く前に終結したとくる。

ところが政府不信を脱却できていない以上、保守はこの点に直面できません。そんなことをしたら、経世済民をめぐる方法論が崩れてしまうのです。こうして「日米の利益は一致しており、両国は百パーセント共にある」というタテマエにしがみつき、国益を損なってでも尽くし続ける次第。

本書冒頭の言葉を思い出して下さい。そこで私は、世の中には「多少の問題があっても、結局は物事がうまく行く」時期と、「問題がどんどん深刻化し、物事がさっぱりうまく行かない」時期があると述べました。

前者は経世済民の方法論がちゃんと機能し、国が望ましい経路をたどっている時期と規定できます。逆に経世済民の方法論が機能しないせいで、いくら頑張ってもダメ、あるいは頑張れば頑張るほどダメという、低迷と衰退の経路をたどってしまうのが後者。

戦後という時代は、その本質において、どちらに属していると見るべきでしょうか？

ピンポーン！　じつは「問題がどんどん深刻化し、物事がさっぱりうまく行かない」時代だったのです。政府不信のもとで、経世済民を達成しようというのですから、本来なら成功しないのが当たり前。

わが国の保守は、一九五〇年から一九九〇年までの間、平和主義を隠し球とした対米従属という手法によって、これを「多少の問題があっても、結局は物事がうまく行く」状態に切り替えました。そのおかげで、わが国は世界的な経済大国の座へと、いったん上り詰めます。

戦後保守のあり方が、多分に売国的なのは事実です。だからといって、軽々しく非難することはできません。白洲次郎の言葉を借りれば、わが国は本来、完全無力国家となるはずだったのです。その運命を回避し、世界的な経済大国にまで押し上げる経路をつくった功績は、正当に評価されるべきでしょう。

ただしこの手法は、「冷戦を基盤とする日米の一体性」を前提とします。一九九〇年代以後は、これが崩れてしまったのですから、経世済民を維持できるはずがない。

こうして戦後は、「問題がどんどん深刻化し、物事がさっぱりうまく行かない」時代としての正体を現します。

平成の三十年間とは、くだんの現実にたいし、すでに機能しなくなった「従属徹底による弱兵大国」路線で対処しようとしてきた過程にほかなりません。だからこそ、さまざまな問題に賢く対処しようとすればするほど、とんでもない愚行が繰り広げられることになるのです。

主流派エリート、言葉にすがる！

政府への不信を脱却し、本来の形における愛国心やナショナリズムを復活させる以外、没落の経路から抜け出す方法がないのは明らかでしょう。自国政府のあり方をめぐる認識枠組みを転換しなければならないのですが、ここにさらなる落とし穴が待っている。

対米従属による富国路線が、経世済民の方法論として正しいものでありえたのは、「冷戦を基盤とする日米の一体性」という特定の状況においてのこと。しかるに主流派のエリートと呼ばれる人々の大部分は、特定の状況における限定的な正しさと、普遍的な正しさの区別がつきません。

なにせ彼らは、社会の支配的な認識枠組みに疑いを持たず、その中で自己の利益を最大化することに長けていたからこそ、主流派のエリートになれたのです！(4)

したがって主流派のエリートは、対米従属による富国路線について、普遍的に正しい（＝状況の変化による影響を受けない）ものと見なしやすい。ならば、この路線が経世済民の方法論として正しくなくなったことを受け入れるのは無理。

まさに「賢いほどのバカはなし」ですが、経世済民がうまく行っていないことは、後になればなるほど否定できなくなってきます。さあ、彼らはどう出るか？

第五章で登場した福田恆存は、これについても鋭い指摘をしています。エッセイ「才能を尊重せよ」から、該当箇所をご紹介しましょう。

私たちは、仕事がうまく行かないと、まずその理由を考える。言いかえれば、言葉を見つけようとする。自分の理想と現実との間の隙間を埋めることのできる言葉を見つけようとする。もちろん、言葉で埋めるより、実行で埋めたほうがいいに決まっている。その方が解決が早い。しかし、隙間が実行で埋められないほど大きな場合は、とにかく言葉にすがる。（中略）ところが、それらは理想と現実との隙間を埋めるための道具ではあるが、理想の側から一方的に、理想の温存に都合のいいようにもっぱら現実を処理するために、用いられる。(5)

「理想と現実との間の隙間を埋めることのできる言葉」とは、「物事がなぜうまく行かないのかを、うまく説明してくれる言葉」と置き換えられます。

問題は「うまく説明してくれる」が、具体的に何を意味するかです。物事がうまく行くことこそ、本来の目的だったはずですから、普通に考えれば、これは「うまく行かない原因、あるいは構造について、的確に分析できる」という意味になる。

だったら、そのような言葉、ないし説明が見つかった後は実行あるのみのはず。理想と現実のギャップは「言葉で埋めるより、実行で埋めたほうがいいに決まっている」のです。

ところが物事があまりにうまく行かないせいで、「どうせダメだ」という絶望感に内心、とらわれている場合はどうなるか。あるいは的確な分析によって導き出された、理想と現実のギャップを埋めるための行動が、受け入れがたいものだったらどうなるか。

そうです。「うまく説明してくれる」の意味が変わるのです。新しい意味は以下の通り。

（1）「物事は目下、うまく行っていないものの、現在の路線をさらに邁進すれば、いずれ理想に到達するはずだ」という安心感、ないし元気を、論理的な根拠がないにもかかわらず与えてくれる。(6)

（2）「物事は目下、うまく行っていないものの、それは仕方のない要因が作用しているせいである。この点を勘案すれば、現状も〈悪条件の割にはうまく行っている〉と見なされるべきだ」という合理化・正当化を可能にしてくれる。

前者は口先、うわべだけの大言壮語です。他方、後者は言い訳。

が、もたらす効果は変わりません。理想と現実の間に、実行では埋められないギャップがあるという事実を覆い隠すのです。

福田恆存が、この手の言葉について「理想の温存に都合のいいように」現実を処理すると評したのも納得のゆく話ではありませんか。「今のやり方でも、物事はいずれうまく行く（あるいは、今でも本当はうまく行っている）と信じ込めるように」処理する、そう言えばいっそう的確でしょう。

現実逃避の行き着く果て

だとしても、口先の大言壮語と言い訳で現実を本当に処理できるはずがない。ここで言う「現実を処理する」とは、「何も処理できていないくせに、処理できたような気分になる」こと、つまり現実逃避を意味しているのです。

結果はどうなるか?

そこに危険がある。その言葉さえ見つけられれば、隙間が埋ったような錯覚を抱くことだ。そこまで行かないにしても、たとえその隙間が埋らなくても、見つけた言葉を頻繁に用いることによって、隙間の埋らぬ腹いせができるということ、そのために実際に隙間を埋めようとする意欲も実行力も、次第に失われていくということ、そういう可能性は大いにある。(7)

具体的に言い直しましょう。わが国がいかに低迷・衰退していようと、「構造改革やグローバル化を徹底すれば日本は復活する」などの口先や、「改革が思ったほど進まないのは、既得権益にこだわる抵抗勢力が邪魔をするうえ、マスコミが政権の足を引っ張ってばかりいるためだが、その割には成果が挙がっている」などの言い訳を並べ立てていれば、なんとなく経世済民が達成されたようなつもりになれる。そこまで行かなくとも、経世済民が達成されないことについて溜飲が下がる可能性は高い。

そのせいで、積極財政によってデフレ脱却を図ったり、対米従属から脱却し、富国強兵路線を取ったりする意志が（いよいよもって）消滅してしまうわけです。しかも悪いことに、話はここで終わりません。

さらに、もう一つ危険がある。なるほど言葉そのものに隙間を埋める力はないが、それが、向う岸の現実を説明し位置づけててくれさえすれば、それを目安にして、隙間を埋める実行計画ができるわけだし、それが元来の言葉の役割でもあるが、困ったことに、一度そういう目安としてある言葉が固定してしまうと、そのあとで、現実がどう変わろうと、また隙間がどう変わろうと、固定した言葉にとらわれて肝心の現実が見えなくなってしまうのだ。(8)

ふたたび具体的に行きます。「アメリカは日本の経世済民が実現されることを、自国の経世済民と同じくらい真摯に願っており、ゆえに日米は百パーセント共にある」といった言葉（これも口先の一種です）は、現在の日本の主流派エリートの間で、かなり固定、すなわち定着している。

するとと対米従属によって、いかに日本の国益が損なわれ、経世済民に支障が出ようと、あるいは外交でいかに「蚊帳の外」扱いを受けようと、「アメリカと日本は一体でも何でもなく、向こうは自国の国益を優先するに決まっている」という現実が見えなくなってしまうのです。固定した言葉、ないし口先にとらわれるからです。

福田恆存が指摘した危険は、しごく当たり前の話にすぎません。現実逃避を続けていると、現実に立ち向かう気力がなくなり、ひいては現実をまともに認識できなくなる、それだけのことです。

ところが既存の方法論、ひいては認識枠組みが通用しなくなる時期においては、「賢い」と見なされる人々まで、いや、しばしばそのような人々ほど、口先と言い訳にすがって現実逃避を図ります。(9)

しかも当該の逃避は、主観的には「現実に賢く対処する」ために行われる。

言っては何ですが、賢い者から順番にバカになるのです！

論理崩壊とゴマカシの始まり

現実逃避の二本柱たる口先と言い訳は、表裏一体というか、互いに相手を促進しあう特徴を持ちます。

口先にすぎない政策を、どれだけ実行したところで、物事がうまく行くようになるわけがない。とはいえ「現在の路線をさらに邁進すれば、いずれ理想に到達する（＝物事がうまく行く）はずだ」という安心感、ないし元気を与えるのが、口先の口先たるゆえん。

このため「あの安心感は何だったんだ？」「あの元気はどうなったんだ！」という反発がどうしても生じる。「到達するはずの理想に到達できないのはなぜか」をめぐる言い訳が必要になるのです。

だが言い訳ばかり並べていては、いかんせんみっともない。主流派エリートの面目にかけても、「今度こそは理想に到達するはずだ」という、新しい安心感、ないし元気を提供しなければなりません。

さらなる口先の大言壮語が必要になる次第。あとは繰り返しです。

しかし、現実は厳しい。口先や言い訳の繰り返しで、物事がどうにかなることはありません。この循環が続くかぎり、物事は悪くなってゆくに決まっています。

あとになればなるほど、口先も言い訳も苦しくならざるをえない。ツジツマの合わない点や、過去の言動と整合性を持たない点が増えてくるのです。(10)

早い話が論理崩壊。さあ、どうする？

これではダメだと観念して現実を直視、新しい認識枠組みや方法論を模索する。そうお答えしたいところです。けれども、そんなことができるくらいなら、口先と言い訳の循環になど陥りません。

また論理崩壊が目立ってくるころには、当の循環自体が、経路としてできあがっている場合が多い。経路が依存性を伴うのは、何度も見てきたとおり。

しかも主流派エリートにとって、現在の支配的な認識枠組みは絶対です。それを否定したら最後、自己の利益を最大化するどころか、自己を全否定するハメにもなりかねません。(11)

かくして、「実際には論理が崩壊しているのに、崩壊していないようなふりをする」というゴマカシが始まります。口先と言い訳の循環を維持するための口先と言い訳が始まる、そう表現してもいいでしょう。

ゴマカシの基本形は、以下の二つです。

（口先型）物事の悪化が進み、危機的状況にあるため、論理的なツジツマや過去の言動との整合性にこだわっていられないのだと主張する。(12)**状況が打開できたら、ちゃんとケジメをつけるという約束がなされる場合もあるが、どのみち打開できないため守られることはない。**

（言い訳型）自分は論理的なツジツマが合っていないと思わないので、ツジツマは合っているはずだと強弁する。過去の言動との整合性についても同様の論法が使われるが、「自分の言動は誤解された形で受け取られていたのであり、本当は整合性を持っている」と言い張る場合もある。

今の日本は「自滅の空回り」だ

どちらの振る舞いにも、開き直りの要素が入ってきたのはお分かりでしょう。口先に口先を重ねたり、言い訳について言い訳しているのですから、無理からぬところです。

しかるに開き直りの発想を突き詰めれば、そもそも言い訳をしなくてもいいことになる。よって上記の態度は、「何事もなかったようにケロッとして、新しい口先の大言壮語を並べる」ことに行き着きます。(13)

ゴマカシに頼るのは、矛盾を追及されてから。追及されたこと自体に腹を立て、感情的に反発することも起こります。論理が崩壊しているのですから、遅かれ早かれ感情が抑えられなくなって当然なのですが、開き直りにヒステリーが追加されるわけです。(14)

さあ、「口先と言い訳の繰り返しのあげく、論理崩壊をきたした主流派エリート」の行動パターンが浮かび上がりました。

(1) 現状に関する危機感を煽ったうえで、「危機を乗り越え、経世済民を達成するための切り札」として、口先の大言壮語を持ち出す。(15)
(2) そんなものに基づいた政策が、思い通りの成果を挙げるはずはないものの、この点は頑として認めない。
(3) 失敗がどうにも隠せなくなったときは、危機など最初から存在しなかったようにケロッとしてみせる。
(4) 適当な間隔を置いて、また危機感を煽り、新しい口先の大言壮語を持ち出す。
(5) 批判を受けたら開き直るか、感情的に反発することで切り抜ける。

まったくの空回り。このパターンを続けていれば、いずれ必ず自分の首を絞めることになりますので、「自滅の空回り」と呼ぶことにします。

平成、とくに二十一世紀に入ってからのわが国の政治は、現実逃避に始まり、「自滅の空回り」へとエスカレートしていったと評さねばなりません。エスカレーションをもたらしたのは、二〇〇〇年代末から二〇一〇年代はじめにかけて起きた一連の出来事だったように見受けられます。

二〇〇八年に起きたリーマン・ショックは、一九九〇年代末から始まっていたデフレ不況を悪化させました。二〇〇九年には民主党に政権が交代しますが、これもみごとに失敗、国民を失望させます。そして二〇一一年には東日本大震災が発生、福島第一原発の重大事故もあって、国のあり方に関する危機感が一気に高まりました。

二〇一〇年代の訪れと相前後して、わが国では国家規模の論理崩壊が起きた恐れが強いのです。おまけにその時点で、「口先と言い訳」の経路は、二十一世紀に入って始まったとしても約十年、平成になった段階で始まっていたとすれば、二十年あまりも続いてきた計算になる。

現在の政治が「自滅の空回り」の様相を呈しているとしても、安倍晋三総理はじめ、為政者を責めるのは酷と言うものでしょう。認識枠組みを切り替え、富国強兵路線を取る覚悟がないかぎり、現在の日本で政権を担ったら最後、誰でもそうなるほかはないのです!

空回りのルーツをさぐる

「自滅の空回り」は、主流派エリート、ないし保守政権の側で目立ちます。ただしそれは、左翼・リベラルがこのような空回りと無縁であることを意味しません。だいたい学界やマスコミでは、左翼・リベラルのほうが主流派なのです。

ついでに「自滅の空回り」の原点は、物事がうまく行かず、結果を出せない状態があまりに長く続くこと。けれども結果を出せないことにかけては、保守より左翼・リベラルのほうが、本家というか、一枚上と評さねばなりません。敗戦から七十年あまり、一部の例外的な時期を除けば、彼らは政権を獲得できず、野党勢力にとどまってきたのです。

ずばり言ってしまいましょう。「自滅の空回り」は、もともと左翼・リベラルのお家芸でした。福田恆存も、一九六〇年の「進歩主義の自己欺瞞」という評論で、この点を以下のように指摘します。

今日まで彼らが行ってきた（注：政府にたいする）抵抗運動の特徴だが、いちいち例を挙げるのが煩《わずらわ》しいほど、その度ごとに、これに失敗すれば何もかもご破算だという絶望的な身振りをともなって繰り返されてきた。（中略）が、戦術とすれば、これほどまずい戦術はない。なぜなら、きわめて少数の例外を除いて、それらの抵抗は失敗に終わったからだ。(16)

「絶望的な身振り」が、先に挙げた「自滅の空回り」パターンの（1）に該当するのは明らかでしょう。現状にたいする危機感を煽ったうえで、政権打倒など、口先の大言壮語を並べてみせたわけです。

ところが、運動は失敗してしまう。物事はさっぱりうまく行きません。日本は何もかもご破算、お先真っ暗のはず。左翼・リベラルはどう出るか？

（絶望していたはずのくせに）時期が過ぎれば、なんのことはない、忘れたようにけろりとしている。その点だけは、彼らの姿勢はつねに前向きであった、次の絶望に備えて。が、無視できないことは、そのたびに善意の同調者（注：一般の支持者）を失望させ、彼らの絶望に反動政治も及ばぬ濁った「戦術」の色を漂わせてきたことだ。(17)

パターンの（3）と（4）を、きっちり実践するのです。ならば批判を受けたら最後、開き直るか、感情的に反発することも疑いえない。

このような態度が、左翼・リベラルの振る舞いに「反動政治も及ばぬ濁った『戦術』の色を漂わせてきた」とは、どういう意味か。まず「反動政治」は、「保守が政権を担う政治」を否定的に表現した言葉です。

進歩主義の発想では、世の中のあり方を変えれば変えるほど、物事は良くなってゆく。つまり進歩するのです。したがって、世の中のあり方をなるべく変えまいとする保守は、進歩という正しい動きに反した振る舞いをしていることになる。進歩に反する動きをする、だから「反動」という理屈。

正しい動きに反している以上、反動政治には利権、密談、策謀といった後ろ暗い特徴がつきまとうはずでしょう。権力を維持するためなら汚い手も使うし、平気でウソもつく政治ということです。

左翼・リベラルは、そんな反動政治にたいし、民主主義や平和主義の命運がかかった抵抗運動を行うなどと叫びながら、実際には負けてばかりいる。にもかかわらず、しばらくすると何事もなかったようにケロッとしたあげく、また別の案件について、民主主義や平和主義の命運がかかった抵抗運動を行うと叫び出す。

これでは早晩、「あんたらが掲げる『民主主義や平和主義の命運』って何なんだ?」という声が上がるのは避けられません。「反動政治に抵抗する正義派」のイメージを維持しようと、その場その場で、口先の大言壮語を並べているのはミエミエだからです。

左翼と保守の濁り比べ

反動政治は、後ろ暗い特徴があろうがなかろうが、一九九〇年ぐらいまでは結果を出していました。日本を豊かにして、経世済民を達成してきたのです。

ひきかえ左翼・リベラルによる「民主主義や平和主義の命運がかかった抵抗運動」は、きわめて少数の例外を除いて失敗に終わっています。普通に考えれば、絶望のあまり首をくくるか、せめて自分のふがいなさを根本から恥じ入るべきところ。にもかかわらず頬かむりしたまま、新しい口先の大言壮語を並べ出す。

インチキぶりがここまでひどいからには、裏で汚い手も使っているのではないか?

そう思われても仕方ないでしょう。となると、なまじ正義派ぶっているぶん、左翼・リベラルのイメージのほうが悪くなります。

こうして「反動政治も及ばぬ濁った『戦術』の色」が、当の反動政治に対抗しているはずの勢力に漂い出す。つまりは「過去の言動とのツジツマなどお構いなしに、その場の都合でキレイゴトを並べ立て、まずくなったらゴマカシ一途」という印象が生まれてしまうのです。

「ちょっと待ってくれ。その場の都合でキレイゴトを並べ立て、まずくなったらゴマカシ一途って、今の政権のあり方、とくに改革を進めようとするときや、不祥事が起きたときの姿勢とよく似ていないか？」

ピンポーン！　二〇一〇年代、保守は左翼・リベラルのお家芸だった「自滅の空回り」を取り入れたのです。(18)

無理からぬ話と言わねばなりません。一九九〇年代以来、自民党政権は経世済民について結果を出せないまま、「口先と言い訳」の経路を進んできました。

二〇〇九年には民主党政権の誕生によって、三年ほど野党に転落する始末。政権に返り咲いたあとも、経世済民の方法論が機能しないのは変わりません。これでは空回りに走るほかないでしょう。

ところが保守は、結果を出すべき存在と見なされている。国を豊かにし、経世済民を達成してくれると思えばこそ、国民は政権を託してきたのです。

また左翼・リベラルは、大言壮語すると言っても、せいぜい「民主主義を守る」「平和憲法を守る」

ぐらいのもの。しかるに保守となると、「危機突破」はもとより、「米国とともに、新しい経済圏をつくります」「まっすぐ、景気回復」「私の『第三の矢』（注：規制緩和重視の成長戦略）は日本経済の悪魔を倒す」「経済で、結果を出す」「アメリカと日本が手を取り合って、もっとずっと素晴らしい世界をつくる」など、とかく大風呂敷を広げてしまう。(19)

あまつさえ、往年の「反動政治」を受け継いでいるせいもあって、保守政治には利権、密談、策謀といったイメージがつきまといます。(20)

そのうえで大風呂敷を広げたあげく、肝心の結果が出せないとくるのですから、今度は保守のイメージが悪くなる。左翼・リベラルの抵抗運動には、反動政治をしのぐ濁った色が漂っていたわけですが、それすらしのぐ濁った色が漂いだすのです。

断っておけば、「結果が出せない」とは、今の政権が何の成果や実績も挙げていないということではありません。多少は挙げているに決まっています。

かつての左翼・リベラルの抵抗運動だって、「きわめて少数の例外を除いて」失敗したと指摘されているではありませんか。裏を返せば、いくつかは成功例もあったのです。

問題は、それらの成果や実績が、「経世済民を達成できている」と評するに足りるものかどうか。具体的に言うなら、長期にわたって続いている経済的低迷を脱却し、変動する国際情勢の中で、自国の存立基盤を確保していると見なしてよいか。

こうなると、不十分と評価せざるをえないでしょう。安倍総理自身、政権に返り咲いて五年近くたった時点で、わが国が「新しい経済圏」や「もっとずっと素晴らしい世界」をつくるどころか、「国難」に陥っていると認めています。(21)

結果は出ていないのです。福田恆存なら、こう喝破するのではないでしょうか。

最近の自民党政権が目玉政策、とくに改革がらみの政策を打ち出すときの特徴だが、いちいち例を挙げるのが煩しいほど、その度ごとに「この政策が実現しなければ日本は世界から落ちこぼれ、何もかもご破算になるものの、実現すればみごとに復活する」という、絶望まじりの大言壮語をともなって繰り返されてきた。が、支持を得るための戦術とすれば、これほどまずい戦術はない。なぜなら一九九〇年代以来、とくに二十一世紀に入ってから、日本は衰退を続けているからだ。

(為政者たちは)時期がすぎれば、なんのことはない、忘れたようにけろりとしている。その点だけは、彼らの姿勢はつねに前向きであった、次の絶望まじりの大言壮語に備えて。が、無視できないことは、そのたびに支持者を失望させ、彼らの絶望まじりの大言壮語に、左翼・リベラルの抵抗運動も及ばぬ濁った「戦術」の色を漂わせてきたことだ。

失望した支持者たちの選択

左翼・リベラルのお家芸だった「自滅の空回り」を保守が取り込み、結果として向こうよりもいっそう濁ったこと自体は、驚くにあたりません。

保守（主義）の本質とは、「世の中のあり方をなるべく変えないことこそ、経世済民を達成するカギだ」と考えること。なのに近年の保守は、経世済民のためと称して、抜本的な改革を次々と進めたがる。

「世の中は変えれば変えるほど良くなる（はずだ）」と構える点で、これは純然たる左翼思想です。(22)他方、第一章でお話ししたとおり、社会の革新を率先して担おうとする使命感、ないし幻想を抱いた人々は、しばしば自分たちのことを「前衛」と位置づけました。(23)

今の保守は、その意味で「保守前衛」と呼ばれるべきものです。逆に左翼・リベラルは、保守が進める改革に反対しますので、「左翼反動」と呼ぶのが適切でしょう。

どちらも根本的なところで自己矛盾に陥っているのですが、これは保守が左翼よりも左翼的になったことを意味します。向こうのお家芸を取り込み、いっそう発展させたのも当たり前と言わねばなりません。(24)

しかるに保守の空回りに失望した「善意の同調者」、すなわち一般の支持者はどう反応するか？

福田恆存が指摘した、往年の左翼・リベラルにたいする幻滅のケースなら、話はさほどこじれません。「こりゃダメだ。反動政治より、なお悪い！」となったところで、保守支持に転向するか、政治に関心をなくせばすみます。

理由は簡単、そのころは保守が経世済民について結果を出してくれたのです。ゆえに幻滅した同調者も、「左翼・リベラルを支持できなくなった自分」について、内面で折り合いさえつけられれば、あとは繁栄を享受できる。

抵抗運動から離れたり、左翼・リベラルへの支持や期待を捨てたりすることは、「挫折」と呼ばれました。「ザセツ」とカタカナで表記される場合もあったようですが、ポイントはこれが「経世済民をめぐる挫折」を意味しなかったこと。

「保守＝現地妻、左翼・リベラル＝シングルマザー」という例の図式にしたがえば、せいぜい「シングルマザーとしての自立をあきらめて、現地妻とシェアハウスで同居、向こうのガイジン旦那（＝アメリカ）の世話になることを受け入れる」程度の話。(25) 問題の旦那は、シングルマザーの昔の男でもあるので、気持ちとしては割り切れないものが残るかも知れません。

とはいえ現地妻のおかげで、シェアハウスはどんどん立派になり、新しい家具も入ったりするのです。「イヤだけど、子供（＝戦後民主主義）のためだから仕方ないわ」くらいに割り切れば、我慢できないこともないでしょう。

現在の保守支持者の場合、そうは行きません。左翼・リベラル支持に転向したり、政治に関心をなくしたりしたところで、経世済民について結果は出ない。

こちらの挫折は、ずっと深刻な意味合いを持っています。保守の空回りぶりに失望した支持者に残された選択は、以下のどちらかになるからです。

(1)保守にたいする支持や期待を捨てるだけでなく、経世済民の達成についてもあきらめる。要するに、日本の未来に関して挫折する。(26)

(2)保守が結果を出せずに空回りしているという現実を受け入れず、とことん添い遂げる。要するに、政権による現実逃避や開き直り、感情的反発に同調しつづける。

どちらに転んでもロクな結果にならないって？

その通りです。ただしそれは、距離を置いて客観的に見ればの話。支持者の視点に立って考えねばなりません。

すると、(2)のほうが魅力的だと分かるでしょう。「自滅の空回り」という現実を否認するのですから、挫折も起きていないことになるのです。ここで言う「否認」とは、客観的には受け入れるしかない事実について、かたくなに受け入れようとしないこと。

主観と客観で、認識にズレがあるのが「否定」との違いです。「この政策は、成果を挙げていないことが数字に表れているので失敗だ」と言えば否定ですが、「この政策は、数字を見るかぎり成果を挙げていないが、見えないところで成果を挙げている気がするし、政策の必要性を説く総理の表情がいい。だから失敗のように見えても、成功と考えるべきだ」と言えば否認になります。

否認と添い遂げ、または安倍内閣はなぜ強いか

現実を否認したところで、経世済民が達成されるわけではありません。達成されつつあるような錯覚にひたることができるだけ。そんな錯覚にひたっていれば、経世済民を達成しようとする意欲や能力が失われ、ひいては現実が的確に認識できなくなってしまうのも、すでにお話ししました。

とはいえ(1)を選べば、待っているのは日本の未来に関する挫折です。白洲次郎の言葉をもじれば、さしずめ「完全無力感」。(27)

ついでに(2)は、経世済民が達成されていないという現実の否認を伴うため、自分たちが錯覚にひたっているだけだと自覚せずにすみます。そのうえ現実が的確に認識できなくなってゆくのですから、どうにも否認できない決定的な破局でも訪れないかぎり、錯覚が崩壊することはありません。主観的には、こちらを選んだほうが幸せなのです。

しかも一九八〇年代以後、わけても冷戦終結後の保守は、日米が一体ではないことを否認し、「構造改革」や「グローバル化」の名のもと、ひたすらアメリカに添い遂げる(=従属を深める)道を選んできた。

「口先と言い訳」の経路は、取りも直さず、国家レベルにおける「否認と添い遂げ」の経路でもあっ

たのです。そんな保守政権を支持してきたのですから、経路依存性の原則に照らしても、多くの人は（2）を選ぶと見るべきでしょう。

こうして政権が「自滅の空回り」を続ければ続けるほど、支持者がその大言壮語を熱心に信じたうえ、言い訳や開き直り、さらには感情的反発に走ってでも擁護する、という構図ができあがる。くだんの姿勢が一番目立つのが、ネットで右翼的な主張を展開したがる人々、いわゆるネトウヨです。もっとも保守支持者でなければ、「否認と添い遂げ」と無縁ですむことにはなりません。「自滅の空回り」は、もともと左翼・リベラルのお家芸だったのです。

戦後七十年あまり、彼らがたどってきた経路は、「自分たちに経世済民の方法論がないことを否認し、戦後民主主義、ないし戦後日本型の平和主義とひたすら添い遂げる」というものにほかならない。よって、左翼・リベラルを支持する人々も、ネトウヨと同じ行動パターンに陥るのは避けがたくなります。

のみならず、政治に関心の薄い人々にとってすら、「否認と添い遂げ」は他人事でなくなってきます。

古代中国の逸話「鼓腹撃壌《こふくげきじょう》」(28)ではありませんが、人々が政治に無関心でいられるのは、経世済民が達成されているとき。結果の出せない状態が続けば、心配になってくるのが人情です。では、どうするか。用意された選択肢は、次の二つです。

（1）保守、つまり現政権（ないし現内閣）が、いずれ結果を出すことを期待する。(29)
（2）左翼・リベラル、つまり現在の野党勢力が、現政権（ないし現内閣）を倒して、代わりに結果を出すことを期待する。

どちらの側の「否認と添い遂げ」に肩入れするかの選択です。しかるに平和主義にこだわるあまり「貧国無兵」にたどりついてしまうのが、左翼・リベラルの宿命。第一章で紹介した山口二郎の言葉どおり、彼らは「平和を守りつつ、積極財政をやって雇用の確保をするという議論」を、戦後七十年あまり、ちゃんとやらずに来ています。(30)

他方、保守は政権を担った期間も長ければ、結果を出した時期もある。同じ「否認と添い遂げ」なら、こちら側に肩入れしようと考えるのが、妥当な判断でしょう。

「肩入れ」には、「保守政権がいずれ結果を出すだろうから、政治にたいして無関心なままでいい」と割り切ることも含まれます。そのような人々は、保守と左翼のどちらに関しても、普段は積極的に支持しませんが、いざという時には保守の側につく。総合シンクタンク「中部圏社会経済研究所」のチームリーダー・島澤諭は、いわゆる無党派層について「普段は特定の決まった政党を支持している訳ではないものの、選挙に際しては、何らかの理由により、ある政党、現在の文脈で言えば、自民党に投票することになる」と指摘しています。(31)

二〇一二年末に誕生した、安倍内閣（第二次以降）の強さの秘密も、じつはここにある。

内政においても外交においても、この内閣は満足な結果を出せているとは言えません。くわえて閣僚の不適切な言動や、行政機構による公文書の破棄・改ざん、国会での虚偽答弁の疑いなど、退陣に追い込まれてもおかしくない不祥事を多々抱えています。

にもかかわらず、二〇一七年までのところ、安倍内閣は国政選挙に勝ち続けています。不祥事が顕在化し、野党やマスコミによる批判が高まったときでも、内閣支持率は意外に落ちません。

ジャーナリストの田原総一朗は、二〇一八年五月二十六日、この点についてブログにこう書きました。

もはや安倍内閣は、問題と矛盾ばかりだ。当然、内閣支持率は落ちるだろう、と僕は考えていた。ところが違った。(五月)十四日の共同通信の調査で、なんと、安倍内閣の支持率は、落ちるどころか、37%から38.9%に上がっているのだ。日経新聞の調査でも、支持率43%と高いままだ。これは、非常に大きな問題だと僕は考えている。

それでもなぜ国民は、安倍内閣を支持するのか。僕の長いジャーナリスト人生でも、これだけ問題山積みの内閣が、支持率を下げるどころか、上げるなんてことは初めてだ。与党も野党もメディアも、この初めての状況に、とまどっている。(32)

とまどうことはありません。現内閣の積極的な支持者はもとより、政治にあまり関心のない国民の少なからぬ部分が、総理に肩入れする形の「否認と添い遂げ」を選んだとすれば、説明は簡単につきます。

それらの人々にとって、安倍内閣は結果を出さなくても構わないのです。大言壮語してさえいれば十分。「結果が出ている」と宣言したら、現実に出ているかどうかとは関係なく、結果が出たと見なしてもらえる、そう言えばもっと的確でしょう。彼らは現実のほうを否認し、大言壮語に添い遂げてくれます。(33)

同じ理由により、それらの人々にとって、安倍内閣は不祥事に責任を取らなくとも構いません。「進退(=辞任)につながる問題とは考えていない」と主張したら、辞任の必要はないと見なしてもらえるのです。「再発防止のために職務をまっとうすることこそ、責任の取り方だと思っている」と主張しても同じこと。彼らは現実のほうを否認し、言い訳や開き直りに添い遂げてくれます。

責任を取ろうとせず、政権を手放さないことが、魅力となっている可能性すらあるでしょう。これは「結果を出せないどころか、問題や矛盾だらけでも、開き直ればどうにかなる」ことを意味します。ならばわが国とて、いかに没落一途でも、開き直って否認しつづければどうにかなるかも知れないではありませんか! 有名な格言にもあるとおり、どんな国(民)も、みずからに見合った政府を持つのです。(34)

開き直りの四つのテクニック

否認が否定と異なるのは、主観的な現実認識と客観的な現実認識との間にズレがあること。否認を続ければ続けるほど、このズレは拡大せざるをえません。

裏を返せば、「否認と添い遂げ」を選んだ者は、ズレの拡大に対応して、否認のレベルをエスカレートさせねばならなくなる。物事がうまく行かず、事態の悪化が止まらない状況下で、「そう認識するのは間違いだ！　物事はうまく行っており（または、これからうまく行くはずであり）、事態は好転している！」と言い張る必要が生じるのです。

むろん現実を客観的に認識しようとする者がいたら、批判・攻撃しなければならない。だとしても、黒を白と強弁するのですから、なかなか大変です。

そのために用いられるテクニックについて、ここで整理しておきましょう。現在、これは保守（の支持者）の側で目立つものの、左翼・リベラル（の支持者）によっても使われます。

前節で述べたように、「否認と添い遂げ」に走りやすい点で、両者に違いはありません。政治家の間でも、以下のテクニックに頼る傾向が強まっていることを付記しておきます。

まず大事なのは、「何が正しくて、何が間違っているかを決めるのは自分だ（＝自分には現実のあり方を決める権利がある）」という態度を取ることです。「結果が出ていると宣言したら、結果が出ていることになる」とか、「進退につながる問題だと自分が考えなければ、それは進退につながる問題ではない」「どのような責任の取り方が正しいかは、責任を取るべき立場にある自分が決めてよい」といった開き直りは、いずれもこれを踏まえて成立します。

ただし現実のあり方を決める権利など、本当は誰にもない。この態度は虚勢にすぎません。よって、その点がバレないように予防線を張っておく必要があります。

自分が一方的に有利になるよう、議論のルールをいじっておくのです。具体的なポイントは四点。

（1）自分の主張は完璧な反証を突きつけられるまで自明に正しく、相手の主張は完璧な証拠が出てこないかぎり自明に間違っていると構える。

いかなる主張であれ、完璧に論証したり、完璧に反駁《はんばく》したりすることは容易ではありません。ですから「完敗しないかぎり自分の勝ち、完勝できなければ相手の負け」であるかのように振る舞えば、相当にデタラメな主張を展開しようと、ボロが出るのを防ぐことができます。

（2）挙証責任は相手にだけあるかのように構える。

自分の主張は自明に正しいのですから、根拠を提示する必要などありません。逆に相手の主張は、完璧な根拠が提示されないかぎり自明に間違っているのですから、それまでは取り合う価値がないはず。

このような形で挙証責任をあげつらえば、あたかも相手が揚げ足取りをしているかのような印象をつくることができます。仕上げに「かくも自明に正しいことに賛成しないとは、なんと愚かなのだろう」という侮蔑の雰囲気を漂わせれば理想的。

（3）自分の主張を批判するのは悪意の表れであり、道義的に間違っているかのように構える。

主張の当否とは無関係に、「自分＝正義、相手＝悪」の図式をつくっておくわけです。こうしておけば、どんなに苦しいものであっても、何か言い訳を思いついたら最後、相手を人格的に批判して構わないことになる。前項で述べた侮蔑の雰囲気と組み合わせれば、鬼に金棒と言えるでしょう。

（4）自分には不誠実な返答（極論やウソを含む）をする権利や、論点をずらす権利、議論を打ち切る権利があるかのように構える。

ここで挙げた三つの振る舞いの根底にあるのは、「現在、問題になっている事柄は（自分が正しいに決まっているので）いちいち論じるまでもない」という前提です。だったら、真面目に議論する必要もないはず。不誠実な返答、極論、ウソ、論点をずらした主張などで話を引き延ばしておいて、「もっと重要な事柄がある、こんな話をいつまでもしている時間はない」と逃げ切りを図るのです。

これらのテクニック、自分を偉そうに見せたいときに便利ですので、みなさんも都合に応じて使われると良いかも知れません。ただし周囲の人々が味方してくれるか、少なくとも黙認してくれることが条件です。

さもないと、「何を傲慢な！」と集中砲火を浴びたり、「あんなに虚勢を張りたがるなんてバカみたい」と笑いものになったりする恐れが強い。それによってこうむる信用の損失は、当然ながら自己責任となります。

政権擁護の切り札はどれか

余談はさておき、前節で整理したテクニックを踏まえて展開される政権（ないし内閣）擁護の主張について、代表的なものを列挙しましょう。

(1) 結果を出せていない（ように見える）のは、政策の実現が道半ばだからである。完全に実現したときには、経世済民が達成される。

(2) いかなる政策にも、コストやデメリット、いわゆる「痛み」が存在する。結果を出せていないように見えるのは、「痛み」にばかり注目するからにすぎない。

(3) 結果を出せていないのは事実だが、これでも良いほうなのである。他党の政権、ないし安倍内閣以外の内閣だったら、事態はもっと悪くなっていたに違いない。

(4) 結果を出せていないと言っても、現政権の路線そのものは正しい。必要なのは、同じ路線に基づく、いっそう強力な政策である。ゆえに、経世済民が達成されていないからこそ、政権をますます

支持しなければならない。

(5) 結果を出せていないのは、何らかの勢力が政権の足を引っ張り、邪魔をしているせいである。当該の勢力を打倒し、葬り去ることができれば、経世済民が達成される。

とはいえ(1)、(2)、(4)は、結果を出せない期間が長くなるにつれて苦しくなります。政策の実現が、いつまでも道半ばというのはおかしいし、コストやデメリットをうんぬんするのであれば、パフォーマンス(成績)やメリットも挙げざるをえなくなる。

両者を比較して、パフォーマンスがコストを、またメリットがデメリットを上回っていなければ、それはダメな政策なのです。「路線そのものは正しいのだから、いっそう強力な政策を取ればいい」とする主張にしても、遅かれ早かれ「いつになったら結果が出るんだ、路線が間違っているんじゃないのか?」とツッコミが入るでしょう。

また(3)は、現実の失敗を「もっとひどい想像上の失敗」で正当化しようと試みるものにすぎません。政治において重要なのは、経世済民について結果を出す、すなわち成功することなのですから、失敗を認めてしまったところで、すでに擁護として破綻している。近年の政府答弁でよく用いられるフレーズにならって、「仮定の話には取り合わない」と片付けられても仕方ありません。

したがって、残るは(5)です。この主張には二つのバージョンが存在します。

第一は「君側《くんそく》の奸《かん》」論。「君側の奸」とは、「主君のそばにいて主君に取り入り、よくないことを考える家臣」（広辞苑）のことです。

閣僚、与党（とくに自民党）、あるいは官僚などに、現政権、ないし現内閣の足を引っ張ろうとして、政策遂行を妨げたり、不祥事を起こしたりする悪いヤツがおり、そのせいで思うように結果が出せないという話。ゆえに当該の「奸」を打倒し、葬り去ることができれば、経世済民が達成されるというわけです。


第二は「敵の策謀」論。こちらでは野党、左翼・リベラル、マスコミ、既得権益にこだわって改革に抵抗する人々などが、現政権、ないし現内閣の足を引っ張ろうとする「敵」と見なされます。(35)それらの勢力が政策遂行を妨げたり、はては政権打倒をめざしたりするせいで、思うように結果が出せないという話。当該の敵を打倒し、葬り去ることができれば、経世済民が達成されることになります。


二つのバージョンのうち、使い勝手がいいのはどちらか？　ハイ、「敵の策謀」論です。

「君側の奸」論は、総理大臣が行政府の長であるという事実からは逃れられません。閣僚や官僚に悪いヤツがいたとしても、その行動を抑え込めなかった責任は、とどのつまり総理に回ってきます。

「悪いのはあくまで個々の官僚や閣僚であって、総理は悪くない」という擁護には、いかんせん無理がある。

しかもわが国の総理は、与党の党首でもあります。(36)党の政治家に悪いヤツがいた場合も、行動を抑え込めなかった責任は、やはり総理に回ってくる。
だいたい与党であれ行政機構であれ、関係者が一人残らず、現政権、ないし現内閣への忠誠に燃えているると期待するほうが非現実的。「君側の奸」など、いて当たり前なのです。そんなことは承知のうえで、いかにみんなを上手に動かすかが、為政者の腕の見せどころではありませんか。

保守は往年の度量を失った

「敵の策謀」論が良いのは、この弱点が存在しないこと。なにぶん相手は敵です。総理大臣はじめ、政権や内閣としても、彼らの行動について責任を負うことはできません。ですから「敵」を適切に設定しさえすれば、ほとんどあらゆることに関し、政権や内閣を擁護することができます。

他方、「敵の策謀」論は、「自分の主張を批判するのは悪意の表れであり、道義的に間違っているかのように構える」という、先に挙げた開き直りのテクニック（3）とも重なり合う。おまけにわが国の野党、および左翼・リベラルは、抵抗運動を得意とすることが示すとおり、政権や内閣を「敵」と見なす傾向が強い。

左翼・リベラルは、「日本に真の民主主義が根づかないのは（＝物事が自分たちの思い通りにならないのは）、悪しき反動政治の策謀のせいだ」という旨を、長年主張してきました。「自滅の空回り」同様、ここでも向こうが先輩なのです。

ならば保守も、自分を「敵」扱いする勢力について、敵と見なして何が悪いという話になるでしょう。現に自民党が誕生当時に発表した文書「党の使命」には、国際共産勢力によるわが国への浸透工作がいよいよ巧妙となりつつあるという、「敵の策謀」論に通じる内容のくだりが見られます。(37)

もっとも、このくだりを見ても分かりますが、往年の保守は「敵」の選び方については慎重でした。日本への浸透工作をもくろんでいる以上、「国際共産勢力」は本質的に国外の存在。国内の共産主義者、ないし社会主義者は、その意味で敵ではありません。

自分たちと対立しているというだけで、同じ国民を「打倒すべき敵」だと言い出したら最後、ただでさえ脆弱なわが国のナショナリズムが、いっそう揺らいでしまう。保守を標榜して政権を担うからには、自分たちを敵視する人々まで含めて、国をまとめあげねばならないのです。

さらに往年の保守は、左翼・リベラルの平和主義を、対米従属に歯止めをかけるための隠し球として利用していました。富国弱兵路線にひそむ弱点について、尻ぬぐいしてもらっていたのですが、これではいかに自分たちを「敵」扱いしようと、左翼・リベラルを単純に打倒の対象と見なすことはできません。

経世済民について、ちゃんと結果が出せているという自信もあったのでしょうが、かつての保守は、「左翼・リベラルから敵扱いされようと、自分たちは左翼・リベラルを敵扱いしない」という度量の大きさを持っていたのです。(38)

けれども現在、保守は経世済民について結果を出せていないし、「政権を担って当たり前」とも言えなくなってきた。一九九〇年代以後、自民党は二回も野党に転落しています。

富国弱兵路線にしたところで、一九八〇年代あたりから「対米従属の徹底による弱兵大国路線」に切り替わりました。よって、平和主義を隠し球として利用する必要もない。

のみならず弱兵大国路線は、「従属徹底」と「愛国心やナショナリズムの強調」の分裂をもたらしました。グローバル化の推進により、分裂はいっそう強まるものの、これは保守の説くナショナリズムが、あるレベルでは揺らぎつつ、まさにそのことによって、別のレベルでは（自閉的に）純化されたことを意味します。(39)

となれば「揺らいでも純化されるのだから、ナショナリズムをもっと揺るがして何が悪い」という話になるでしょう。「敵の策謀」論を打ち出し、同じ国民を打倒の対象と見なすことにたいする歯止めは、いつの間にかすべて消滅したのです！

自民党の総理で、「敵の策謀」論を初めて本格的に活用したのは、二〇〇一年に政権の座についた小泉純一郎でした。自分の内閣の方針に反対する勢力について、ことごとく「抵抗勢力」と規定、打倒や排除の対象としたのです。

小泉内閣の「抵抗勢力」論は、マスコミの多くが同調したこともあって、郵政民営化をはじめとする構造改革を推し進めるうえで大いに役立ちました。(40) ただし二〇一〇年代、第二次以後の安倍内閣において生じたのは、政権やマスコミばかりか、一般の支持者まで「敵の策謀」論を信奉、反対する立場の人々を批判・攻撃したがる現象です。

これはインターネットの発達や普及により、誰でも自分の意見を広く発信できるようになったことを反映したものでしょう。しかし二〇一〇年代のわが国が、二〇〇〇年代と比べても、衰退・没落の色を強めたことの反映でもあるに違いない。

小泉内閣時代の日本は「口先と言い訳」の経路を歩んでいるだけでしたが、今では「自滅の空回り」に陥っているのです。だからこそ、「否認と添い遂げ」に追い込まれた支持者たちが、敵の打倒を叫ばずにいられなくなったのではないでしょうか。

状況の悪化は、敵勢力の名称にも表れています。二〇一〇年代、内閣の方針に反対する人々は「反日勢力」と呼ばれるにいたりました。たんに政策に抵抗するのではなく、日本そのものをつぶしにかかっていると見なされるのです。

特定の内閣（の方針）に反対することと、国家全体を否定したがることは、別物に決まっています。それを短絡的に結びつけずにいられないのですから、支持者たちはよっぽど深く、安倍内閣と添い遂げていることになるでしょう。もとよりこれは現実否認の度合いの強さの反映であり、負けが込んでいることの証拠にほかなりません。

「敵がいてくれないと死ぬ病」とは

敵が「反日」だとすれば、国の存立のためにも、くだんの敵を打倒し、葬り去れという話になるのは自明の理。これは「日本人の中に、同胞に含めてはいけない『非国民』がいる」と主張するにひとしいので、ナショナリズムはいよいよ崩れることになります。(41)

が、この点を否認するのは難しくありません。現内閣の方針に反対するような者など、在日の外国人に相違なく、そもそも日本人ではないと（事実とは無関係に）信じ込めばいいのです！

相手が日本人でなければ、打倒の対象としたところで、ナショナリズムに影響が出るはずはない。わけても韓国系・朝鮮系は、数が多いうえ、それぞれの国の政府が日本を批判する傾向が強いので、スケープゴートとしてうってつけ。

いわゆる「在日認定」は、ナショナリズムを唱えながら、ナショナリズムをみずから崩すような真似をすることの矛盾を隠すためのものなのです。(42) 落ちぶれだした現地妻が、シェアハウスしているシングルマザーにたいし「あんたなんか、もともと余所者なんだし、この家（＝日本）の面汚しだから出ていって！」とヒステリーを起こしている、そう言えば分かりやすいのではないでしょうか。

だとしても「敵の策謀」論は、もともと左翼・リベラルの得意技。保守がこのような振る舞いに出て、黙っているはずがありません。
かくして現政権、およびその支持者こそ、日本の政治体制を全体主義的にしたうえで、戦争を引き起こし、国をつぶそうとするファシズム勢力だという主張が広まります。シングルマザーはシングルマザーで、現地妻について「あの女、ガイジンの旦那（＝アメリカ）に媚びすぎてヘンになったのか、子供（＝国民）を虐待したあげく、しょっちゅう近所（＝近隣諸国）ともトラブルを起こしているのよ！ ウチの子（＝戦後民主主義）なんか、そのせいで死んで幽霊になっちゃったんだから！」と叫びだした次第。
山口二郎など、二〇一五年八月三十日、国会周辺で開かれた平和安全法制反対の集会に参加した際、「安倍政権は国民の生命、安全なんて、これっぽっちも考えていない」と前置きし、次のように述べました。

　昔、時代劇で萬屋錦之介が悪者を斬首するとき、「たたき斬ってやる」と叫んだ。私も同じ気持ち。もちろん、暴力をするわけにはいかないが、安倍に言いたい。お前は人間じゃない！ たたき斬ってやる！ 民主主義の仕組みを使ってたたき斬ろう。たたきのめそう。われわれの行動は確実に与党の政治家を圧迫し、縛っている。(43)

斬殺、暴行、緊縛と、イメージが生々しくなってきたものの、致し方ありません。山口の論理にしたがえば、敵たる安倍総理は「非人間」なのです。だったら閣僚や自民党の政治家、さらには安倍内闇の支持者も、やはり非人間か、その手先となるでしょう。国のあり方をめぐり、非人間のファシズム勢力（保守）と、非国民の反日勢力（左翼・リベラル）の最終決戦が行われる！　と、言いたいところですが……

頭を冷やして、振り返ってみましょう。右も左も、どうして「敵の策謀」論をふりかざすにいたったのか？

そうです。「物事が思い通りにならず、結果を出せないのはなぜか」について、言い訳、ないしゴマカシをするため。敵が本当に滅んでしまったら、いったいどういうことになるでしょうか？

ピンポーン！　困るのです。言い訳やゴマカシの余地がなくなってしまい、「自分たち（の応援する勢力）には、経世済民を達成する能力がない」ことが露呈されてしまうではありませんか。「敵の策謀」論を掲げる人々は、いかに敵の打倒を叫んでみせようと、敵が存在しつづけることを何より必要としているのです。「敵を倒せ！」と騒ぎながら、実際には倒せずにいるうちが華。口先で叫んでいる目標が達成されたら、自分たちもおしまいなのです。よってこれを、**「敵がいてくれないと死ぬ病」**と名づけることにしましょう。

そんなバカな、と思った方のために、具体的に行きます。

反日勢力がわが国から一掃されたところで、対米従属が終わるわけではありません。従属徹底による弱兵大国化は、保守政権側の方針なのです。そのような政権をつぶそうとしているからこそ、反日勢力は打倒されるべきだったはず。(44)

とはいえ従属徹底を推し進めるのは、自国の経世済民を放棄すること。これで結果が出せるはずがない。責任を押しつける反日勢力がいてくれなかったら、面目丸つぶれではありませんか。

逆に安倍内閣をたたき斬ったところで、左翼・リベラルが突如として経世済民の方法論にめざめることはありえない。彼らが今まで「平和を守りつつ、積極財政をやって雇用の確保をするという議論」をずっとやってこなかった（＝経世済民について、まともな方法論の模索をサボってきた）と指摘したのは、誰あろう山口二郎なのです。

二回の政権交代は、「敵がいてくれないと死ぬ病」にかかったまま、たまさか敵を打倒してしまうと、いかなる悲惨な末路が待っているかを、みごとなまでに示しました。どちらの場合も、自民党に代わって政権を担おうとした勢力は、経世済民を達成する能力など持ち合わせていないことを露呈、信用を致命的に失墜させて下野するハメとなっています。責任を押しつけるファシズム勢力がいてくれないことには、どうにもならないのです。

どこかで聞いたおぼえがある？

ご明察。これは五五年体制において見られた「保守と左翼・リベラルが、互いに相手に尻ぬぐいしてもらう」構図のバリエーションにほかなりません。

にもかかわらず、昔と今とでは尻ぬぐいの内容、および結果が違います。五五年体制下では、左翼・リベラルが「経世済民をめぐる方法論のなさ」を尻ぬぐいしてもらうかたわら、保守は「対米従属が底なしになる危険」を尻ぬぐいしてもらっていました。このコラボレーションによって、わが国は経世済民を達成したのです。

ところが現在では、左翼・リベラルと保守の双方が、「経世済民をめぐる方法論のなさ」を相手に尻ぬぐいしてもらっている。しかもこのコラボレーションにより、わが国は経世済民を達成できないまま、「自滅の空回り」を繰り返しているのです！

われわれは敗北寸前にして勝利寸前だ

アメリカのドキュメンタリー映画監督マイケル・ムーアは、二〇〇四年の作品『華氏911』のラスト近く、イギリスの作家ジョージ・オーウェルの言葉として、こんなナレーションを挿入しました。

政府は勝利を得ようとして戦争をしているのではない。戦争を自己目的化させ、いつまでも続くようにすること、それこそが真の目的なのだ。(45)

なぜ戦争をいつまでも続けたいのか。国内でずっと戦時体制を維持できるからです。貧困に耐えるよう国民に要求できるし、さまざまな権利も制限できる。

しかし戦争がいつまでも続くためには、敵に存在しつづけてもらう必要がある。この政府も、「敵がいてくれないと死ぬ病」にかかっているのです。ならば、現在のわが国における保守と左翼・リベラルの振る舞いは、それぞれ次のように要約できるでしょう。

保守は反日勢力に勝とうとして、彼らを攻撃しているのではない。「反日との戦い」がいつまでも続き、政権が結果を出せないことへの言い訳がなくならないようにすること、それこそが真の目的なのだ。

左翼・リベラルも現政権を退陣に追い込もうとして、彼らを攻撃しているのではない。「政権との戦い」がいつまでも続き、自分たちが経世済民の方法論を持っていないとバレないようにすること、それこそが真の目的なのだ。

どちらの勢力も、この点を認めることはできません。あくまで勝利を得るために戦っていることにしておかねばならないのです。そしてここから、敵の力をどう評価するかについて、面白いジレンマが生まれてくる。

「勝利を得ようとする」というタテマエに従うかぎり、勝ち目はあればあるほど良いに決まっています。敵は脆弱で、今にも崩壊しそうだと謳いたくなるのが人情。もしそうなら、あと一押しで勝てるはずではありませんか。

しかるに「戦いがいつまでも続くようにする」というホンネに照らすと、それでは都合が悪い。「敵の策謀」論は、物事が思い通りにならないことへの言い訳なのですから、状況が危機的であればあるほど良いことになります。

敵は強大で、こちらのほうがやられてしまいそうだと謳いたくなるのが人情。ただしそう主張すると、今度は勝ち目がないことになってしまう。

言い替えれば、「敵がいてくれないと死ぬ病」にかかった者は、敵の力についてこう評価します。

敵は強大で、状況は危機的だ。だが敵は脆弱でもあるので、こちらが適切に反撃すれば、あっけなく崩壊する。

「われわれは敗北寸前だが、戦い方ひとつで勝利寸前でもある」と構えるのです。仲間内のヒロイズムを盛り上げるうえで、この論法はなかなか有効。「そうか、奇跡の逆転をもたらすのはオレたちなんだ！」という話になるではありませんか。(46)

けれども「敗北寸前だが勝利寸前」は、いかんせんツジツマが合わない。よって、この論法を使い続けるには、さらなる現実の否認が必要になります。否認を達成する方法は以下の通り。

（1）「敗北寸前」の主張と「勝利寸前」の主張を、分裂させて別々に使う。つまり都合に応じて、「敗北寸前」を強調したり、「勝利寸前」を強調したりする。

（2）どちらの場合も、ツジツマの合わない事実については、ウソだと決めつけて取り合わない。(47)

物事が思い通りにならない言い訳を並べていると、そのうち現実が見えなくなると指摘したのは福田恆存です。しかしここまで来ると、「見えなくなる」ではなく、「意地でも見ようとしなくなる」に近い。そもそも言い訳、ないしゴマカシにすぎない「敵の策謀」論について、さらに言い訳やゴマカシを並べているのですから、致し方ないところでしょう。

バラ色の妄想に閉じこもれ！

この際に活用されるのが、メディアの偏向、あるいは虚偽報道（いわゆるフェイク・ニュース）をめぐる議論です。そのような事例は、もちろん存在するのですが、「敵の策謀」論者はこれにつけこんで、自分に都合の悪い情報は何であれ、偏向か虚偽に違いないと強弁する。

くだんの強弁を、先に紹介した開き直りのテクニックと組み合わせれば、たいがいのことは否認できるでしょう。(48)はたせるかな、今では保守と左翼・リベラルの双方で、メディアを「敵の手先」と見なす傾向が目立ちます。

そればかりではありません。自分に都合の悪い情報は偏向か虚偽に違いないと信じてよいのであれば、「自分に都合の良い情報は、何であれ真実に違いない」とも信じてよいことになります。

陰謀論であれ、デマであれ、中傷のためのウソであれ、そんなことは問題にならない。しかもそれ
らの情報は、ネットでいくらでも見つけられる。
たとえば近年では、選挙で自民党が勝利すると、「票集計システムのソフトウェアが細工されてい

て、与党が必ず勝つように仕組まれている」という話が、左翼・リベラルの側から出てきます。だっ
たら同党が歴史的大敗を喫した二〇一七年の東京都議会議員選挙は何だったのかということになりま
すが、これは問題にされません。「敵の策謀」論者の頭の中では、「敗北寸前」の主張と「勝利寸前」
の主張が分裂しているのです。

同様、安倍内閣の支持率が急落すると、「あれはメディアが捏造した数字であり、信じるヤツはバ
カだ」という話が、保守の側から出てきます。だったら支持率が回復した場合も、うかうか信じては
いけないはずですが、例によってそうはなりません。

二〇一七年には「民放主要局の報道番組は、大半が『泉放送制作』なる会社によってつくられる
が、同社は在日朝鮮人によって仕切られており、意図して反日的な内容を盛り込んでいる」というデ
マも広まりました。これについては自民党の国会議員までが、内容を事実と信じ込み、いったんは拡
散に加担したとのこと。(49)

要は左右そろって、自分に都合の良い妄想の世界に閉じこもりつつあるのです。しかも問題の妄想
は、それ自体が「敗北寸前」と「勝利寸前」に分裂しているとくる。ちなみに近年では、自分の妄想

で相手の妄想を圧倒しようとすることを「情報戦」などと呼ぶこともあります。

妄想とは現実の否認ですから、これでは現実の世界で結果を出せるはずがない。妄想がバラ色で都合の良いものになればなるほど、現実には失敗と挫折の運命が待っている。

つまりは客観的な現実と、主観的な現実認識の間の分裂が深まるのです。のみならず、妄想が強まってゆけば、「敗北寸前」と「勝利寸前」の分裂も深まるのは不可避でしょう。

さあ、このすべては何に行き着くか？

お分かりですね。

爽快感です。分裂が行くところまで行ってしまい、これ以上は分裂しようがないところまで来たとき、人は爽快感をおぼえ、分裂が解消されたかのごとき錯覚にひたるのです。

すなわち保守も、左翼・リベラルも、客観的な現実と、主観的な現実認識とが一致したような気になるでしょう。ついでに敗北寸前であることと、勝利寸前であることにも、何の矛盾もないような気になる。(50)

敗北寸前と勝利寸前がイコールなら、「思い通りにならないこと＝思い通りになること」ですから、客観的な現実と、主観的な現実認識はたしかに一致します。前者は失敗と挫折が続き、後者は妄想一色になってゆくわけですが、それも同じことと見なされるのです。

日本の爽快な末路

ここまで来れば、保守と左翼・リベラルの分裂だって、解消されたような錯覚が生じるかも知れません。

本書で繰り返しお話ししてきたとおり、保守と左翼・リベラルの相違は、普通に思われているほど大きなものではない。占領軍SCAP派の後ろ盾のもと、政府不信の平和主義をストレートに主張するか、占領軍AFPAC派の後ろ盾のもと、対米従属を前提としたナショナリズムによってそれを緩和するかという程度の違いです。おまけに時代の経過につれ、安全保障政策以外の点については、保守は平和主義的な性格を強めてきました。(51)

そして現在、両者の間には「現実を否認する」という新たな共通点が生じている。口先でこそ、反日だ、ファシズムだといがみ合っていますが、保守にとっても、左翼・リベラルにとっても、思い通りにならない現実(敗北寸前と勝利寸前は、しょせんイコールであるはずがないのです)こそが、真の敵となってきている可能性が高い。この敵を「撃退」する必要性に迫られている点で、両者の利害は一致します。

二〇二〇年代、わが国の経世済民がいよいよ崩れだしたとき、保守と左翼・リベラルの間で、「現実否認の大同団結」とも呼ぶべきものが成立する可能性は、決して低くないように思われます。両者が足並みをそろえて、物事が思い通りになっていないことを指摘する人々を排除・攻撃しはじめるのです。

そのときは国中に、素晴らしく爽快な空気が流れるでしょう。左右の対立が解消されたからには、戦後脱却もついに達成された！　そんな風潮が高まるに違いありません。

「保守＝現地妻、左翼・リベラル＝シングルマザー」という、例の図式に当てはめればこんな感じ。両者がシェアしている家（＝日本）は老朽化し、ゴミ屋敷となります。暮らしは日々、逼迫する一方。そんなこんなで、あいかわらず二人はヒステリックにいがみ合う。

ところがある日、シングルマザーはふと現地妻に共感をおぼえます。自分は貧困に耐えているだけだが、向こうは時々やってくる横暴なガイジン旦那（＝アメリカ）にも、けんめいに愛想良くしている。子供も不満がたまっているので、しょっちゅう「もうすぐ生活が楽になるから」などと、ウソをついてなだめなければならない。彼女に比べれば自分のほうがまだマシ、そう思えて仕方ない。

他方、現地妻もふとシングルマザーに共感をおぼえる。ガイジン旦那は横暴だが、自分の世話もしてくれる。ひきかえ向こうは誰にも頼れず、死んで幽霊になった子供（＝戦後民主主義）を抱えて、けんめいに頑張るしかない。彼女に比べれば自分のほうがまだマシ、そう思えて仕方ない。

むろんどちらも、自分のみじめさを相手に投影しているのですが、そんなことは言わぬが花。気がついてみると両者は、互いに好意を抱いている。

シングルマザーいわく。「ガイジン旦那に媚びてばかりで許せないと反発していたけど、おかげで私も助かってきたんだし、子供（＝国民）にたいする態度も、虐待じゃなくてシツケだわ。近所（＝近隣諸国）とのトラブルだって、ちゃんと自己主張しているのよ。腹が立つときも多いのに、あの人がいると、貧しさを忘れられるから不思議」

現地妻いわく。「家の面汚しだから出ていってほしいと思っていたけど、旦那が横暴なときは味方してくれるし、ウチの子にも優しい。それから、幽霊になっちゃった自分の子供を愛しつづけるのも立派ね。腹が立つときも多いのに、あの人がいると、貧しさを忘れられるから不思議」

二人は仲良しになります。現地妻の子供は栄養失調になり、家はますますゴミだらけ、今にも崩れ落ちそうなのですが、なぜか気にならない。

いや、そんな状態こそが「楽園」のように思えてくる。見かねた近所の人が、「地震が来たら助かりませんよ！　それに子供が衰弱死しそうじゃないですか！　早くどうにかしないと！」などと忠告すると、一緒に怒って追い払う……

保守と左翼・リベラルが、現実否認で手を取り合う瞬間こそ、わが国が現実への対処を完全にやめるときです。現実など気にすることはない、そんな爽快な妄想のもと、日本は「完全無力国家」への道を転がり落ちてゆくでしょう。

具体的には、アメリカと中国の両方に従属する貧しい小国となる可能性が高い。(52)　つまりは敗戦直後、冷戦が深刻化する前に、連合国が構想した状態へと回帰することになります。分裂が行き着くところまで行ったあげく、解消したように感じられる状態では、戦後脱却と戦後の原点回帰もイコールになるのです。

これも爽快なものと受け止められるでしょう。国家が無力ならば、政府を信用することと、信用しないことの間にも、違いなどあるはずがない。

すなわち平和主義とナショナリズムの相違もなくなります。一九四五年いらい、日本人を悩ませてきた最大の分裂が解消されるのです。国のあり方に、とうとう完璧な筋が通った！　多くの国民はそう感じること請け合い。

口先と言い訳が政治のすべてになってしまえば、日本の末路は爽快です。たとえそれが決定的没落、はては亡国を意味したとしても爽快なのです。

終章

不真面目こそ未来を拓く

天下国家について議論する際には、「日本はどこに行くのか」といったフレーズがよく用いられます。しかるに注目すべきは、このフレーズが「日本はどこかに行こうとしているし、どこかには行けるはずだ」という前提のうえに成り立っていること。

戦後日本は、敗戦・占領の衝撃による自国政府への不信、つまりは広い意味での平和主義から、今なお一歩も出ていません。本質的には、過去七十年あまり、どこにも行けなかったし、行こうともしなかったのです。

こう考えるとき、戦後の歴史は次のように整理できるでしょう。

(1) 再出発のための助走期(一九四五年〜一九五五年)

「完全無力国家」化を阻止するために対米従属路線が選ばれ、そのもとで独立が回復される。ただし「対米従属国家」化は、平和主義とナショナリズムを中途半端に両立させる効果を持っていたため、政府への不信を払拭するのはかえって難しくなった。

(2) 発展と繁栄の栄光期(一九五五年〜一九九〇年)

冷戦が続いたおかげもあって、対米従属路線のもとでも経世済民が達成され、経済的繁栄をつかむ。ただし平和主義とナショナリズムが、なまじ中途半端に両立してしまったせいで、一九八〇年代に入ったころから「対米従属徹底こそ大国への道」という発想が生まれ、(構造)改革路線の基礎となった。

(3) 低迷と空回りの没落期 (一九九〇年〜)

対米従属路線では、経世済民の達成が難しくなってきたものの、半世紀以上にわたる経路から脱却することができず、改革路線、すなわち従属徹底が推し進められる。その結果、二〇一〇年代に入ったころから「思い通りにならない現実」を否認する傾向が高まり、保守と左翼・リベラルの両者が、成果を挙げられない腹いせとして、ヒステリックにいがみ合うにいたった。

現在の没落期が、栄光期と同じく三十五年にわたって続くとすれば、終わりを迎えるのは二〇二五年。政府が目下、プライマリー・バランス黒字化達成の期限として掲げている年にあたりますが、このあたりを境に、わが国は新たな時期を迎える可能性があるでしょう。

今のままなら、第四期はこれです。

(4) 爽快な無力化の終末期

現実の否認が進行するせいで、経世済民ができていないこと自体が認識できなくなる。他方、対米従属の徹底(対中従属も加わる可能性がある)のもとで国が無力化してゆくため、「完全無力路線か対米従属路線か」という、保守と左翼・リベラルの対立の原点が消滅する。

こうして「現実否認の大同団結」が成立、物事がうまく行っていないと指摘することが最大のタブーとなる。多くの人々は爽快な気分のまま、現実から目をそむけつづけ、日本の衰亡が完成する。(1)

戦後の経路をさかのぼれ

わが国の衰亡が不可避というわけではありません。自国政府への不信（＝広義の平和主義）を脱却し、災害対策を含めた安全保障や、経済の成長・発展に取り組むならば、「爽快な無力化の終末期」に代わって、「富国強兵路線への転換による復活期」が訪れる可能性だってあります。

もっとも、この路線転換を達成するのは、控えめに言っても大変。以下の各点から、すべて脱却しなければならないのです。

(1) 保守と左翼・リベラルの双方に見られる現実の否認、およびそれに伴って生じる「敵がいてくれないと死ぬ病」。

(2) 経世済民の失敗を引き起こすことで、現実否認の原因をつくりだす構造改革路線、およびその理念的な支柱をなす新自由主義やグローバリズム。

(3) 構造改革路線の基盤を形成した「従属徹底による弱兵大国」路線、およびその原型たる「対米従属による富国弱兵」路線。

（4）「対米従属による富国弱兵」路線を、まだしも現実的でマシな選択だと思わせた「平和主義に基づく貧国無兵」路線。

（5）「平和主義に基づく貧国無兵」路線を、道義にかなった望ましいものであるかのごとく思わせた、ナショナリズムや愛国心への幻滅。およびその中核にひそむ、敗戦・占領の衝撃。

われわれに必要なのは、やみくもに前へ進もうとすることではありません。二〇一〇年代末の現在から出発して、構造改革路線が本格化した一九九〇年代、「従属徹底による大国化」路線への転換がなされた一九八〇年前後、「対米従属による富国弱兵」路線が選択された一九五〇年代、そしてナショナリズムや愛国心への幻滅が生じた一九四五年へと、戦後の経路をさかのぼってゆき、それぞれの段階において生じた誤りを正すことが求められているのです。

アメリカの作家ウィリアム・S・バロウズは、「すべてがあらかじめプログラムされている世界で、変更可能なものがあるとすれば、それは当のプログラムだけだ」と語りました。(2)「プログラム」という言葉を、「何らかの経路をつくりだす要因」と解釈すれば、この言葉は意味深長です。

重大な問題が、理由もなしに発生することはまずありません。何らかの経路をたどった帰結として起こっているのです。経路をつくりあげた要因に立ち返り、そちらを修正しないことには、いくら頑張ってもイタチごっこになってしまい、結局何も変わらない。

戦後日本において、バロウズの言う「プログラム」に該当するのは、広義の平和主義（ナショナリズムや愛国心への幻滅と、それに起因する自国政府への不信）です。対米従属、構造改革、「口先と言い訳」や「自滅の空回り」、はては現実否認と「敵がいてくれなければ死ぬ病」にいたるまで、すべてはここから連鎖的に派生しているではありませんか。

（1）から（2）、次は（3）というふうに、問題点を逆にたどってゆき、原点たる（5）を修正することで、連鎖を解消しなければならない。これができないかぎり、富国強兵路線に転換を図ろうとしても、うまく行くはずはないのです。

現実否認、つまり（1）を脱却できなければ、そもそも物事を直視できませんから、ここからの脱却が必要なのは当たり前。だとしても、物事を直視できさえすれば一件落着とはなりません。具体的に見ていきましょう。

積極財政による経済の活性化やインフラ整備、あるいは国家規模の災害対策といった政策を実現するには、新自由主義的な構造改革路線、つまり（2）からの脱却が必須となります。けれども構造改革は、アメリカの圧力によるところも大きいのですから、対米従属路線、つまり（3）も放置できません。

さらにわが国では、対米従属をうんぬんするまでもなく、財政法第四条によって財政均衡主義が定められています。財政法第四条は、平和主義の裏書きという意味合いも持っているですから、平和主義、つまり（4）も無縁ではありえない。

ついでに平和主義の影響力がなくならないかぎり、貧国無兵路線も一定のアピールを持ち続けます。そんな状態で富国強兵路線など無理ですから、どうしても対米従属（＝弱兵路線）が落としどころになってしまう。平和主義を信奉する人々は、たいがい対米従属に批判的なものの、対米従属を根本で支えているのは平和主義なのです。

よって（4）からの脱却なしに、（3）からの脱却はありえない。ところが平和主義をもたらしたのは、敗戦・占領の衝撃と、それによる自国政府への不信ですから、結局は（5）をどうにかしなければなりません。

同様、対米自立を志向する防衛力の強化は、従属からの脱却なしにはありえない。ところがすでに見たとおり、平和主義からの脱却なくして、対米従属からの脱却は不可能。ゆえに平和主義の脱却も避けて通れず、結局は「敗戦・占領の衝撃に基づく、自国政府への不信」をどうにかしなければなりません。

バロウズの言葉ではありませんが、「敗戦・占領による政府不信」が基本的なプログラムとなっている国で、状況を変更しうる手段があるとすれば、それは敗戦・占領の段階に立ち戻って、政府不信を変えてゆこうとすることだけなのです。

占領体験と現実否認

　このような問題の連鎖が存在する以上、愛国心やナショナリズムの重要性を観念的に強調したり、憲法改正を（どんな形であれ）実現できたりすれば、自国政府への不信がなくなるだろうと考えるのも、良くて「お花畑」的な夢想、ずばり言ってしまえば現実否認に基づく妄想の部類に属します。

　七十年以上に及ぶ経路の重みは、そう簡単に否定できるものではない。敗戦・占領の衝撃、平和主義、対米従属路線、構造改革路線のすべてについて、相互の連関を理解したうえで脱却しなければ、わが国が「普通の国」になることはありません。

　のみならず、上記の問題の連鎖には注目すべき特徴があります。出発点の「敗戦・占領の衝撃による政府不信」に、帰結にあたる「現実の否認」がすでに含まれているのです。

　第四章で見たとおり、占領期の日本人は、ソ連に憧れて社会主義革命を本気で志向した一部の人々を除けば、こぞって占領軍に尻尾を振りました。これについては、右も左もありません。連合国中心主義のSCAP派に尻尾を振れば左翼・リベラルで、アメリカ・ファースト志向のAFPAC派に尻尾を振れば保守というだけの話。

　その結果、わが国は復興のきっかけをつかみます。日本人全体が恩恵をこうむったのです。

　保守派の人々が使う言葉にならえば、われわれは誰もがマッカーサーの手のひらで踊った「敗戦利得者」だと言わねばなりません。(3) 果てはアメリカとの一体感を抱くことこそ、戦後の日本でナショナリズムや愛国心が（まがりなりにも）安定して成立する条件になってしまいました。(4)

アメリカは太平洋戦争の主要な対戦相手として、自分たちを打ち負かした国です。そして占領は、タテマエこそ連合国軍によるものとされていますが、実際には米軍がほぼ単独で行いました。占領軍、ないしアメリカに尻尾を振るというのは、本来なら相当に恥ずかしいことのはず。戦没者に顔向けできないと言っても過言ではないでしょう。まして一体感を抱くなど論外ではありませんか。チャールズ・ケーディス大佐と（文字通り）一体化した鳥尾鶴代が、自分の恋愛について「勝者、敗者という立場とは別のものだった」と断っているのは、その点で語るに落ちた話。勝者と敗者の立場を意識したら最後、許されないことをやっているという後ろめたさなしに、こんな言葉が出てくるはずがないのです。(5)

が、尻尾を振ったことは否定できません。一体感を抱いたことも。さあ、日本人はどうしたか？そう、否認したのです。「親米的になったのは、向こうが勝者で、こちらが敗者という立場とは別のもの」と互いに言い聞かせ、その嘘をみんなで信じようとした、そう表現すれば分かりやすいでしょう。

占領中の検閲は、日本人に「自分たちは占領されている」と自覚させないことを大きな目的としていました。映画の場合なら、焼け跡、英語の標識、占領軍の施設、さらにはジープまで、すべてカッ

トの対象となっています。(6)

占領軍は見えない存在、ないし見てはいけない存在だったのです。ただし日本人も日本人で、自分に都合が良いとき以外は占領軍を見ようとせず、進んで目をそむけていたことは指摘されねばなりません。

米兵を直視できなかった女

第二章で取り上げた『この世界の片隅に』には、これを裏付けるエピソードがありました。ヒロインの北條すずは、敗戦から三ヶ月たったころ、買い出しに行こうと道を歩いていたところを米兵に呼び止められる。しかし小柄なうえ、髪を短くしていたため、子供と間違えられてチョコレートをもらうのです。

当時であれば、いかにもありそうな話でしょう。(7) 問題は、作者のこうの史代がこの場面をどう描いたか。

すずが「Hey!」と声をかけられるコマには、米兵の靴らしきものが見えます。ところがその先の展開は、まったく描かれていません。かわりにすずの義姉にあたる径子が、今までどんな人生を送ってきたかが、説明文のない絵の羅列という形で、二ページにわたり続きます。

そして話が本筋に戻ったときには、すずは米兵と別れており、ヤミ市で径子とばったり出会うのです！　声をかけられたあと何があったかは、「道を教えたら、この頭（＝髪型）のせいか、子供と間違われたらしうて」という台詞で説明されるだけでした。米兵はまさしく、見ることのできない存在となっているのです。(8)

本筋と無関係な径子の身の上話が、二ページも挿入されている以上、くだんの描き方は分量的な制約に起因するものではありません。しかも径子がどんな人生を送ってきたかは、すでに作中で語られており、ここで提示する必要などないのです。

北條すず、ないしこうの史代は、なぜ米兵を直視できなかったのでしょう？

『この世界の片隅に』の筋立てを思い返せば、答えが見えてきます。(9)

敗戦の二ヶ月前、すずは米軍の落とした時限爆弾により、右手を失っているのです。彼女はそのとき、姪の晴美（＝径子の娘）を連れていたのですが、この子など爆発で亡くなってしまいました。

米兵と出くわすのは、それから半年たらず後。普通に考えれば、怒りや敵意を示すのが自然でしょう。

チョコレートをもらうなど、むろん言語道断。すずはチョコレートを家族と分け合ったあと、残ったかけらを晴美が爆死した場所に供え、冥福を祈ったりもしますが、受け取ってしまったこと自体、敵への屈服であり、姪にたいする裏切りだと言われても抗弁できた義理ではありません。

しかも径子は晴美の母。ヤミ市で事情を知った時点で、激怒してもおかしくないところです。現に径子は、米兵に子供たちが群がり、チョコレートをねだる様子を見て、「(生きていたら)晴美もあがいなマネをしたじゃろか」と眉をひそめていました。(10)

なるほど、「すずが米兵に怒りや敵意を示す」展開にしたら最後、戦後の社会で明るく生きてゆこうと決意する結末が成り立たない。いくら何でも違うだろう! となるのは目に見えています。かと言って、「すずが米兵に親切心や好意を示す」展開にしたら、彼女は勝者に尻尾を振った卑屈な女になってしまう。「内心では敵意を抱いたものの、それを表すことができず、チョコレートもつい受け取ってしまった」なら、自分を偽ったあげく、甘い物の誘惑に負けた情けない女です。どう転んでも収拾はつきません。

すずが声をかけられた瞬間こそ、『この世界の片隅に』という作品の世界が破綻しかけた瞬間にほかなりません。これを取りつくろうには、「米兵との出会い」というシチュエーションから目をそむけ、相手の存在を否認するほかないでしょう。チョコレートをくれた兵士の姿が描かれないのは、まったく必然の帰結なのです。(11)

敗戦・占領をめぐっては、現実否認ばかりか、「敵の策謀」論も定着しています。「敵」と位置づけられたのは、政府の指導層をはじめとする軍国主義者、わけても軍の幹部たち。彼らが国民を騙し、無謀な戦争に駆り立てたのが悪かったという話になる。

昭和天皇は平和を望んだものと見なされますので、ここには「君側の奸」論の要素も盛り込まれています。「君側の奸」と「敵の策謀」がワンセットになっているのですから、言い訳、ないし開き直りとしてはじつに強力。(12)

みんなが占領軍に尻尾を振ったのも、これと無関係ではないでしょう。自国の政府や軍が、君側の奸だらけの敵であり、信用できない存在（何せ国民を騙したのです）だったとすれば、本来の敵こそを味方と見なす以外に手がなくなってしまいます。

自国の軍が「敵」では、国の路線が「無兵」か「弱兵」の二者択一となるのも無理はありません。占領軍AFPAC派の大物だったチャールズ・ウィロビー少将は、日本陸海軍の将校たちが「いまわしいポツダム宣言によって辱めを受け、道ばたにほうり出されていた」と語りましたが、すべてをポツダム宣言、つまり連合国のせいにするわけにもゆかないのです。(13)

敗残兵の見通した未来

敗戦以来、わが国がたどってきた経路は、「現実の否認に始まり、現実の否認にいたる」構造を持っています。

冒頭に掲げた分類に従えば、助走期の後半と栄光期、すなわち一九五〇年〜一九九〇年の四十年間には、否認を脱却して現実を直視しようとする動きも見られました。しかし没落期、とくに二〇一〇年代に入ってからは、経世済民が達成できなくなったこともあって、もっぱら否認の風潮が強まってゆきます。

つまりは振り出しに戻りつつあるのです。第五章の終わりでも述べたように、われわれは今なお、自覚することなく占領期を生きていると言えるでしょう。

戦後の経路をさかのぼり、敗戦・占領の衝撃と、そこから生まれた政府不信、およびそれら一切に関する否認をどうにかしないかぎり、国の衰亡が避けられない理由もそこにあります。現在広まっている現実否認は、当時の否認に端を発しており、その論理的帰結という性格を持っているからです。

関連して紹介したいのが、作家の大岡昇平が一九五二年に発表した小説『野火』。六十五年あまり前の作品であるにもかかわらず、物語は象徴的な形で、わが国の現状を鋭く予見していました。

『野火』は太平洋戦争末期のフィリピンを舞台に、田村という中年の兵士の行動を描いています。日本軍が総崩れとなる中、結核を患っていた田村は所属部隊から追放され、飢えに苦しみながらジャングルをさまよう。

そのさなか、衰弱の果てに錯乱した将校が、死んだら自分の肉を食べてもいいと告げて息絶えます。ところが田村が将校の肉を剣で切り取ろうとすると、彼自身の左手が、剣を持った右手を押さえて妨げる。

田村には手ばかりでなく、自分の右半身と左半身が、まるごと別物のように思えてきます。のみならず、花を食べようとしても左手が邪魔に入る。死んだ者の肉を食べていけないのなら、生きているものを食べるのは、もっと悪いという理屈なのです。

けれどもこれでは、何も食べられません。そんなとき、彼は永松と安田という顔見知りの兵士と再会、食糧として猿の肉を与えられました。

死んだ動物の肉を食べるのなら、まだしも許されるということなのか、あるいは飢えがいっそうひどくなっていたためなのか、このときは左手も抵抗しません。肉を味わっているうちに、田村は左右の半身が満足して、一体化するのを感じます。

ところが当の肉は、猿ではなく、永松が殺した他の日本兵のものでした。食人に走った報いか、ほどなくして田村たち三人の間でも殺し合いが始まります。

まず安田が手榴弾を使って、永松と田村を殺そうと試みる。永松は安田を射殺し、肉を食べようとするものの、それを見た田村によって撃たれました。

田村はその後も、銃を持ってジャングルをさまようのですが、何をしていたかは本人にも記憶がありません。やがて米軍が彼を捕らえ、敗戦とともに日本に復員させる。

しばらくの間、田村は平穏に暮らします。だが一九五〇年、朝鮮戦争の勃発と前後して、食事の際、食べ物となった動物や植物に詫びるようになりました。右半身と左半身の分裂もぶり返し、ついには一切の食事を拒否するにいたったため、田村は精神病院に収容されるのです。

これのどこが現状を予見しているのかって？

ヒントは食人をめぐる設定にあります。田村は最初、自軍の将校の肉を、そうと承知で食べようとする。このときは右半身と左半身の分裂が起こるため、肉を口にすることはありません。ところがその後、自軍の兵士の肉を「猿肉」と言われて与えられたときは、抵抗なく食べるうえ、左右の分裂が解消したようにまで感じます。

さあ、「食人」を「対米従属」に置き換えてみましょう。対米従属とは、要するに敵に尻尾を振ること。仲間を裏切る点で、明らかに共通項があります。

すると「死んだ将校の肉を切り取ろうとする右手を、左手が制止する」場面は、保守、つまり右が、経世済民（＝食べてゆけること）をめざして対米従属に走ろうとするのを、左翼・リベラルが阻止しようと試みた、敗戦直後の状況の比喩になる！(14) おまけに左半身の理屈を突き詰めると、最後には一切の食事を拒否せざるをえません。左には文字通り、食べるための方法論がないのです。

問題の分裂は、日本兵の肉を「猿肉」として食べることによって、ひとまず解消される。戦時中、アメリカは日本人を「黄色い猿」呼ばわりしていたのですから、これは同国との一体感を持つことの比喩と解釈できます。

しかるにこの一体感こそ、戦後日本において、新しい愛国心やナショナリズムが安定的に成立する条件です。ついでに飢えが満たされる（＝経世済民が達成される）のですから、左右の半身がともに満足し、分裂が解消されるのも自然のなりゆき。左半身が挫折を味わっている可能性はありますが、これは脇に置きましょう。

だが対米従属を深めてゆけば、「経世済民のためと称して経世済民を放棄する」ことに行き着く。要するに、新自由主義やグローバリズムに染まってゆくのです。そしてどちらの理念も、弱肉強食の性格を強く持っている。

仲間の肉を「猿肉」と称して食べていた三人が、いつしか互いに殺し合う展開は、「貧しくなるのは自己責任」という風潮のもと、格差が拡大し、社会的な連帯が崩れていった平成日本の比喩となるのです！

周囲の情勢が平穏であれば、それでもどうにかなったでしょう。復員後しばらく、田村が平穏な暮らしを送ったようにです。とはいえ国際情勢が緊迫し、国の存立そのものをめぐる不安が高まれば、そうはいかなくなる。

朝鮮戦争勃発と前後して、田村が何も食べられなくなったのは、「また食人以外に生きる方法がなくなるかも知れないが、そうしたら仲間同士の殺し合いは不可避だ」と痛感したために違いない。この展開は日本人が、「対米従属をこれ以上深めたら、社会がいよいよ崩壊しかねないが、現在の国際情勢では、対米従属以外に生きてゆく方法論がない」と自覚させられることに該当します。(15)

となれば左右の分裂、ないし対立が激化するのも不可避でしょうし、何より現実を受け入れることができなくなる。精神病院以外、行く先はありません。『野火』の結末は、「対米従属によって経世済民を達成しようとした戦後日本が、そのせいで現実を否認するようになってしまい、妄想の世界に自

閉するしかなくなる」ことを浮き彫りにしているのです。(16)

これからは賢い者ほど狂い出す

本書の序章「賢いほどのバカはなし」で、私は賢さのあり方を二種類に分けました。物事のあり方を的確に理解することに優れているのが「一型」、自分の利益を最大化することに長けているのが「二型」です。

一型と二型の違いは、社会の支配的な認識枠組み、いわゆる「パラダイム」への適応を伴うかどうか。適応しなければ、自分の利益を最大化することは望めません。よって二型の賢さにおいては、枠組みの正しさに疑問を持たず、自明に正しいものとして受け入れることが前提となります。ただし支配的な認識枠組みが正しいとは限らない。否、みごとに間違っていることも珍しくありません。よって適応しすぎたら最後、物事のあり方を的確に理解することは望めなくなる。一型の賢さは、必要に応じて枠組みを疑うことを前提に成立するのです。

支配的な認識枠組みのもとで、物事がうまく行き、経世済民が達成されている間は、この違いも大した問題にはなりません。ところが達成されなくなると、二型の賢さしか持たない人々は総崩れに陥ります。

従来の枠組みは自明に正しいと長年信じてきたあとで、いきなり疑ったり、新たな枠組みへの変換を図ったりするなど無理に決まっている。そのため、結果を出せなくなった枠組みにしがみついたまま、「これでもか、これでもか」と行動をエスカレートさせる以外、対応策を思いつけなくなるのです。

となれば、とんでもない愚行を繰り広げてしまうのは不可避でしょう。愚かなせいでバカをやるのではなく、(二型の意味で) 賢いからこそバカをやらかす。これがすなわち、「賢いほどのバカはなし」です。

他方、戦後日本の支配的な認識枠組みの本質は「政府不信と現実否認」と規定できます。否認されるべき現実の中身は、(1) 敗戦、(2) 占領、そして何より (3) 自分たちが占領軍、およびアメリカに尻尾を振ったこと。

くだんの不信と否認を自明に正しいものとして受け入れることこそ、わが国で二型の賢さを持つための条件にほかなりません。要するにこう構えるのです。

——戦前の日本政府は、国民を騙して無謀な戦争をおっぱじめた「敵」だった。過ちを繰り返さないためにも、政府を信用せず、富国強兵路線など絶対に取らせないようにしなければならない。ただし負けたことは負けたが、あれは敗戦ではなく「終戦」だったし、占領も「進駐」や「駐留」にすぎなかった。(17) そしてアメリカを賛美するようになったのも、決して尻尾を振ったのではない。勝者、敗者という立場とは関係なく、自由や民主主義、法の支配といった同国の価値の普遍性に共鳴したのだ！

苦しまぎれの詭弁と言うなかれ。人間、時には「人肉」を「猿肉」と信じ込まなければ、やっていけないこともあります。そのうえで現実に賢く対処しようとするところから、平和主義はもとより、対米従属、構造改革、口先と言い訳、自滅の空回りといった、さまざまな方向性が生まれました。

しかし今や、二型の賢さは「経世済民ができていないという現実の否認」にたどりついています。この賢さのもとで肯定された（敗戦直後の）現実否認は、戦前の日本が経世済民に失敗したことから目をそらそうとするものでしたが、戦後の日本が経世済民に失敗したことからも目をそむけるにいたった次第。

戦後の支配的な認識枠組みは、有効性を完全に失ったと言わねばなりません。それでもなお、この枠組みに固執しつづけるならば、『野火』の田村同様、遅かれ早かれ行動が狂気じみてきます。「賢いほどのバカはなし」どころか、「賢い者ほど狂い出す」状態が成立するのです。

国の衰亡を回避し、未来への展望をつかむには、二型の賢さを捨てねばなりません。自分の利益を最大化しようとして、支配的な認識枠組みに同調するのをやめるのです。

二型の賢さのもとでは、「自分の利益が最大化できる＝賢い」という図式が成立します。ゆえにこの賢さを身につけた人々にとり、枠組みへの同調をやめるとは「バカになる」ことを意味する。抵抗や反発も生じるでしょう。

けれども支配的な現実認識が有効性を失ったとき、二型の賢さでは利益を最大化できません。最大化をめざせばめざすほど、利益が損なわれる恐れが強いのです。

「真に賢くなりたければ、まずバカになれ」。日本の復活を本気で願うなら、そう構える必要があります。これくらいのパラドックスさえ受け入れられない程度の賢さなど、小賢しさ、ないし「お利口」にすぎない、そう言い切ろうではありませんか。

窮地脱却の切り札は「不真面目」だ

「すべてがあらかじめプログラムされている世界で、変更可能なものがあるとすれば、それは当のプログラムだけだ」と語ったウィリアム・S・バロウズは、この点についても名言を残しました。

窮地に陥ったとき、「論理的」に対処しようとすると必ず失敗する。お前の陥っている窮地は、ほかならぬ「論理」に基づいて行動した結果のものではないか。(18)

ポイントは「論理」がカギカッコに入っていること。要するにこの論理、十分に本物ではないのです。でなければ、そもそも窮地に陥るはずがない。

窮地に対処する際には、今まで自分が受け入れてきた論理（＝行動基準）の妥当性を疑うところから始めねばなりません。今までの論理に基づいて対処しようとしたら最後、窮地に陥った原因をいっそう強化する結果となり、事態はますます悪くなるのです。(19)

賢くなるためにバカになるとは、自分の論理を疑うこととも規定できる。その際に切り札となるのが、ずばり「不真面目」です。

どうしてそうなるのかって?

不真面目とは何か、考えてみましょう。『広辞苑』を引くと、「真面目でないさま。物事に熱心にとり組まないさま」と出ています。

他方、「真面目」の定義は「真剣な態度・顔つき。本気」。ところが「真剣」の定義を見ると、「まじめ。本気。真実」とある。真面目とはつまり真剣なことで、真剣とはつまり真面目なことと来るのですから、まったくの堂々めぐり。

そこで「不真面目」の定義の後半部分に注目し、物事に熱心に取り組めば真面目、そうでなければ不真面目と考えることにしましょう。けれども「物事に熱心に取り組む」とは、具体的にどういうことを意味するのか。

理解のヒントは、「真剣」をめぐるもう一つの定義にあります。

(木刀・竹刀などに対して)本物の刀剣。本身《ほんみ》。

本物の刀剣と、木刀・竹刀などの違いは何か。簡単に言ってしまえば、斬られたときのダメージの大きさです。

「真剣」とは、「物事の結果が、自分にとって切実、ないし痛切な意味合いを持つ」ことと規定できる。だからというわけでもありませんが、「切実」とは「実《じつ》に切られる」と書きますし、「痛切」は「切られて痛い」と書きます。

「物事に真剣に取り組む」とは、「結果次第で、自分の利益・不利益が大きく左右されるという姿勢で物事に関わる」ことを意味するのです。これぞ、真面目の本質。論より証拠、いくら熱中して遊んだところで、われわれは普通、それを真面目とは呼びません。(20)

人間、誰しも損はしたくない。したがって「結果次第で、自分の利益・不利益が大きく左右されるという姿勢で物事に関わる」とは、自分の利益を最大化しようと必死になることと、実質的にひとしくなります。

お分かりですね。

真面目であるとは、二型の賢さにこだわることなのです。

だとしても二型の賢さにこだわって結果が出せるのは、支配的な認識枠組みが機能している間の話。いったん枠組みが崩れ出せば、このような意味で賢い者ほど、まずはバカになり、ついで狂い出します。

そんなときは、真面目な人間ほど現実否認に走るのです。最近のわが国において、エリート官僚が国会で虚偽の答弁をするのが大きな問題となっているのも、納得がゆくではありませんか。

亡国もまた宇宙のジョーク

二型の賢さにこだわるかぎり、未来への展望は見えてきません。片や真面目であるかぎり、二型の賢さにこだわるのは避けられない。自分の論理、さらには支配的な認識枠組みを疑い、新たな方向性を見出すには、不真面目さが不可欠の条件となります。

しかるに不真面目とは、「結果次第で、自分の利益・不利益が大きく左右される」という姿勢を取らずに、物事に関わること。国の将来にたいして、これを当てはめると、いかなる結論になるでしょうか?

そうです。われわれは「日本が衰亡しようと仕方ない、亡国にもこだわらない」と構えるべきなのです!

「そんなことができるか!」と言いたくなった方もいるかも知れません。

気持ちは分かります。とはいえ、冷静に考えてみましょう。われわれ日本人はともかく、他国の人々にとって、日本が没落して衰亡しようと、悲しむべき理由はべつにない。

歴史の流れの中で、滅んでいった国はいくらでも存在します。日本だけは存続すべきだし、存続する資格がある、そのように判断しうる根拠はありません。いったい、わが国の何がそんなに特別なのでしょうか？

ここまで割り切ると、ある真理が見えてきます。

客観的・普遍的な視点に立つとき、日本もまた、地上に無数に存在してきた国の一つにすぎない。存続しようがしまいが、たいした違いはありません。

しかし**日本人にとり**、日本は唯一無二の祖国です。没落や衰亡を食い止め、存続・発展をめざすことには、決定的な重要性がある。

二つの見解は矛盾しません。というより、前者の見解を受け入れることにより、はじめて後者の見解が浮き彫りになります。巨視的に見れば、日本などどうでもいいからこそ、われわれにとって日本はかけがえがないのです。

真面目か不真面目かをめぐる定義に従えば、日本人が「日本など、存続しようがしまいがどうでもいい」と構えるのは不真面目にあたります。けれどもそれを受け入れたとき、われわれは自分の論理や枠組みを問い直すことになる。

「日本など、存続しようがしまいがどうでもいい」と、「日本はかけがえのない祖国だ」を比べたとき、より普遍的な真理と呼びうるのは前者なのです。国家の存立、さらには経世済民を図るというのは、この普遍的真理にたいし、できるだけ長く対抗することにほかならない。となれば、政府不信や現実否認を本質とする認識枠組みなど、捨てねばならないのは明らかでしょう。

世の中には、不真面目でなければ直視できない現実というものがあるのです。「不真面目」に抵抗をおぼえるのなら、「距離をおいて巨視的に眺める」と言い替えることもできる。そのような視点に立つとき、たいがいの事柄は無意味というか、どうでもよくなります。

文明の崩壊を描いた作品を多数発表したことで知られる、イギリスの作家J・G・バラードは、かつてこう述べました。

世界の破滅について語ることは、誰の手によるものであれ、想像力の建設的・肯定的な表れだと信じている。破滅を語ったから破壊的・否定的というわけではないのだ。宇宙全体にしてみれば、人類が滅ぼうと滅ぶまいと、何の意味もありはしない。この恐るべき虚無に立ち向かうには、宇宙と同じ視点に立つことだ。ありとあらゆる形で破滅を思い描けば、「無意味であること」それ自体を作り直せるかも知れない。(21)

わが国に当てはめれば、以下のようになります。

日本の衰亡について語ることは、誰の手によるものであれ、想像力の建設的・肯定的な表れだと信じている。衰亡を語ったから破壊的・否定的というわけではないのだ。歴史全体にしてみれば、日本が滅ぼうと滅ぶまいと、何の意味もありはしない。この恐るべき虚無に立ち向かうには、歴史と同じ視点に立つことだ。ありとあらゆる形で衰亡を思い描けば、「無意味であること」それ自体を作り直せるかも知れない。

「宇宙は巨大なジョークである。個性あるものはみな滅ぶよう、普遍性によってたえず悪戯をしかけられているのだ」とは、イギリスの魔術師、アレイスター・クロウリーの言葉。虚無、ないし無意味こそが究極の普遍だとすれば、クロウリーとバラードは同じことを語っています。

この視点に立てば、亡国もまた宇宙のジョークにすぎません。それを受け入れたとき、われわれは真の意味で、祖国再生について真剣になれるのです。「賢いほどのバカはなし」、そう言って始まった本書を、次の言葉でしめくくることにしましょう。

不真面目こそ未来を拓く、どうでもいいと構える真剣さを知れ！

はずがない。『野火』の内容は、ここでも現実と対応している。

（１６） 精神病院に入った後の田村は、さまざまな治療を受けることで、食べ物を受けつけるようになったとされている。ならば左右の半身の分裂も解消されたはずだが、この展開には意味深長なものがあろう。一般社会、すなわち「現実」から隔離されたとき、田村の分裂は収まったのだ。

わが国もまた、妄想の世界に自閉するという形で、国際社会、すなわち「現実」から隔離されたとき、左右の分裂が収まるのではないだろうか。目下、喧騒をきわめている保守と左翼・リベラルのいがみ合いが、いずれ「現実否認の大同団結」によって解消されるのではないかと予測するゆえんである。第六章「日本の爽快な末路」参照のこと。

（１７） 「進駐」も「駐留」も、占領の衝撃をやわらげるべく、敗戦直後に用いられた表現。

（１８） Ted Morgan, *Literary Outlaw: the Life and Times of William S. Burroughs* (New York: Avon Books, 1990), p.454.キャリアに行き詰まったバロウズが、架空の代父（＝名付け親）を思い浮かべ、頭の中で会話を交わした際に、代父が語ったとされる言葉である。会話自体が想像上のものなので、バロウズ本人の言葉として紹介した。

（１９） 序章「悪循環成立の構造」で述べた、自己強化メカニズムをめぐる議論も参照のこと。

（２０） ただし賭け事など、ある種の遊びでは、結果次第で自己の利益・不利益が大きく左右されうる。その意味でギャンブラーは、真面目な生き方をしておらず、堅気ではないものの、真剣ではあることになろう。よって「真面目」の定義には、「堅気でない事柄にたいして真剣にならない」を加えてもよい。

文中の定義が示すとおり、真面目であることは、当事者意識を持つこととも密接に関わる。裏を返せば、支配的な認識枠組みが有効性を失ったときには、当事者意識の強い者ほど自滅的な行動を取ってしまう可能性が高い。

（２１） Adam Parfrey ed., *Apocalypse Culture: Expanded and Revised Edition* (Los Angeles: Feral House, 1990), p.8.

prerecording itself」。哲学者ルードヴィヒ・ヴィトゲンシュタインの言葉「いかなる命題も、みずからの正しさについて、みずから立証することはできない」をヒントにしたものと言われる。

（３） もちろん保守派は「占領軍に尻尾を振って得をしたのは、もっぱら左翼・リベラルであり、自分たちはそんなみっともない真似などしなかった」という錯覚に陥ったまま、この言葉を使っている。現実の否認は、こうやって「敵の策謀」論に結びつくのだ。

（４） 第三章「新しい愛国の条件」参照のこと。

（５） 同「占領軍とハリウッド・スター」参照のこと。

（６） 佐藤洋一『図説　占領下の東京』、河出書房新社、２００６年、１１０〜１１１ページ。黒澤明監督の『素晴らしき日曜日』（１９４７年）でも、若いカップルが一日かけて当時の東京を歩き回るが、筆者が記憶するかぎり、占領（軍）と関連したものはまったく映っていない。

（７） 漫画家・長谷川町子の自伝『サザエさん　うちあけ話』（姉妹社、１９７９年）には、長谷川の実体験として、よく似たエピソードが出てくる。同書は『この世界の片隅に』の参考文献リストにも含まれているので、こうの史代が潤色のうえ、自作に取り入れた可能性が高い。

（８） 『この世界の片隅に』、下巻１８６ページ。読点を追加。ちなみに『サザエさん　うちあけ話』では、長谷川の出会った米兵の容貌がきっちり描き込まれている。

（９） 詳細は第二章「世界の片隅の不都合な真実」参照のこと。

（１０） 『この世界の片隅に』、下巻１８４ページ。にもかかわらず、径子もチョコレートのお裾分けにあずかったように描かれている。「あがいなマネ」をしたのは、決して子供だけではない。

（１１） もっともこのエピソードが存在すること自体は、こうの史代の誠実さの表れと評価しうる。「米兵との出会い」など描こうとしなければ、作品世界が破綻しかけることもなかったのだ。

　その意味でこうの史代は、敗戦や占領を否認しているわけではない。とはいえ日本人が占領軍に尻尾を振ったことについて、十分に直視できなかったのである。

（１２） ジョン・ダワーは著書の中で、東京裁判の目的は、戦争をめぐる責任を究明・追及することではなかったと述べる。Ａ級戦犯とされた指導層を裁いてみせることを通じて、昭和天皇の免責を図るのが、占領軍側と日本側、双方の一致した狙いだったのだ。*Embracing Defeat: Japan in the Wake of World War II,* p.320-330.

（１３） 第四章「ＡＦＰＡＣをもってＳＣＡＰを制す」参照のこと。

　自国の政府や軍を「敵」と見なして否定することは、明らかに「分裂」の意味合いを持つ。敗戦後、日本人は「悪い政府・軍（および軍国主義者）」と「善良な一般国民」に分裂したのだ。

　くだんの分裂のあと、日本人は敵だったアメリカを味方のごとく見なすにいたる。敵味方の分裂が（少なくとも主観的には）解消されたわけだが、これは福田恆存が指摘した「分裂が行くところまで行ったせいで、分裂が解消されたかのような錯覚に陥る」という心理メカニズムそのものではないか。

　占領軍に尻尾を振り、改革を進んで受け入れるのも、多くの人々にとって、きわめて爽快なことだったに違いない。占領期が「貧しかったが希望に満ちた時代」として、しばしば肯定的にイメージされるのも、この点が影響しているためと思われる。

（１４） 占領の初期方針について、白洲次郎が「日本人はいくらもがいても永久に米は食えないし、また米を食いたいという欲望すら持ち得ないようにする」と表現したことを想起せよ。

（１５） 現在のわが国に見られる現実否認の高まりも、朝鮮半島情勢の変動と無関係であるしたことにはならない。

（４５）　元の語句は “The war is not meant to be won, it is meant to be continuous.” もっともこれは、厳密にはオーウェルの言葉ではなく、彼の小説『１９８４年』を原作とする映画『１９８４』（マイケル・ラドフォード監督、１９８４年）の台詞だと言われる。
https://www.metabunk.org/debunked-war-is-not-meant-to-be-won-it-is-meant-to-be-continuous.t1259/

（４６）　子供向けのヒーロー物に、この論法を踏まえた作劇がしばしば見られるのは偶然ではない。強大な敵にたいして、土壇場で逆転勝利を収めることが、ヒーローの英雄性を際立たせる仕掛けなのだ。しかしこれは「敵の策謀」論が、子供じみた世界観のうえに構築されていることも意味する。
　さらに興味深いのは、改革推進にあたってしばしば持ち出される「この政策が実現しなければ日本は世界から落ちこぼれ、何もかもご破算になるものの、実現すればみごとに復活する」という主張が、くだんの論法とそっくり同じ構造を持つことだろう。本章「左翼と保守の濁り比べ」を参照のこと。

（４７）　「勝利寸前」の主張を否定されるのが不都合なのは当然として、「敗北寸前」の主張を否定されるのも、しばしば同じくらい都合が悪い。危機感を煽ることができなくなるではないか。以下で紹介する事例においても、「不正選挙陰謀論」や「泉放送制作デマ」は、「敗北寸前」の主張を強化する特徴を持つ。

（４８）　これらのテクニックの根本にあるのが、「何が正しくて、何が間違っているかを決めるのは自分だ（＝自分には現実のあり方を決める権利がある）」という発想なのを想起せよ。

（４９）　「安倍親衛隊の長尾敬・自民議員が“泉放送制作デマ”拡散を謝罪！　国会議員がフェイクニュースを拡散する罪」、リテラ、２０１７年９月５日配信。
http://lite-ra.com/2017/09/post-3435.html

（５０）　戦争末期の日本人が、このような錯覚を覚えていたかどうかは、非常に興味深いところだろう。

（５１）　第三章「『平和主義化』を深める保守派」を参照のこと。

（５２）　この場合、保守はアメリカへの従属を根拠として、「日米の絆」が保たれている以上、わが国はなお一流国であり、経世済民は達成されていると主張するだろう。逆に左翼・リベラルは、中国への従属を根拠として、もはやわが国はアメリカ一辺倒ではなく、「平和を愛する（アジア）諸国民」と共にあるのだから、平和主義は達成されていると主張するのである。したがって**米中双方に従属するのは、平和主義と経世済民が同時に達成されることにひとしい**のだ！

終章

（１）　首都直下地震や南海トラフ地震といった巨大災害に見舞われた場合、衰亡は一気に促進されるだろう。土木学会の会長特別委員会は、２０１８年６月７日、「『国難』をもたらす巨大災害対策についての技術検討報告書」を公表したが、首都直下地震の被害額は、直接的な資産被害だけで４７兆円、経済成長の下押し効果（経済被害）となると、二十年間で７３１兆円に及ぶと見積もられている。
　南海トラフ地震の被害額見積もりにいたっては、資産被害が１７０兆円、経済被害はなんと１２４０兆円。ただでさえ没落の様相を強めるわが国が、これだけの被害から立ち直るのは、きわめて難しいと言わねばなるまい。
http://committees.jsce.or.jp/chair/node/21

（２）　元の語句は「The only thing not prerecorded in a prerecorded universe is the

「否認と添い遂げ」のメカニズムを考えれば、総裁任期（現在は３期９年まで）が今後変更され、安倍総理が四選を果たすことすら考えられよう。健康上の理由か、よほどの番狂わせが生じるのでないかぎり、安倍内閣が退陣するのは、総理をしのぐ「口先と言い訳」の旗手が登場するか、「あえて退陣したほうが、キングメーカー（偉大な黒幕）として政界での影響力を保持できる」という判断が成立したときではあるまいか。

（３５） 戦後のわが国では、野党もマスコミも、左翼・リベラルが主流を占めてきた。よって「野党、左翼・リベラル、マスコミ」の三者は、多分に重なり合っている。

片や１９８０年代以後のわが国では、公務員を「既得権益層」として厳しく批判する風潮も繰り返し見られる。これは「敵の策謀」論に、「君側の奸」論の要素を盛り込んだものと位置づけることができよう。

（３６） 憲法の規定にしたがうかぎり、内閣総理大臣は「文民の国会議員」でありさえすればよい（第６６条第２項、および第６７条）。ただし与党の党首でない者が総理となるのは、現実にはまず不可能に違いない。

（３７） 第五章「支離滅裂な自民党の使命」参照のこと。

（３８） 言い替えれば左翼・リベラルは、自分たちが保守の富国路線に尻ぬぐいしてもらっていることを自覚していなかった可能性が高い。もっとも思想的には左翼に属する大島渚が、戦前の日本における皇室や徴兵制について、単純に全否定せず、それなりのメリットがあったと認めているのは注目される。第一章「負け組は勝手に路頭に迷え」、第二章「巨大な家族としての国家」参照のこと。

（３９） 第五章「保守、矛盾のあげく爽快になる！」参照のこと。

（４０） マスコミの主流を占めているのは左翼・リベラルだが、左翼思想の本質は、世の中は変えれば変えるほど良くなると構えることにある。そのため相手が保守政権であっても、いったん「改革」が持ち出されると、否定しにくくなってしまうのだ。

また１９９０年代以後の構造改革は、新自由主義とグローバリズムを大きな柱とするものの、これはどちらも政府の役割を縮小させる特徴を持つ。（自国）政府への不信こそ、左翼・リベラルの基盤である戦後日本型平和主義の本質なのだから、反対はますます難しい。同調するのも道理ではないか。

これについては、第一章「貧困への道はどう敷き詰められたか」を参照のこと。小泉総理の政治手法については、『戦後脱却で、日本は「右傾化」して属国化する』の第二章、および『対論「炎上」日本のメカニズム』の第六章で、より詳しく論述した。

（４１） 「非国民」という言葉は、戦前の日本、とりわけ太平洋戦争に際し、強い非難や侮蔑の意味をこめて使われた。敗戦後のわが国において、ナショナリズムや愛国心が強く否定される素地は、ＧＨＱ（わけてもＳＣＡＰ派）の登場を待つまでもなく、日本人自身の手によって用意されていたのだ。

（４２） ここで挙げたのは、わが国の保守派の一部、とりわけネトウヨによる在日認定である。しかるに韓国では以前から、日本の高名な人物について、お国自慢的な発想から「じつは朝鮮半島系の人間なのだ」と勝手に認定する風潮が見られた。つまりネトウヨは、動機こそ違え、嫌っているはずの韓国人と同じ振る舞いをしていることになろう。

（４３） 産経ニュース、２０１５年8月３１日配信記事。
https://www.sankei.com/politics/news/150831/plt1508310040-n1.html

（４４） この点を弁明したいのか、保守の中には対米従属も「反日」と規定する風潮も見られる。

けれどもその場合、現政権のことまで反日勢力と位置づける必要が生じる。要するに敵がどんどん増えてゆくのだが、ならば勝利を期待するほうが間違いになろう。これを自覚せず、敵の打倒を叫び続けるかぎり、「敵がいてくれないと死ぬ病」を脱戦後日本のナショナリズムに関する比喩であり、現実の女性のあり方にたいするコメントではないことを、あらためて明記しておく。ナショナリズムは母性との結びつきが強いので、イメージが女性的になるだけのことなのだ。

　この表現を不快に思う読者は、両者をそれぞれ「男妾」と「シングルファーザー」に置き換えることを勧める。むろんこれらも、あくまで比喩にすぎず、現実の男性のあり方にたいするコメントではない。

　ただし父性は、愛国心との結びつきが強いため、表現として正確さを欠くのは否定しがたい。戦後日本は、自国への愛国心を抑え込むことで、ナショナリズムを成立させようとしてきたのだから、「女のいない男」よりも「男のいない女」のほうが比喩として的確なのである。

（２６）　「対米自立による富国強兵」路線に転換することができれば、今後も経世済民が達成される可能性はある。だが転換がなされる可能性は、きわめて低いと言わねばならないし、この路線の担い手たりうる政治勢力も存在しない。

（２７）　第四章「吉田・白洲コンビの大奮闘」参照のこと。

（２８）　皇帝がお忍びで民衆の生活を見て回ったとき、ある老いた農民が、太鼓腹を叩き（＝鼓腹）、地面を踏み鳴らして（＝撃壌）、「皇帝などワシにとっては、いてもいなくても同じだ」と歌った。だが皇帝は怒るどころか、「民衆が皇帝など不要だと思えるのは、私の政治が上手く行っている何よりの証拠だ」と満足した、という逸話。

（２９）　同じ自民党政権のもとでも、内閣の交代は起こりうるので、政権と内閣は同じではない。

（３０）　第一章「平和のためにデフレに耐えろ！」参照のこと。

（３１）　島澤諭「若者は本当に自民党を支持しているのか」、『WEDGE Infinity』２０１７年１１月１０日配信。中部圏社会経済研究所は、中部地域の産業発展、および地域の魅力づくりに貢献することを目的とした公益財団法人である。
http://wedge.ismedia.jp/articles/-/11083

（３２）　「ついに支持率が上がりはじめた安倍内閣、何が起きているのか？」。数字表記を一部変更のうえ、原文の改行を二箇所追い込んだ。

　同ブログ記事は投稿から２日後、言論サイト「アゴラ」にも転載された。田原は共同通信の調査の日付を「５月１４日」としているが、実際には5月１２～１３日にかけて行われている。
http://taharasoichiro.com/cms/2018/05/25/
https://headlines.yahoo.co.jp/article?a=20180528-00010011-agora-pol
http://yoronpoll.blog.fc2.com/blog-entry-99.html

（３３）　これは「言い訳型」のゴマカシのバリエーションである。「自分は成果が挙がっていないと思わないので、成果は挙がっているはずだ」という次第なのだ。本章「論理崩壊とゴマカシの始まり」参照のこと。

　なおアメリカのジャーナリスト、エド・クラッセンスタインも、ドナルド・トランプの支持者について以下のようにツイートした。

「自分の支持者が真実になど関心を持っていないことに、トランプは気づきはじめている。彼らにとって大事なのはただ一つ、『われわれが投票した大統領は正しい』と言い張りつづけることなのだと。トランプはよくウソをつくが、支持者は決まってそれを拡散する。なぜか？　トランプに投票したことで、国のあり方を悪くしてしまったと認めるのが怖いからだ！」
https://twitter.com/EdKrassen/status/1008952769510715392

（３４）　２０１８年夏の時点で、安倍総理は自民党総裁選で三選を果たすことに強い意欲を見せている。この総裁選には、石破茂・元自民党幹事長も出馬を表明しているが、総理が勝利を収める可能性は非常に高い。

かならない。第二章の脚注１１を参照のこと。

（１６）　福田恆存『日本を思ふ』、文春文庫、１９９５年、２２２ページ。原文旧かな。表記を一部変更。

「進歩主義」は、「左翼・リベラル」と同じ意味に解して差し支えない。左翼思想の本質は、世の中のあり方をどんどん変えるべきだと考えることにあるが、これは「世の中は変えれば変えるほど良くなる」と構えるのにひとしいのだ。

　左翼思想において、世の中は良い方向にどんどん変わってゆくべきもの、すなわち進歩するものなのである。現在のリベラルに（ほぼ）該当する立場の人々が、かつて「革新」と呼ばれたのは、その意味で偶然ではない。第一章の脚注７を参照のこと。

（１７）　同、２２２〜２２３ページ。

（１８）　「構造改革」も、１９６０年代ぐらいまでは左翼・リベラルの提唱する概念だった。この言葉はもともと、革命によらず国の社会主義化を実現する方法論として、１９５０年代にイタリア共産党が提唱したもの。ただしわが国で「構改派」（構造改革派の略）と言うと、「社会主義に憧れるくせ、革命に訴える度胸のない軟弱者」を意味することも多かった。

　保守がこの言葉を本格的に使い出したのは、１９９６年の橋本龍太郎内閣以後のこと。橋本総理の前任である村山富市総理は、左翼系野党の代表格だった社会党の党首だが、この内閣には自民党も与党として参加している。つまりはここでも、往年の左翼のお家芸を取り入れたのだ。

（１９）　すべて安倍内閣（第二次以後）が掲げたスローガン、ないし総理自身の発言。由来は以下の通り。

「危機突破」・・・２０１２年、第二次内閣発足の際の発言。

「米国とともに、新しい経済圏をつくります」・・・２０１３年、ＴＰＰ参加を表明したときの発言。

「まっすぐ、景気回復」・・・２０１４年のスローガン。

「私の『第三の矢』は日本経済の悪魔を倒す」・・・２０１４年６月、イギリスの新聞「ファイナンシャル・タイムズ」に総理名義で寄稿された文章のタイトル。

「経済で、結果を出す」・・・２０１５年のスローガン。

「アメリカと日本が手を取り合って、もっとずっと素晴らしい世界をつくる」・・・２０１５年４月、アメリカ議会で演説した際の発言。

　他方、左翼・リベラルによれば、安倍内閣のせいで、わが国の議会制民主主義は「破産」したとのことである（白井聡『国体論　菊と星条旗』、集英社新書、２０１８年、２２ページ）。彼らも彼らで、例によって例のごとく、抵抗運動に失敗したのに違いない。

（２０）　安倍総理が自分に近い人々に利益供与を行ったのではないかと疑われる「森友学園問題」や「加計学園問題」は、この典型的な例だろう。

（２１）　本章の脚注１２を参照のこと。当該の「国難」が、その後どうなったかは不明である。

（２２）　同、脚注１６を参照のこと。

（２３）　第一章「技術革新と政府の役割」を参照のこと。

（２４）　昨今の保守の中には、左翼・リベラルの活動について、「戦後レジーム（戦後日本のあり方）」を維持しようとする反動的な策謀だと規定する者が存在する。

　保守勢力は、そのような反動に抗して日本を良くしようと頑張っているらしいが、保守を自認する者が「反動」の打倒を叫ぶとは、自己矛盾のきわみと評さねばなるまい。以下の動画を見よ。

https://www.youtube.com/watch?v=rEOjO9SQzpI

（２５）　「現地妻」と「シングルマザー」は、映画『晩春』の内容を踏まえて導き出された、

（４）　序章「二型の賢さが行きつく果て」参照のこと。主流派のエリートになるための条件は、正しい知識を学ぶことではなく、既存の主流派が信奉する世界観を墨守することなのだ。
（５）　福田恆存『私の演劇教室』、新潮社、１９６１年、９０～９１ページ。原文旧かな、以下同じ。
（６）　論理的な根拠を欠く以上、この「元気」は「空元気《から》」と規定したほうが正確だろう。しかし空元気にすぎないことが自覚されない場合も多いので、文中では「空」をつけないことにした。
（７）　『私の演劇教室』、９１ページ。表記を一部変更。
（８）　同。
（９）　ここで言う「賢さ」は、むろん「二型の賢さ」（＝自己の利益を最大化させることに長けている）を指している。序章「的確な理解か、利益の最大化か」を参照のこと。
（１０）　ＴＰＰや米朝首脳会談をめぐる安倍総理の言動も、決してその例外ではない。第五章の脚注３８，および本章の脚注２を参照のこと。
（１１）　近年、フェイスブックやツイッターといったＳＮＳ（ソーシャル・ネットワーキング・サービス）で、「謝ったら死ぬ病」という表現が流行っているのは、関連して興味深い。
　何か問題が起きても、かたくなに自分の非を認めようとせず、追及されてもなりふりかまわず抵抗する傾向を揶揄したものだが、謝罪が自己の全否定につながると思っているのであれば、これも必然の帰結だろう。ちなみに毎日新聞は、２０１８年５月３０日配信の特集記事で、「謝ったら死ぬ病」が政界に蔓延しているようだと報じている。
https://mainichi.jp/articles/20180530/dde/012/040/004000c
（１２）　２０１２年１２月、第二次安倍内閣がスタートしたとき、総理は自分の内閣を「**危機**突破内閣」と名づけた。しかるに２０１７年９月、解散総選挙を表明したとき、総理はこれを「**国難**突破解散」と位置づけている。
　総理の言葉の使い方がよほどいい加減だというのでもないかぎり、これは安倍内閣の五年間で、日本の置かれた状況が急速に悪化したことを意味しよう。責任は当然、まずもって内閣が負わねばならないはずだが、この点が問題にされることはなかった。国難突破解散で、自民党は大勝したのである！
（１３）　認識枠組みの危機に起因するゴマカシと開き直りについては、佐藤健志・藤井聡『対論「炎上」日本のメカニズム』（文春新書、２０１７年）の第四章を参照のこと。論理の崩壊によるゴマカシは、同書で提起した「知性のめまい」の概念と対応する。また「何事もなかったようにケロッとして、新しい口先の大言壮語を並べる」については、やはり同書に登場する「ホワイトアウト」の概念と比較されたい。
（１４）　１９６０年代末に生じた日米安保をめぐる左右の対立について、白洲次郎が「ヒステリー女の喧嘩みたいな議論」と形容したことを想起せよ。これは安保の存続について真剣に考えるのが、保守と左翼・リベラルのどちらにとっても、みずからの論理を突き崩されかねない出来事だったことを暗示する。
　保守にしてみれば、自国の一存で安保条約を終了できるようになったにもかかわらず、なお終了に踏み切ろうとしないのは、「いくら旦那面しても、アメリカの現地妻でなければやってゆけないのか」と問いかけられるのにひとしい。他方、左翼・リベラルにしてみれば、自国の一存で安保が終了可能になるのは、「自立したシングルマザーのふりをしているが、昔の男（＝アメリカ）の庇護なしで本当にやってゆけるのか」と問いかけられることを意味しよう。そこまで痛いところを突かれたら、どちらも感情的になるはずである。
（１５）　その際にしばしば使われるフレーズが、ご存じ「待ったなし」である。これは「大言壮語の内容がもっともかどうか、立ち止まって考えたりするな」という意味にほ途なのである。
https://www.sankeibiz.jp/macro/news/180519/mca1805190500005-n1.htm
（３９）　中野剛志『ＴＰＰ亡国論』、集英社新書、２０１１年、２３６～２３７ページ。
（４０）　同、２４０ページ。
（４１）　改革に狂奔するわが国の保守の姿勢が、いかに本来の保守主義から逸脱したものかは、「近代保守主義の祖」として知られるエドマンド・バークが、フランス革命をめぐって残した発言と比較するとき、たちどころに明らかになる。いわく。
「かりにこの革命が、**あらゆる社会問題を解決する万能薬だったとしても、**われわれは真似したいとは思わない。必要のない薬を服用するのは、決して良い結果をもたらさないからである」（『新訳　フランス革命の省察』、１２５ページ）
　しかり、「いかにメリットが見込まれようと、必要のない改革はしない」と構えるのが保守なのである。その意味でわが国の保守は、完全な倒錯をきたしていると評しても過言ではない。現地妻が旦那のふりをしたがることの無理は、こんな形でも表れるのだ。
（４２）　どちらの法律の条文も、内閣官房のサイトで見ることができる。以下のページにアクセスしたうえ、該当する法律について、ＰＤＦのリンクをクリックすればよい。
http://www.cas.go.jp/jp/gaiyou/jimu/housei_seibi.html
（４３）　安倍総理の「希望の同盟へ」演説でも、「日米同盟」と「国際協調」が事実上同じ意味で使われていた。
（４４）　第三章「『平和主義化』を深める保守派」を参照のこと。
（４５）　ただし吉田ドクトリンは、「ＡＦＰＡＣをもってＳＣＡＰを制す」を基本としつつ、「ＳＣＡＰをもってＡＦＰＡＣを制す」も取り込んでいた点で、平和主義一辺倒の左翼・リベラルより一枚上だったと評しえよう。むろんこれは、くだんのドクトリンが二枚舌であることの証拠にほかならない。本章の脚注２，３，１２，および３７を参照のこと。
（４６）　わが国の家庭において、妻はしばしば、子供の前で夫のことを「お父さん」と呼ぶ。（現地）妻＝保守政権、子供＝国民、夫＝アメリカと置き換えれば、これが何を意味するかは自明だろう。
（４７）　ダグラス・マッカーサーの命日は１９６４年４月５日。享年は８４だった。

第六章

（１）　日本経済新聞、２０１７年１２月２２日配信記事。
https://www.nikkei.com/article/DGXMZO24959800S7A221C1000000/
（２）　２０１８年の米朝首脳会談をめぐる日本政府の対応は、くだんの「蚊帳の外」ぶりを鮮烈に印象づけるものだった。
　北朝鮮相手に「対話のための対話」は無意味であり、圧力を最大限まで高めるしかないと主張していた安倍総理は、アメリカのドナルド・トランプ大統領が、北朝鮮の金正恩委員長との首脳会談に応じるや、日朝首脳会談の開催に意欲を示す。にもかかわらず５月２４日、トランプが首脳会談開催中止を北朝鮮に通告した際は、関係諸国の中で唯一、この判断を支持する姿勢を見せた。

　ところがトランプは、わずか一日で姿勢を転換、会談開催にふたたび前向きとなる。すると総理は一転、５月２８日の衆院予算委員会で、「（関係国の）努力が進んでいることを評価したい」と発言、会談開催への期待を表明したのである！　主体性などまるでないまま、アメリカに追従してばかりいると言われても、抗弁できた義理ではあるまい。
（３）　第三章「占領軍とハリウッド・スター」参照のこと。

「シングルマザーvs現地妻」、すなわち痴話喧嘩レベルの水準で展開されてきたのだ。

（２９）　福田恆存『私の演劇白書』、新潮社、１９５８年、２３４ページ。原文旧かな、表記を一部変更。

（３０）　近年、北朝鮮問題などに関連して、安倍晋三総理がとかく「日米（同盟）の絆」だの「日米は１００％共にある」といった旨を主張したがることを想起せよ。

（３１）　もっともＣＩＥやＣＣＤが、そのような場面を許可したかどうかは保証のかぎりではない。日本人が「自分たちは占領されている」とあらためて自覚しないようにすることこそ、検閲の重要なポイントだったのだ。

（３２）　１９６０年に締結された日米安保条約において、この３点がすでにすべて提起されていることに注意。ちなみに「社会のあり方に関するアメリカ化」は、今や英語の公用語化推進まで含むにいたっている。これについては施光恒《せてるひさ》『英語化は愚民化　日本の国力が地に落ちる』（集英社新書、２０１５年）に詳しい。

（３３）　第一章「貧困への道はどう敷き詰められたか」を参照のこと。

（３４）　２０１５年４月２９日、安倍総理がアメリカ議会の上下両院合同会議で行った演説「希望の同盟へ」は、完全にこの発想に基づいたものだった。ここで安倍は、世界に平和と繁栄をもたらすためのリーダーシップを、日米が共同で取るべきだという旨を主張したのだが、同時に「われわれはアメリカの政策を、徹頭徹尾、ブレずに支持します」（拙訳）とも述べている。言い替えれば「現地妻路線の徹底による旦那化の達成」が、ほとんど戯画的なまでに打ち出されたのだ。

　同演説については、佐藤健志『戦後脱却で、日本は「右傾化」して属国化する』（徳間書店、２０１６年）の第一章で詳しく論じた。また演説自体は、外務省のサイトにおいて、英語と日本語の両方で読むことができる。

英語版　http://www.mofa.go.jp/na/na1/us/page4e_000241.html

日本語版　http://www.mofa.go.jp/mofaj/na/na1/us/page4_001149.html

（３５）　本章「戦後保守は保守主義を知らない」において展開した議論を参照のこと。

（３６）　「戦前回帰をもくろむ保守勢力」の筆頭のごとく位置づけられる安倍総理にしても、２０１５年の戦後７０年談話で、１９３０年代のわが国は国際秩序への挑戦者となり、進むべき進路を誤ったと述べている。

（３７）　けれども保守が、占領をめぐるＳＣＡＰ的方針とＡＦＰＡＣ的方針をハッキリ区別しなかったのは、前者に由来する平和主義を口実にして、アメリカへの従属徹底を拒むという計算があってのこと。したがって「従属をきわめることこそ自立への道」という話になったあとは、安全保障政策に関する平和主義の観念性や非現実性を遠慮なく批判できる。

　これもまた、保守の「爽快の気」を強めたであろう。とはいえ安全保障をめぐる平和主義批判が、経済や社会、あるいは家庭のあり方に関する平和主義的な発想の否定に結びつかないのは、第三章「『平和主義化』を深める保守派」で見たとおりである。

（３８）　２０１３年３月１５日、安倍総理はＴＰＰ交渉への参加を表明するにあたって、「日本が同盟国である米国とともに、新しい経済圏をつくります」と語った。２０１２年１２月に総選挙が行われた段階では、自民党はＴＰＰ交渉参加反対を謳っていたので、みごとに豹変したわけだが、ここに「旦那」たるアメリカの（当時の）意向が介在していたのは間違いあるまい。参加を表明した際の総理の発言は、官邸サイトで読むことができる。

https://www.kantei.go.jp/jp/96_abe/statement/2013/0315kaiken.html

　なおＴＰＰは、２０１８年の通常国会で承認される運びとなったが、担当大臣である茂木敏充・経済再生担当相は、承認案が衆院を通過した段階で「（協定の）早期発効に全力を尽くし**米国の復帰を議論していきたい**」と述べた。まさにアメリカー

（１６）　磯田光一『戦後史の空間』、新潮選書、１９８３年、１５１ページ。

（１７）　左翼の（語られざる）主張「平和を守りたければ貧困に耐えろ」も、つまりは「日本が〈富国強兵〉になるくらいなら、いっそ〈貧国無兵〉のほうがマシ」ということである。まず「無兵」か、少なくとも「弱兵」ありきなのだ。

（１８）　占領によって、アメリカ人の目には「日本」そのものが女として映りだしたという、ジョン・ダワーの主張を想起せよ。

（１９）　鳥尾鶴代がチャールズ・ケーディスについて、「彼は主人の持っていないものを全部持っていた」と述べたのは象徴的。鶴代とケーディスは男女の仲だったのだから、これは鳥尾子爵が「本当の男なら持っているもの」を持っていなかった——すなわち妻からインポのごとく見られていたことを暗示する。

　してみると『この世界の片隅に』のヒロイン・北條すずに子供ができなかったのも、やはり夫の周作に問題があったのではないだろうか。第二章の脚注３０，および第三章の脚注４１を参照のこと。

（２０）　自民党の中には、さらに十年間、安保条約を「固定延長」、つまり日米双方が合意しないかぎり終了できない状態にしておくべきだという主張も見られた。しかし固定延長の継続には国会承認が必要となるため、かえって反対運動を盛り上がらせる結果ともなりかねない。こうして継続案は却下され、条約は予定通り、１９７０年をもって「自動延長」（どちらか一方の国が終了を通告するだけで解消される状態）に入った。

（２１）　『プリンシプルのない日本』、２２３～２２４ページ。白洲が所得税と物品税にしか触れていないのは、１９６９年、消費税がまだ存在していなかったためである。

（２２）　英語条文より拙訳。日本語条文は翻訳調丸出しの生硬な悪文であり、読むに耐えない。

（２３）　安保条約の第一条が、国連中心主義的な理念を謳っていることも、こう考えると注目される。国連中心主義をタテマエとして掲げつつ、アメリカ・ファーストをホンネとして持ち出す点で、この条約の構造は、日本占領の方法論とそっくり同じなのだ。

（２４）　ただし財政法第四条がプライマリー・バランスの単年度均衡のみを定めているのにたいし、安保条約第二条は、日本の社会システムのあり方や、信奉すべきイデオロギー（＝自由主義）、ひいては国際経済政策のあり方まで定めている。

（２５）　第二次大戦後における自由主義陣営の国際金融システム「ブレトン・ウッズ体制」は、アメリカがドルと金《きん》の交換を保証することが基盤となっていたが、１９７１年、リチャード・ニクソン大統領はこれを停止した。またベトナムの社会主義化阻止を目的とした軍事介入、いわゆるベトナム戦争も、みごとに失敗したあげく、１９７５年に終結している。

（２６）　１９７０年代半ばのわが国における閉塞感については、『僕たちは戦後史を知らない』の第六章で詳述した。

（２７）　第一章「繁栄達成をめぐる裏事情」を参照のこと。

（２８）　この言葉、保守的な男性がシングルマザーにたいして本当に投げかけそうなものなのに注意。政治の現実を知るには、神話を信じなければならないわけだが、神話はしばしばセックスと結びついているのだ。第四章の脚注１２、および本章の脚注１８も参照のこと。

　わが国の「保守化」「右傾化」に伴って、平和主義はしばしば「一国平和主義」と呼ばれるようになる。「自分の国さえ良ければそれでいいのか」という批判のニュアンスがこめられているわけだが、これも「世の中は厳しいんだ、そんな甘い考えじゃ渡ってゆけないぞ！」式の発想の産物なのは自明だろう。自分勝手は許されないという次第である。

　おまけに「一国平和主義」の反対概念として持ち出されるのが「日米同盟」。要するにシングルとカップルの違いではないか。安保論争をめぐる白洲次郎の言葉ではないが、対米従属をめぐる左右の対立は、専門用語による粉飾を取り去ってしまえば、

規範の乱れ）等」だそうである。

（６）　「党の使命」が「秩序と伝統の中につねに進歩を求め（る）」などと述べたのも、「歴史や伝統（の復活）に反感を抱かせないかぎり、新しい愛国心やナショナリズムが成立しない」という状況にたいする、苦肉の策だった可能性がある。もっとも、それで文章の支離滅裂ぶりが正当化されることにはならない。

（７）　だからというわけではないが、中国語や朝鮮語では、「美国」と言えばアメリカのことを指す。

自民党の丸山和也参議院議員は、２０１６年２月１７日、同院の憲法審査会において、「日本がアメリカの５１番目の州になることに、憲法上の制約はないはずだ」という旨を大真面目に発言した。そうすれば現在のわが国が抱えるさまざまな問題について解決の展望が開けるうえ、将来的には「アメリカ合衆国日本州」出身者が大統領になるチャンスも生まれるなど、良いことずくめの結果が待っているのだとか。「売国的愛国」を超えた**「亡国的愛国」**と評さねばなるまい。

（８）　ただし白洲次郎が述べるとおり、ＳＣＡＰ型の占領方針が貫徹された場合、日本は貧しい小国にとどまった恐れが強い。やはり平和主義は貧困への道なのである。

（９）　自民党が１９５５年に誕生したときから、一貫して「自主憲法制定」を掲げているのは、その意味で偶然ではない。にもかかわらず、それから６０年以上にわたって改憲が実現しなかったのも、以下で見るように偶然ではない。

（１０）　『富国と強兵』、４７７ページ。たとえば英文タイプライターの文字配列（いわゆる「ＱＷＥＲＴＹ配列」。クオーティと読む）は、使用頻度の高い文字を隅のほうに置くなど、意図的に打ちにくくしてあると言われる。この配列が考案された段階では、タイプライター製造の技術が十分発達しておらず、速く打てるようにすると機械が壊れかねなかったのだ。

ならば丈夫なタイプライターが製造できるようになった段階で、より打ちやすい配列に切り替えたほうが、本来は望ましいはずだろう。が、そのような移行が起きることはなかった。ＱＷＥＲＴＹ配列に慣れてしまった人々は、新しい配列を受けつけなかったのである。

（１１）　第一章「繁栄達成をめぐる裏事情」を参照のこと。第四章の脚注５１で述べたように、同じ敗戦国であるドイツと比べたとき、日本は冷戦のコストをさほど負担することなく、メリットを享受する幸運に恵まれた。

だが、なまじオイシイ思いができたせいで、対米従属の経路からの脱却は、かえって難しくなったのだ。まさに「禍福はあざなえる縄のごとし」、ことわざのとおりではないか。

（１２）　平和主義が日本に根づく原因をつくったのは（占領軍や、左翼・リベラルではなく）吉田茂だという佐藤誠三郎の言葉は、この欺瞞を指摘したものと見なしうる。本章の脚注２を参照のこと。

（１３）　第一章「技術革新と政府の役割」「軍事研究なしに繁栄は続くか」を参照のこと。

（１４）　https://www.jimin.jp/aboutus/declaration/。

（１５）　この方針と、「党の使命」に謳われた共産主義・社会主義勢力との徹底的な闘争を、どう両立させるつもりだったかは不明である。

「駐留外国軍隊の撤退に備える」というと、アメリカが手を引いても困らないようにするかのようだが、冷戦が続くかぎり、同国が自発的に在日米軍を撤退させるとは考えにくい。すなわちこのくだりは、「いずれアメリカに出ていってもらう」ことの婉曲表現としか解釈できないものの、日本国内に「反米統一戦線」を結成したがっている（はずの）国際共産勢力にとって、こんな良い話はないだろう。それとも自民党は、経済的に力をつけたあとは、「反米・反共」の二本立てで行くつもりだったのだろうか？

府が公然とやるようになった」側面が見られるのだ。これについても、『僕たちは戦後史を知らない』第三章を参照のこと。

（５２） 強固な反共主義者である吉田茂は、全面講和論をヒステリックなまでに排除したと言われる。『白洲次郎　占領を背負った男』、３０２～３０３ページ。

（５３） 政治学者の佐藤誠三郎など、吉田茂について「マッカーサーやウィロビーら高官と結びつきを強めていった」だけの人物で、「政治的能力はなかったけれども、占領軍の威光を借りて長期政権を維持した」のだと断じた（岡崎久彦・佐藤誠三郎『日本の失敗と成功　近代１６０年の教訓』、扶桑社文庫、２００３年、２３０ページ）。占領軍の威光を借りて占領に抵抗するとは、売国的愛国の面目躍如ではないか。

（５４） これらの点は、ともに１９６０年の安保改定によって修正された。

（５５） 白洲次郎は、クラブで出会った財界人から「売国奴」呼ばわりされたとき、カッとなって相手を殴り倒した。ところが相手も柔道の心得があったとかで、乱闘になったそうである。『白洲次郎　占領を背負った男』、３４６ページ。

（５６） だからこそ戦後の左翼・リベラルは、赤字国債と並んで、インフレを目の敵にするにいたったのだ。第一章「平和のためにデフレに耐えろ！」を参照のこと。

（５７） 『プリンシプルのない日本』、２１９ページおよび２６１ページ。表記を一部変更。

第五章

（１） 『白洲次郎　占領を背負った男』、３１２～３１３ページ。同書３１１ページによると、吉田茂も朝鮮戦争勃発の直前にダレスと会談した際には、「われわれは憲法で軍隊は持てないことになっていますので」と再軍備を拒否した。独立を志向しながら、占領中に制定された「完全無力国家」用の憲法を守ろうとする吉田の姿勢に、ダレスは「不思議の国のアリス」になった気がしたとか。

（２） 佐藤誠三郎は吉田茂について、「平和主義が変な形で日本に根づく原因を作った」と批判する（『日本の失敗と成功』、２３１ページ）。それによれば、吉田が日本国憲法に固執したのには、当時存在した保守系の野党に対抗するという意味合いもあったらしい。

　しかし、この時期の日本の状況を踏まえるなら、かりにそれら保守系野党が政権を取ったとしても、保守としてプリンシプルのある路線をどこまで取れたかは疑わしい。１９９４年の村山内閣（第一章「繁栄達成をめぐる裏事情」参照）ではないが、政権を担ったとたんに現実との妥協を強いられ、それまでの主張を捨てるハメに陥るのは、政治においてしばしば起きることなのだ。

（３） 外交官の岡崎久彦は、吉田ドクトリンなどというものは存在しないと言い切っている（『日本の失敗と成功』、２３２ページ）。佐藤誠三郎も同書２２９ページで、「吉田茂は、よくいえば現実主義者であり、悪くいえば機会主義者（＝ご都合主義者）であって、ドクトリンなどに関心はなかった」と述べた。

　けれども吉田茂自身がドクトリンに関心がなかったからといって、「吉田ドクトリン」は存在しないとまで決めつけることはできない。吉田流の御都合主義が、戦後日本において、長らく保守の基本路線となったことも否定しがたいのである。

（４） https://www.jimin.jp/aboutus/declaration/#sec08。

　文中、「社会主義勢力」が「共産主義勢力」と別個のものとして扱われているのは、日本国内における社会党と共産党の相違を意識したものと思われる。

　１９５０年代前半、共産党主流派は武装闘争路線に走ったが、それが放棄されたのは１９５５年７月末。「党の使命」が発表される、わずか三ヶ月半前のことであった。

（５） 同。読点を一箇所追加し、表記を一部変更した。残り半分の原因は「政党及び政治家の感情的対立抗争、党略と迎合と集団圧力による政治、綱紀紊乱《こうきびんらん》（＝国や社会の

（４２）『白洲次郎　占領を背負った男』、２３１～２３３ページ。北康利はこの発言について、「“ＧＨＱ”と言いながら、それが“民政局”を意味することは明らかだ」と指摘した。
　白洲次郎も１９５４年に発表したエッセイ「占領政治とは何か」で、このエピソードを紹介している。もっともこちらだと、彼を恫喝したのは「将軍」とされているので、ケーディスではなくホイットニーということになろう。

　ホイットニーがこのとき准将だったのにたいし、ケーディスは大佐であり、「将軍」のうちには入らないためである。なお、白洲が回想した恫喝の文句は以下の通り。北康利が記したものとは細部が多少異なる。

「吉田内閣は従順でない。ＧＨＱをナメている。ちっともいうことをきかない。最高司令官は今迄ソフト占領政策をとって来たが、心掛けを改めないとハード政策に変更するといっておられる」（白洲次郎『プリンシプルのない日本』、新潮文庫、２００６年、１６７～１６８ページ）
（４３）同、２４９～２５１ページ。
（４４）『ＧＨＱの検閲・諜報・宣伝工作』、１８２～１９３ページ。第三章の脚注３７も参照のこと。
（４５）初期の占領政策について、ＧＨＱの裁量に任される部分が大きかった理由や経緯については、佐藤健志『僕たちは戦後史を知らない』（祥伝社、２０１３年）の第三章を参照されたい。
（４６）『プリンシプルのない日本』、１６３～１６５ページ。読点を一箇所追加し、表記を一部変更した。
（４７）同、１６４ページ。表記を一部変更した。
（４８）ケーディス本人が選んだ日付だが、憲法記念日にあたるのが興味深い。
　鳥尾鶴代との不倫のせいで、彼は妻のキャサリンから離婚を言い渡されていた。鶴代は夫と別れて渡米してもいいと申し出たものの、ＧＨＱのイメージダウンになるのを気にしたマッカーサーが制止したそうである。
（４９）『マッカーサーの日本』、下巻１７３ページ。
（５０）ただし「逆コース」という表現が流行したきっかけは、１９５１年１１月、読売新聞が同名の特集連載を行ったこと。実際の政策転換とは、三年ほどズレがあるので注意されたい。
（５１）吉田茂自身は再軍備に消極的であり、早期の独立回復を達成するための方便として、マッカーサーの要求に応じたにすぎなかった。他方、ウィロビーによれば、彼が抱え込んだ旧日本軍参謀たちは、戦史編纂のみならず、朝鮮戦争における作戦立案にも協力している。このことは吉田も承知していたらしい。『マッカーサーの日本』、下巻１６６ページ。
　再軍備が始まったといっても、ドイツと異なり、日本が冷戦対立の最前線に位置していなかったことは留意されるべきだろう。ドイツはもともと、アメリカ・イギリス・ソ連・フランスの四ヶ国によって分割占領されていたが、その後も「ドイツ連邦共和国（西ドイツ）」と「ドイツ民主共和国（東ドイツ）」に分断される。統一が回復されるのは、冷戦の終わった一九九〇年のことなのだ。

　アジアにおいて、同じ立場に置かれたのは朝鮮だった。こちらで生じた「大韓民国」と「朝鮮民主主義人民共和国（北朝鮮）」の分断は、二〇一八年現在、いまだ解消されていないものの、とまれ日本は冷戦のコストをさほど負担することなく、メリットを享受できるという幸運に恵まれたのである。

　ついでにマッカーサーは、日本占領を成功させ、その実績を足がかりにアメリカ大統領となることを夢見ていた。このため彼は、日本での人気を高めるべく、占領方針が公式に転換される前から、寛大な政策を取る傾向を見せている。

　占領方針の転換には、「マッカーサーがこっそりやっていたことを、ワシントン政チックな場面を規制するのは論理的に正しいのだ。

ナショナリズムの語源は「出産」だが、セックス抜きの出産はありえない。また愛国心は「男の力」と深く関連しているものの、これは女性を「征服」する（＝妊娠させる）能力とも結びつく。すなわち参謀部のＣＣＤが、専門部のＣＩＥと比べて、エロチックな場面の規制に無頓着だったことは、「専門部に比べ、参謀部はナショナリズムや愛国心を許容する姿勢を持っていた」ことを暗示する。

シングルマザー的ナショナリズム、ないし「外人ポンポン」へのこだわりにも、こうなると一種の処女懐胎願望を読み取れるかも知れない。処女懐胎とはセックス抜きの妊娠・出産なのだから、それが可能だとすれば、エロティシズムなしで生殖が達成される。しかるにセックス抜きとは、「男の力」に頼らないことでもあるため、ここには「エロティシズムなし＝男の力なし」の図式がひそんでいよう。

愛国心を否定したままナショナリズムを成立させたいのなら、日本女性は処女懐胎すべきなのだ！　とはいえ、さすがにこれは難しいので、次善の策として「父」の影が薄い「外人ポンポン」が選ばれるわけである。

北川アヤが外人ポンポンを「神の摂理」と評したのも、じつに納得のゆく話だろう。脚注１，１１，および１２を参照のこと。

（３０）『日本占領革命』、上巻１４１～１４２ページ。

（３１）同、１２０～１２７ページ。

（３２）『マッカーサーの日本』、下巻１７２～１７３ページ。「ロシア共産主義」は原文のまま。ウィロビーは共産主義シンパを洗い出すため、ＦＢＩの協力を得て、ＧＨＱスタッフ全員の個人情報を取り寄せたと主張している。

（３３）同、２２０～２２１ページ。ただしケーディスは、ウィロビーが好きだったとも語る。意見はまるで違っていても、「何かを持っている男」だと思ったとのこと。

（３４）右翼と左翼の語源は、フランス革命にまでさかのぼる。革命直前に開かれた「三部会」では、議長席の右側に貴族と聖職者の代表が、左側に平民代表が座った。そして革命後の「国民議会」では、やはり右側に穏健派が、左側に急進派が座る。

その意味で「左翼」は、**従来の体制にたいする**愛着や忠誠心を持たない。だとしても本文で述べた理由により、彼らに愛国心やナショナリズムがないとまで見なすことは（本来）できないのである。

（３５）第三章の脚注４４を参照のこと。

（３６）脚注１３および１４を参照のこと。

（３７）『マッカーサーの日本』、下巻１７２ページ。１９４６年１月、民政局は軍国主義者などを対象とした大規模な公職追放を実施するが、ウィロビーはその際も「日本は大混乱に陥ってしまう」と反対、ホイットニーやケーディスと激しくやり合った。

（３８）*Embracing Defeat: Japan in the Wake of World War II,* p.451. レーリンクは平和主義者であり、東京裁判の進め方には多少問題があったとしながらも、裁判の意義や理想については肯定していた。そういう人物と親しくなるのだから、ウィロビーも懐が深い。

ジョン・ダワーによれば、東京裁判への批判的な見解は、おおっぴらにこそされないものの、ＧＨＱ内部でかなり広範に見られた。ウィロビーの部下で、戦犯逮捕に深く関わったエリオット・ソープ准将も、この裁判を「ワケワカな茶番」と評している。

（３９）『マッカーサーの日本』、下巻１６５ページ。

（４０）『白洲次郎　占領を背負った男』、２１４ページ。ウィロビーも吉田茂について、「よく朝飯を共にし、語り合った友人だった」と回想する（『マッカーサーの日本』、下巻１７２ページ。

（４１）『マッカーサーの日本』、下巻２０７ページ。同書はケーディスが「何が何でも、吉田氏に政権を渡したくなかった」とも書いている。

と略称された。

（１９） *Reports of General MacArthur: MacArthur in Japan: The Occupation: Military Phase,* Volume I Supplement, p.71. この文書は現在、アメリカ陸軍戦史センターの公式サイトで閲覧できる。
https://history.army.mil/books/wwii/MacArthur%20Reports/MacArthur%20V1%20Sup/ch3.htm

（２０） マッカーサー報告書によれば、英語名称は「Special Staff Section」。「スペシャル」には、専門家（スペシャリスト）の部署という意味のほか、日本占領のため特別に設けられた部署という意味もあったものと思われる。
なお幕僚部（Staff Section）には、憲兵部、財務部、技術部、あるいは陸軍婦人部隊など、専門部以外の部署も存在するが、それらはアメリカ太平洋陸軍総司令官総司令部としてのＧＨＱにのみ所属し、連合国最高司令官総司令部としてのＧＨＱには属していなかったようである。

（２１） 参謀部の英語名称は「General Staff Section」。民間検閲局は、新聞、各種出版物、ラジオ、映画、演劇、紙芝居などの内容をチェックするのはむろんのこと、郵便の検閲、さらには電信や電話の傍受まで行っていた。山本武利によれば、ＣＣＤのスタッフ数はＧＨＱでもダントツで多く、経費も最もかかっていたという（『ＧＨＱの検閲・諜報・宣伝工作』、１３ページおよび２７ページ）。

（２２） *Reports of General MacArthur: MacArthur in Japan: The Occupation: Military Phase,* Volume I Supplement, plate 26. 参謀第二部を率いたチャールズ・ウィロビーも少将。彼は元帥の腹心の一人で、マッカーサー報告書の編纂責任者でもあった。
幕僚部で「経済科学局」を率いたウィリアム・マーカットも少将。したがって「准将（＝フォックス副参謀長）の下に少将がつく」形になっている。民政局の局長コートニー・ホイットニーは、のちに少将となるものの、この時点では准将だった。

占領軍の組織図には、参謀部よりも幕僚部、とりわけ専門部が大きく扱われているものが少なくない。けれどもＣＣＤの例が示すとおり、これは各部署の規模に即したものというより、詳しく紹介しやすい部署を強調した結果と見るべきだろう。参謀長より副参謀長のほうが、より大きな組織を率いているなど、常識で考えてもありえない。

（２３） セオドア・コーエン、大前正臣訳『日本占領革命　ＧＨＱからの証言』上巻、ＴＢＳブリタニカ、１９８３年、１４０ページ。

（２４） 『マッカーサー　記録・戦後日本の原点』、７６ページ。

（２５） *Reports of General MacArthur: MacArthur in Japan: The Occupation: Military Phase,* p.73. １９４７年末時点の組織図（脚注２２参照）を見ても、参謀部の箇所には「LIMITED FUNCTIONS FOR SCAP」（ＳＣＡＰのための任務は限定的）と、わざわざ断り書きが付されている。

（２６） 第三章の脚注３７を参照のこと。

（２７） 『ＧＨＱの検閲・諜報・宣伝工作』、１２３ページ。山本はＣＣＤを批判したＣＩＥ側の文書がないことを不思議がっているが、両者の上下関係を思えば、これは何ら不思議ではない。
連合国最高司令官総司令部の幕僚部にのみ属していた民政局と違い、ＣＩＥはアメリカ太平洋陸軍総司令部の幕僚部にも属していた。同司令部の参謀部に属するＣＣＤは、名実ともに格上の部署だったのである。文句をつけない、ないし文句をつけられないのが自然ではないか。

（２８） 同。

（２９） 同、１２５～２６ページ。冗談のようなエピソードだが、ここには笑ってすませられない意味合いがひそむ。ナショナリズムや愛国心を否定したいのであれば、エロ

（１２） Norman O. Brown, *Love's Body* (New York: Vintage Books/Random House, 1966), p.15.ちなみにキリストも、「外人ポンポンによるハーフ」の一種と考えることができる。彼の場合、父が人間でなかっただけの話なのだ。また「お前はお父さんを亡くしたが、天皇陛下はお前のお父さんだからな」という教師の言葉が、大島渚にとって「子供時代に聞かされたおとぎ話」でなくて何であろうか？

（１３） ただし「できればナショナリズムまで否定したい」と思っている人物であろうと、一種の方便として、シングルマザー的ナショナリズムを支持、ないし容認することは十分ありうる。

くだんのナショナリズムが支配的であるかぎり、わが国における愛国心は抑え込めるのだ。しかも脚注１でも触れたとおり、シングルマザー的ナショナリズムは、ナショナリズムの否定とも両立しやすい特徴を持つ。

だいたい愛国心とナショナリズムの両方を本当に解体してしまったら、国や社会がまとまりを保ちうるかどうかも疑わしい。**「口では愛国心とナショナリズムをそろって否定しつつ、現実的にはシングルマザー的ナショナリズムの線で手打ちする」**というのが、左翼・リベラルの落としどころだったように思われる。

（１４） 戦後日本の平和主義が、武力に訴える能力を自国の政府に与えないことにこだわるのも、ここにルーツがあるのではないだろうか。でなければ占領が終わらないかも知れないのだ。

そう考えるとき、平和主義の根底にも、独立回復を願うナショナリスティックな心情がひそんでいる可能性がある。この心情と、「ナショナリズムは否定されるべきだ」という観念の妥協点こそ、シングルマザー的ナショナリズムだったと見ることもできよう。

これをめぐっては、脚注１３も参照のこと。ポツダム宣言第六項と第七項については、読みやすさを考慮し、訳文を平易に改めた。

（１５） 中国・四国地方には、英連邦軍（イギリス、オーストラリア、ニュージーランド、英領インド）が占領を担当した地域もある。ただし当該の部隊は、１９４８年までにほとんど撤退した。日本占領が１９５２年４月まで続くことに照らしても、部分的例外と見なすべきだろう。

（１６） アメリカのブッシュ大統領と、ソ連のゴルバチョフ書記長によって、冷戦の終結が宣言されるのは、１９８９年１２月３日のことである。

（１７） もっとも当初は、中国で共産党勢力が敗退し、国民党（現在の台湾政府系）が親米政権を樹立するだろうと見られていたため、この点もさほど表面化しなかった。中国と軍事同盟を組むことができれば、日本など活用しなくとも、ソ連を容易に封じ込められるではないか。裏を返せば、いわゆる「国共内戦」が共産党優位に傾くにつれて、占領をめぐるアメリカの都合も、連合国全体の都合と乖離していったのだ。

（１８） 「ＳＣＡＰ」はSupreme Commander for the Allied Powers（連合国最高司令官）の頭文字を取ったもの。「スキャップ」と読む。

「連合国軍最高司令官」としなかったのは、この職務がたんなる軍司令官ではなく、占領統治を取りしきる行政官としての性格を持つため。英語名称が「Supreme Commander *of* the Allied Powers」ではなく、「Supreme Commander *for* the Allied Powers」となっていることが示すとおり、意味合いは「連合国軍の最高司令官」よりも「連合国のための最高司令官」に近い。

他方、「ＡＦＰＡＣ」はArmy Forces in the Pacific（太平洋陸軍）の頭文字。ＰＡＣは「Pacific」の最初の三文字にあたる。先頭に「ＵＳ」（United States, つまりアメリカの略称）をつけて、「ＵＳＡＦＰＡＣ」とする記述もある。こちらにおけるマッカーサーの肩書き「アメリカ太平洋陸軍総司令官」は、「ＣＩＮＣＡＦＰＡＣ（Commander In Chief, Army Forces Pacific)」、ないし「ＣＩＣＡＦＰＡＣ（同)」

いるか、あらためて実感されよう。

ついでにシングルマザーは定義上、配偶者を持たないので、シングルマザー的ナショナリズムは「家の解体」とも両立しうる。他方、「家の解体」がナショナリズムの否定に結びつくのは、第二章「国と家のつながりを断て！」で論じたとおり。

すなわちシングルマザー的ナショナリズムは、「ナショナリズム否定と両立しやすいナショナリズム」にほかならない。戦後日本にとって、ますます都合が良くなる次第である。

（２）　「外人ポンポン」だけは、話を分かりやすくするために残しておいたものの、シングルマザー的ナショナリズムの概念がある以上、この言葉がなければ論旨を要約できないわけではない。だいたい『晩春』は、「日本の女性がアメリカ人の男性に抱かれて妊娠するが、結婚して向こうに渡ろうとせず、シングルマザーのまま子供を育てる」物語では**ない**のだ。

（３）　*Embracing Defeat: Japan in the Wake of World War II*, p.138.

（４）　『白洲次郎　占領を背負った男』、１８９ページ。「監禁して」の主語がアメリカ、ないし占領軍なのにたいし、「強姦された」の主語は日本（政府）なので、変な感じのする表現だが、原文のままである。白洲の中でも、日本の視点とアメリカの視点が区別できなくなっていたのかも知れない。

（５）　グラント・グッドマン、小林英夫訳『アメリカの日本・元年』、大月書店、１９８６年、６７〜６９ページ。占領は強姦ではなく和姦だったという袖井林二郎の主張（第三章の脚注４４参照）も、こうなるとまさに文字通りのものとなる。

グッドマンは袖井にたいし、元帥の子種を求めた手紙の数を「何百通もあってね」と語っている（『拝啓マッカーサー元帥様』、１４２ページ）。１９４５年の１１月から１２月までの間に、少なくとも八十通来たとすれば、この数字も誇張とは言いがたい。また日本の男がうちひしがれていたという記述については、北川アヤの「だいたい男なんてダメよ」を想起せよ。

（６）　『昭和　二万日の全記録／第９巻　独立——冷戦の谷間で』、講談社、１９８９年、１４４ページ。

（７）　袖井林二郎『マッカーサーの二千日』、中公文庫、１９７６年、３６１ページ。佐藤忠男は巻末の解説を執筆しており、この記述はそこに登場する。

（８）　問題の発言がなされたのは、１９５１年5月５日、つまり「子供の日」だった。偶然にしても傑作と言わねばなるまい。

（９）　敗戦直後の日本を舞台にした篠田正浩監督の映画『瀬戸内少年野球団』（１９８４年）は、アメリカでは『マッカーサーの子供たち』という題で公開された。篠田も松竹大船撮影所出身であり、大島渚同様、小津安二郎の後輩にあたる。

（１０）　映画評論家の松田政男は、大島渚の映画について、興味深い指摘をしている。すなわちそこには、若者が年上の女性からセックスの手ほどきを受けて成長しつつ、いなくなった父を求めてさまようという作劇がしばしば見られるのだ（『世界の映画作家６・大島渚編　増補改訂版』、キネマ旬報社、１９７２年、２２８ページ）。

なお帰国後のマッカーサーが、正式に日本を再訪することはなかった。しかし１９６１年7月、フィリピンを訪れた帰りに、横田基地で一泊しているとのことである（『マッカーサー　記録・戦後日本の原点』、１６５ページ）。

（１１）　この論理にしたがえば、『この世界の片隅に』の最後に登場する戦災孤児も、戦後日本にふさわしい人間のひとりと見なしうる。

くだんの孤児には、周作とすずという「父」と「母」ができるわけだが、血のつながりはまったくない。すなわち表面的には、愛国心とナショナリズムがそろって成立しているようでありながら、どちらも内実を欠いているのだ。すずの義姉である径子が、文字通りのシングルマザーとして登場することにも注目されたい。

『晩春』の紀子は、父・周吉の再婚に反発したものの、『東京暮色』の孝子と明子も、実の母（＝周吉の妻）である喜久子に反発する。喜久子は戦前、周吉が朝鮮の京城（現ソウル）に単身赴任していた間、別の男と深い仲になり、満州へと駆け落ちしてしまったのである。敗戦後、彼女はソ連に抑留されたらしく、ずっと祖国に戻れなかったものの、１９５５年暮れになって帰国、都内で雀荘を営むことになった。

１９５５年と言えば、自民党が誕生し、戦後の保守政治の基盤が確立された年にあたる。しかも自民党が結党されたのは、そろそろ年の瀬になる１１月１５日。「満州に渡ったはいいが、挫折して１９５５年暮れに戻ってきた」という喜久子の設定は、「昭和初期、満州を足がかりとして中国への本格進出をもくろんだが、敗戦で挫折、１９５５年暮れになって再起した」という、わが国のナショナリズムのあり方とぴったり重なる。

だったら喜久子にたいする孝子や明子の反発は、『晩春』における紀子の反発と同様、「従来のナショナリズム（の復活）への反感」を表していることになろう。ところが『東京暮色』の場合、くだんの反発は姉妹のどちらにも幸せをもたらさない。

理由は簡単、孝子も明子も、妊娠・出産という形で、みずからの母性（＝ナショナリズム）に直面させられているのである。自分たちの中にも「喜久子」がひそんでいる以上、単純に否定することはできない。明子など、自分には母親の「汚い血」が流れていると言い放った。

「戦後の民主化で、おぞましいナショナリズムから自由になったはずなのに、自分の中にナショナリズムが残っているなんて耐えられない」という意味に解すれば、この台詞もなかなかに意味深長。しかしそうなると、ナショナリズムから真に解放されるには、子供をつくってはならないことになる。

はたせるかな、中絶手術を受けたあとに喜久子と再会した明子は、自分は一生子供を産まないと叫んだ。彼女はつづけて「かりに産んだとしたら、（自分たちを捨てた）お母さんと違って、思い切りかわいがってやります」という旨を付け足すのだが、中絶後の発言であることを考慮すれば、これは母にたいする負け惜しみにすぎない。この場面からほどなくして、明子は踏切事故で死んでしまうのだ。

戦後日本型の平和主義は、やはり少子化と家庭崩壊への道なのである。題名の「暮色」とは「夕暮れの薄暗いさま」を指すものの、これも「国が黄昏を迎える」ことを暗示していると受け取らねばなるまい。

（４４）　何なら**「かつての敵に股を開いている」**と形容してもいい。戦後日本のナショナリズムは、「アメリカの現地妻となり、子種（＝民主主義）をもらうが結婚はしない」という、シングルマザー（より正確には未婚の母）的な発想のうえに成り立っているのだ。占領期の研究家・袖井林二郎も、著書『拝啓マッカーサー元帥様　占領下の日本人の手紙』（大月書店、１９８５年。以下ではサブタイトルを省略する）でこう記した。

「（敗戦直後の本質とは）アメリカによる日本占領とそれに引き続く諸改革の実施が、少なくとも多くの庶民にとっては、いわば強姦ではなく和姦であったということである。私は占領研究に志してからしばしば、『当時の日本人は占領と寝た』といって、謹厳な方々の不興を買ったが、今でもその信念に変わりはない。日本人はあまりにいそいそと占領と寝て『改革』という子を産んだのではあるまいか」（１４２～１４３ページ）

第四章

（１）　宗教用語としての「摂理」は、「神が人の利益を慮《おもんぱか》って世の事すべてを導き治めること」と定義される（広辞苑）。『晩春』の北川アヤが、いかに強く渡辺を擁護して

これについては、第二章の脚注３０を参照のこと。余談ながら「飛び去る生殖能力」というフレーズは、『この世界の片隅に』に登場した「この国から正義が飛び去ってゆく」のもじりである。しかるにアメリカの白人（＝第二次大戦において、正義があると見なされた国の人間）が相手なら、日本女性もちゃんと妊娠するのだから、生殖能力の有無は、国の正義の有無と本当に関連していることになろう。ナショナリズムの語源が「出産」なのは、決してゆえのないことではない。

（４２）　池上についても、アヤが「ずるい」と形容することに注意。この言葉の選び方、偶然ではあるまい。

（４３）　ただし同じシングルマザーでも、相手の男が日本人となると、意味合いがまるで違ってくる。

父親の影が薄いことは、この場合も変わらないため、「ナショナリズム＝母、愛国心＝父」の図式にしたがえば、「愛国心が弱いままのナショナリズム」が成立する。けれども父親は日本人なのだから、「外人ポンポン」と異なり、愛国心がアメリカに向かうことは起こらない。

アメリカとの一体感が生まれないわけだが、こうなると愛国心、もとへ父は完全に否定されるべきものと化す。だとすれば、そんな相手の子供を産むこと自体が間違っていよう。女の側が出産しなければ、男が「父」になることはありえない。つまり愛国心は成立しないのだ。

よって「日本人ポンポン」においては、子供を産まずに中絶することが望ましいという話になる。『晩春』的な発想においては、**ハーフでない子を持つシングルマザーなど存在してはいけない**のである。

小津安二郎は１９５７年の作品『東京暮色《ぼしょく》』で、この点を辛辣に描き出した。『晩春』同様、『東京暮色』にも「周吉」という中年男が登場する。こちらの周吉の姓は「杉山」であり、大学教授ではなく銀行員に設定されているが、やはり男手ひとつで（二人の）娘を育て上げたことになっており、『晩春』で「曾根周吉」に扮した笠智衆によって演じられた。

ところが周吉の下の娘・明子は、短大を出て英文速記の勉強をしているうち、木村という軽薄な青年の子を妊娠する。木村が責任を取ろうとしないのに絶望した明子は、子供をひそかに中絶したあげく、踏切事故で死んでしまうのだ。

『晩春』で「外人ポンポン」を神の摂理と称賛した北川アヤも、ステノグラファー、すなわち英文速記を職業としていたのを思えば、この展開が何を意味するかは疑いえまい。劇中、明子の妊娠は「ラージ（大きい）・ポンポン」と揶揄されるが、こちらは神の摂理どころか、破滅への一本道なのである。

『東京暮色』には、『晩春』で紀子を演じた原節子も登場する。周吉の長女・孝子（＝明子の姉）という役どころだが、こちらもまったく幸せではない。孝子は夫の振る舞いが耐えられないと言って、まだ小さい娘とともに嫁ぎ先から出戻り、実家に居座っているのだ！

明子が死んだあと、孝子は「うまくやってゆけるかどうか分からないが、子供には両親がそろっていることが必要だと思う」という旨を語り、夫のもとに戻ってゆく。だとしても、『晩春』の周吉が説いた「新しい人生」や「本当に新しい幸せ」が、完全に否定されているのは明らかだろう。

『東京暮色』は「日本人の男と正式に結婚して母になっても不幸、結婚しないまま妊娠したらもっと不幸」という、救いのない構造の作品にほかならない。他方「ナショナリズム＝母、愛国心＝父」なのだから、これは「戦後日本では、愛国心を受け入れようと受け入れまいと、ナショナリズムは幸福な形で成立しえない」ことを意味する。小津安二郎はこの作品で、『晩春』における紀子の婚礼が虚妄にすぎなかったと認めたのだ。

あるにしても**結婚がドラマの軸になるものであれば**松竹映画の枠におさまらないものでもあるまい、と、会社側は、政治性を危惧しつつも（中略）この企画を受け容れたものであろう」（『大島渚の世界』、８７ページ）

（３３）　もっとも『晩春』がつくられた時点では、ハワイとアラスカが州に昇格していなかったため、アメリカの州数は４８となる。

（３４）　ＧＨＱ民政局の大物にして、日本国憲法の草案作成を仕切った以上、ケーディスが「占領時代のスター」の一人であることは疑いえない。とはいえ鳥尾鶴代が、ケーディスをどこまで客観的に見ていたかは別の話。別府の温泉女中・フミコではないが、美化していたとしても不思議ではないだろう。

（３５）　本章の脚注１９を参照せよ。

（３６）　大島渚も、１９７１年の映画『儀式』で、虚妄と化した結婚式を描いた。ここでは主人公「桜田満《ま》州《す》男《お》」が、婚礼当日になって花嫁に逃げられてしまうものの、周囲への体面を考慮し、式はまるで新婦がその場にいるかのごとく行われる。

紀子が「幻に嫁いだ女」なら、満州男は「幻を娶《めと》った男」と呼ばねばなるまい。もちろんこれも、日本における「家」や「国」の形骸化・虚妄化を表したものである。

ついでに周吉の結婚話まで嘘だったことを想起せよ。彼が最後にうなだれるのも、自分の行為の虚妄性に耐えきれなくなったせいではあるまいか。

（３７）　『晩春』、３９分３３秒からの台詞。くだんのやりとりが盛り込まれていること自体、注目に値する。占領期の研究者である山本武利が、著書『ＧＨＱの検閲・諜報・宣伝工作』（岩波現代全書、２０１３年）で述べるように、当時、占領軍将兵と日本女性の「フラタナイゼーション」（性的な関わりを持つこと）をめぐる描写は厳しく規制されていた。

「外人ポンポン」は、検閲に引っかかっても何ら不思議のない台詞なのだ。にもかかわらずカットされなかったのは、占領軍の担当者が意味を理解できなかったからではないかと思われるものの、たんに検閲をパスしたいだけなら、渡辺に関する話を省いたほうが無難なのは疑いえない。

すなわちこのやりとり、トラブルとなりかねないのを承知のうえで、確信犯的に盛り込まれた可能性が高い。言い替えれば「外人ポンポン」にも、それだけ重要な意味がこめられていると見るべきだろう。脚注３２も参照のこと。

（３８）　紀子たちは１９４９年に２７歳なので、女学校を出てすぐに嫁いだとすれば、池上の結婚は１９４０年前後の計算になる。

第二章で述べたとおり、１９３９年９月には「生めよ育てよ国のため」の「結婚十訓」が発表され、１９４１年１月には、子供は平均５人が望ましいという「人口政策確立要綱」が閣議決定された。池上が子供の数についてサバを読むのも、国策にしたがって子供をつくりつづけたのを隠そうとしてのことではあるまいか。

（３９）　脚注３７の内容を踏まえれば、池上が子供を産んでいたのは、もっぱら敗戦前と推測される。あまり小さい子供が何人もいたら、クラス会に出席するのも難しいだろう。

（４０）　論理的には、渡辺の相手が黒人の可能性もある。しかしこの頃の日本人にとって「アメリカ人」と言えば、まずもって白人がイメージされたはず。よって、子供の父親は白人だという暗黙の前提が存在するものと見なしておく。

（４１）　関連して想起されるのが、『この世界の片隅に』の北條すずである。血のつながらない戦災孤児しか「娘」に持てない以上、彼女の母性（＝ナショナリズム）は虚妄と言わざるをえない。しかも第二章の脚注２７で指摘したように、すずと周作が浮浪児を拾うラストは、それ自体が幻想かも知れないのだ。

他方、「外人ポンポン」を踏まえて考えると、すずに子供ができなかった原因は、やはり周作の側にあった可能性が高い。相手がアメリカの白人であれば、飛び去ったはずの日本女性の生殖能力も復活するのである！

（２４）『マッカーサーの日本』上巻、３１６ページ。「進駐軍」は、占領軍の婉曲な言い方である。同書によれば、フミコはいったん巡査のもとに嫁いだものの、一年ほどで別れた。北川アヤとそっくりではないか。

（２５）北川アヤは出戻って以来、「ステノグラファー」（速記者）として働いている。ところが彼女の家は、曾宮家よりも洋風で裕福そうなうえ、居間の椅子には英語の書籍や雑誌が積まれていた。ハッキリと描かれてこそいないものの、肩書きが英語になっていることといい、占領軍関係の仕事なのは確実だろう。

（２６）斎藤憐『幻の劇場　アーニー・パイル』、新潮社、１９８６年、１１１ページ。同書の内容には斎藤によるフィクションも混じっているが、この箇所は鳥尾鶴代の自伝からの引用である。なおケーディスと鶴代のロマンスは、１９４８年１２月、彼が日本を去ることによって終わった。

（２７）木村勝美『子爵夫人　鳥尾鶴代』、立風書房、１９９２年、１０２ページ。こちらの表現は以下の通り。「彼（ケーディス）には決断力があった。女子供をいたわり、翼下で北風から守る抱擁力があった。どれもこれも、敬光にはなかったものである」。

（２８）『子爵夫人　鳥尾鶴代』、２３３ページ。鳥尾敬光は、ケーディスと鶴代の恋が破局を迎えた直後の１９４９年６月、脳溢血で急死する。他方、鶴代は１９５３年に銀座でバーを開くが、店の名はずばり「鳥尾夫人」だった。

（２９）北康利『白洲次郎　占領を背負った男』、講談社、２００５年、２４５ページ。占領軍総司令部でケーディスの秘書を務めた女性ルース・エラマンも、「チャック（ケーディスの愛称）は決して自分から女にチヤホヤするような男ではなかったが、女の目からは“ほうっておきたくない男”に見えたといえましょう」と述懐した（週刊新潮編集部『マッカーサーの日本』下巻、新潮文庫、１９８３年、２０１ページ）。

（３０）袖井林二郎、福島鑄郎編『マッカーサー　記録・戦後日本の原点』、日本放送出版協会、１９８２年、１６２ページ。ただし同書は、このウワサを事実無根と断じている。

（３１）『わが青春に悔なし』は、占領軍総司令部の奨励のもと製作された「アイディアピクチュア」（民主主義の理想を宣伝する映画）の一つ。『青い山脈』で原節子が演じたのも、民主主義の理想に燃える女教師「島崎雪子」だった。しかも劇中、雪子は女生徒たちにたいし、今までの日本で一番間違っていたのは、**家のため、国家のため**という名目のもと、人間の個性を抑圧して型にはめようとしたことだと述べる。

　ナショナリズムを否定するためには、やはり家まで解体しなければならないのだ。『青い山脈』が公開されたのは１９４９年７月、『晩春』のわずか二ヶ月前である。

（３２）「政府不信と両立しうる愛国心やナショナリズムの再生」などというテーマを、１９４９年の時点でストレートに描くことは不可能だった。占領軍は当時、日本で製作されるすべての映画について検閲を行っていたものの、その基準を示した「ピクトリアル・コード」には、「ピクトリアル・メディア（注：映画、演劇、紙芝居など、視覚性の強い表現媒体のこと）は反民主的、封建的、超国家主義的、または軍国主義的な宣伝に使ってはならない」と定められている。

　裏を返せば、戦後日本における愛国心やナショナリズムのあり方を探るには、一見、政治や社会と無関係の題材を通じて行わねばならない。結婚をめぐるホームドラマなど、うってつけではないか。『晩春』に見られる政治的な含みが、意図的なものではないかと推測されるゆえんである。

　大島渚も『日本の夜と霧』（１９６０年）で、よく似た手を使った可能性が指摘されている。同作品では、わが国の左翼運動、とりわけ学生運動のあり方をめぐる議論がえんえん繰り広げられるが、議論の場となるのは、華やかな結婚披露宴の席なのだ。佐藤忠男はこの作劇について、映画会社の上層部が嫌がりそうな企画を実現させるための戦術だったのではないかと述べ、以下のように解説した。

「松竹は伝統的に女性メロドラマを大切にしてきた会社である。政治的なテーマが山本は１９４３年４月、５９歳で戦死しているので、「周吉＝五十六」とすれば、彼の余命も三年前後。人生が終わりに近いと言い出すのも道理となる。

（１５）『晩春』、１時間１４分２７秒前後からの台詞。『この世界の片隅に』の北條すずは、婚家の跡継ぎとなる男児を産めなければ嫁失格と見なされ、実家に帰されると心配していた。けれども北川アヤは「だいたい男なんてダメよ」と言い切って実家に戻ってくるのだから、妊娠・出産を義務と考えるはずがない。敗戦によるナショナリズムの否定は、こうやって出産の否定と結びつくのである。

（１６）フリードリヒ・リストの綴りに「ｚ」がないという服部の台詞にも、ひそかな含みがあるのかも知れない。Ｚはアルファベットの最後の文字なのだから、くだんの台詞は「ナショナリズムは今のところ（生前のリストのように）受け入れられないものの、このまま終わってしまうわけではない」と解釈できるのだ。

（１７）まさの台詞によれば、秋子には子供がいないとのこと。このナショナリズム、やはり本物かどうか疑わしい。

（１８）周吉が皮を剝いている果物がリンゴなのも偶然ではあるまい。１９４５年秋、敗戦後初の大流行歌となったのは、並木路子《なみきみちこ》の「リンゴの唄」なのだ。

同曲は戦災復興を象徴するまでにいたったのだから、『晩春』のラストは「戦後の理想を観念的には受け入れつつも、本当にはついてゆけない年長世代の悲哀」を描いたものと解釈できる。なお「リンゴの唄」は、もともと『そよかぜ』という映画（佐々木康監督）の挿入歌だが、これは『晩春』と同じ松竹大船撮影所の作品であった。

大島渚も、やはり松竹大船で撮った出世作『青春残酷物語』（１９６０年）に、主人公の青年・清がリンゴを（皮ごと）えんえんかじる場面を盛り込んでいる。しかも清は、隣室で「世の中に怒りをぶつけても敗北するだけではないのか」という趣旨の会話がなされるのを聞きつけ、それに反発するかのごとくリンゴを食べるのだ。こちらは「戦後の理想が非現実的な観念にすぎないことを突きつけられても、当の理想に殉じようとする若者世代の悲壮感」を描いたものと解釈できよう。

（１９）映画評論家の佐藤忠男が、著著『大島渚の世界』（朝日文庫、１９８７年）で述べるところによると、『晩春』から十年以上たった１９６０年になっても、松竹映画には「（石原裕次郎や三船敏郎のような）行動的なポーズのよく似合う、明るいスポーツマン・タイプ」の男性、とくに青年が登場しなかった（同書、１３１ページ）。「松竹の若いスタアは、恋愛メロドラマで恋人の前で黙ってうなだれているような雰囲気をもっぱら得意としていた」（同）のである！

（２０）『晩春』、４４分４０秒からのやりとり。まさの台詞にある「こないだ来た野球映画」は、１９４２年にクーパーが主演した『打撃王』（サム・ウッド監督）を指すと思われる。同作品の日本公開は１９４９年3月２２日だが、『晩春』は約六ヶ月後、９月中旬に公開された。

（２１）『晩春』、１時間１６分０３秒からの台詞。

（２２）先の台詞のあと、まさは紀子が結婚したら、佐竹のことをどう呼んだらいいか思案する。「熊太郎さん」では山賊のようだし、「熊さん」では落語の「熊さんと八っあん」みたいだし、「熊ちゃん」でもおかしいし、と悩んだ末、到達した結論は「クーちゃん」だった。

「熊」から「クーパー」へと、語呂を切り替えたのは自明だろう。ハリウッドのアクション・スター、アーノルド・シュワルツェネッガーについて、わが国では１９８０年代後半より「シュワちゃん」という愛称が広まったが、「クーちゃん」は１９４０年代末の時点でこれを予見したことになる。

（２３）『晩春』、１時間１３分１３秒～５３秒前後のやりとり。ゲイリー・クーパーは戦前より、わが国の女学生の間で人気が高かったらしいので、紀子が昔からのファンだったとしてもおかしくはない。

ここで想起されるべきは、１９４０年代後半から続いてきた冷戦が、１９８９年、アメリカを中心とした自由主義諸国の勝利という形で終結したことである。グローバリズムはもともと、アメリカ（およびイギリス）で台頭した発想だが、冷戦終結からしばらくの間は「これからはアメリカによる世界一極支配が成立するので、アメリカの基準が世界共通基準になる」という見方が支配的だった。「国際化」が「グローバリズム」にスケールアップするのも無理からぬ話ではないか。

（６）　第二章「飛び去る生殖能力」で紹介した、戦時中の北條すずの発言を想起されたい。保守派は現在の日本において、若い女性があのような発想に基づいて行動することを期待しているのだ！

（７）　『晩春』、１時間３２分３５秒〜１時間３４分４６秒前後にかけての台詞。映画の上映時間は１時間４８分なので、この台詞はドラマのクライマックスをなしている。

なおこれは、「日本名作映画集」版のＤＶＤ（コスモコンテンツ、２０１１年）に基づいて実測したもの。けれどもこのＤＶＤに収められた『晩春』には、冒頭の製作会社タイトル、つまり「松竹マーク」がない。

同じ小津監督の映画『東京暮色《ぼしょく》』（本章の注４３参照）のデジタル修復版ブルーレイ（松竹、２０１８年）で実測したところ、松竹マークは約２０秒。よって『晩春』についても、他の版のＤＶＤやブルーレイでは、台詞の位置が２０秒ほどずれる可能性がある。以下同じ。

（８）　物語の内容が示すとおり、『風の中の牝雞』という題名は、「敗戦後の厳しい世相の中で、家族（息子）を必死に守ろうとする母親」を意味する。しかるにこれは、「私たちは吹きさらしの風の中に家族とわが子を抱えて孤立して立っている」という大島渚の言葉と、ほとんど同じではないか。

第二章「平和のために家族をつくるな」を参照のこと。くしくも小津と大島は、松竹大船撮影所の先輩と後輩にあたる。

（９）　時子の息子の名前「浩」については、昭和天皇の名前「裕仁《ひろひと》」にちなんだものではないかとする解釈がある。つまり浩は、天皇によって象徴される「日本の美点」を表しており、その医療費を工面するために時子が身体を売る筋立ては、「敗戦や占領の衝撃から自国の美点を守ろうとして、日本人が多大な犠牲を払った」ことの比喩ではないかというわけなのだ。

ならば修一と時子がやり直せるかどうかは、ずばり「日本人は敗戦・占領から立ち直れるか」とイコールになろう。なお『晩春』における紀子の結婚相手の名は「佐竹」だが、『風の中の牝雞』でも、修一の旧友として「佐竹」という人物が登場する。しかもこちらの佐竹を演じたのは、『晩春』で周吉を演じた笠智衆だった。

（１０）　『晩春』、６分４５秒からの台詞。

（１１）　同、７分４０秒からの台詞。

（１２）　リストの生涯と業績については、中野剛志が『経済と国民　フリードリヒ・リストに学ぶ』で詳しく紹介している。

（１３）　第二章で述べたように、愛国心とナショナリズムは、それぞれ「〈父の共有〉という観念に象徴される祖国への忠誠」「〈母の共有〉という観念に象徴される母国への愛着」と規定できる。

この定義は両方の言葉の語源に由来するものの、「忠誠」と「愛着」を比較すれば、前者が男性的でハードな性格を持つのにたいし、後者は女性的でソフトな性格を持つのは明らかだろう。「愛国心＝父（性）、ナショナリズム＝母（性）」の図式は、この点からも成立する。

（１４）　「お父さんはもう五十六だ」という台詞は、関連して興味深い。脚注９で触れた「浩＝裕仁」説ではないが、この年齢設定は有名な海軍元帥・山本五十六にちなんだものではないだろうか？

の幻想、ないし「物事はこうあってほしい」という願望の表明とも解釈できるような描き方がなされている。その意味で同作品における家族再生は、最初から虚妄にすぎなかった可能性もあろう。

（２８）　昭和の前半期、とくに戦争末期と敗戦直後を扱っているにもかかわらず、『この世界の片隅に』には「天皇（陛下）」という言葉が登場しない。「天皇陛下万歳」といった賞賛の形でも、「今度の負け戦は、みんな天皇のせいだ」といった非難の形でも出てこないのである。不妊を肯定する物語にふさわしく、「父」の存在が最初から排除されていると見るべきか。

（２９）　『この世界の片隅に』後編（双葉社、２０１１年）、１６０ページ。

（３０）　すずに子供ができないのは、**周作の生殖能力**に問題があるせいだということも想定できる。ただし物語の文脈に照らして、この可能性が否定されている（というか、最初から考慮されていない）のは明らかだろう。「愛国心＝父性、ナショナリズム＝母性」の図式を踏まえるとき、これも当然の顛末と評さねばならない。

「男の人は、みな戦地で命懸け」というすずの言葉ではないが、父性が「男の（戦う）力」と深く関連している以上、日本の父性、つまり愛国心は、周作の生殖能力などあげつらうまでもなく、敗戦によって崩壊しているのだ。その後で否定されるべきものはナショナリズム、つまり日本の母性なのである。

　他方、『夕凪の街　桜の国』が出産を描きえたのは、同作品がもっぱら戦後を舞台にしていることと無縁ではあるまい。すでにナショナリズムが否定された後の時代を扱っているがゆえに、政治的な象徴性や「嫁の義務」など気にすることなく、妊娠・出産を物語に盛り込めたものと思われる。

（３１）　『悲しくてやりきれない』は、ザ・フォーク・クルセダーズというグループが１９６８年に発表した曲。オリジナル版は男性３人によって歌われたが、映画ではコトリンゴという女性ミュージシャンのバージョンが使われた。男声が女声に替わったのだから、歌われている悲しみも、すず本人、ないし物語に登場する女性全体のものと解釈するのが妥当だろう。

第三章

（１）　ウィリアム・シェイクスピア『リア王』、第四幕第一場。

（２）　『新訳　フランス革命の省察』でエドマンド・バークが述べるとおり、保守主義は本来、物事をできるだけ従来の形のままで保とうとする姿勢である。改革を行う場合にも、必要最小限の範囲にとどめたうえ、なるべくゆっくりと進めようとするのが、保守の発想にほかならない。よって「改革志向の強い保守（派）」というのは、そもそも根本的に矛盾する。

（３）　第二章の「信用の本質は『永続性』である」から、同「取りっぱぐれと『お互いさま』」までの議論を想起せよ。

（４）　安倍晋三総理も２０１３年９月２５日、ニューヨーク証券取引所で行ったスピーチにおいて、ウラディーミル・バレンティンとイチロー（鈴木一朗）という二人の野球選手を引き合いに出して、そのような趣旨の主張を展開した。バレンティンは日本におけるーシーズンのホームラン記録を塗り替え、イチローはアメリカで通算４０００本安打を達成したのだが、これはグローバリズム、なかんずくＴＰＰの正しさを裏付けるものらしい。

http://www.kantei.go.jp/jp/96_abe/statement/2013/0925nyspeech.html

（５）　１９９０年ぐらいまでは、「グローバリズム」ではなく「国際化」という言葉が使われていた。その意味で、わが国における「グローバリズム」の概念は、「国際化」をいっそう推し進めたものと解釈できる。

https://twitter.com/tassotakuya/status/712980527293140992

（１０）　ただし戦後日本型の平和主義は、人々が貧窮し、政治的にも不安定な状態が続いた敗戦直後を、しばしば「民主主義の理想をみんながめざした明るい時代」のごとく位置づけたがる。この理念の論理構造を突き詰めれば、そうならざるをえないのである。

（１１）　たとえば経済同友会が２０１５年１月２１日に発表した提言「財政再建は待ったなし〜次世代にツケを残すな」。
https://www.doyukai.or.jp/policyproposals/articles/2014/150121a.html

（１２）　週刊新潮編集部『マッカーサーの日本』上巻、新潮文庫、１９８３年、８２〜８３ページ。

（１３）　『魔と残酷の発想』、１３６ページ。最後のカッコは原文。

（１４）　同、１３７ページ。

（１５）　エドマンド・バークも、国家を家族になぞらえることは、社会をぬくもりに満ちたものにする効果があると論じた。『新訳　フランス革命の省察』、６６ページ。

（１６）　*Embracing Defeat: Japan in the Wake of World War II*, p.245.家制度廃止の期日は１９４７年５月３日、日本国憲法施行の日である。

（１７）　ダワーは著書の第１２章と第１３章で、憲法制定の過程を論じているが、章の題名は、それぞれ「Constitutional Democracy: GHQ Writes a New National Charter」「Constitutional Democracy: Japanizing the American Draft」となっていた。訳せば、「立憲民主制：占領軍総司令部、新憲法を起草する」「立憲民主制：アメリカ側の草案を、日本人はどう自己流に変えたか」。日本国憲法が占領軍の押しつけだったとしても、日本側が抵抗しなかったわけではないのである。

（１８）　教育勅語については、原文のカタカナをひらがなに改め、濁点と読点を適宜追加した。以下同じ。

（１９）　１９９０年代後半以来、わが国のポップカルチャーには、「上の世代から何をされても、恨んだり反抗したりしてはいけない」という、児童虐待を正当化するような含みが見られる。詳細は佐藤健志『バラバラ殺人の文明論』（ＰＨＰ研究所、２００９年）、同『夢見られた近代』（ＮＴＴ出版、２００８年）、同『震災ゴジラ！　戦後は破局へと回帰する』（ＶＮＣ、２０１３年）を参照のこと。

（２０）　片渕須直は映画のヒットを受けて、約３０分に及ぶ新しい場面を追加した完全版『この世界の（さらにいくつもの）片隅に』を製作した。２０１８年１２月の公開が予定されているが、原作にどこまで迫れるか注目される。

（２１）　日本と連合国の間の戦争状態が正式に終了するのは、サンフランシスコ平和条約が発効した１９５２年４月２８日である。ゆえに「敗戦によって平和が到来した」と見なすのは、厳密には正しくない。だが実際の戦闘が１９４５年、日本の降伏によって終結したのも事実なので、この点は脇に置く。

（２２）　こうの史代も、これについて作中で触れている。『この世界の片隅に』前編（双葉社、２０１１年）、１８２ページの欄外書き込みを見よ。
　同作品は現在、上中下の３巻で刊行されているが、この版は前後編の２巻。このため現行版の場合、ページ数が異なるので注意されたい。以下同じ。

（２３）　同、１８３ページ。表記を一部変更のうえ、句読点を適宜追加。以下同じ。

（２４）　同。

（２５）　同。

（２６）　アニメ映画版『この世界の片隅に』上映パンフレット収録のインタビュー。

（２７）　だとしても、浮浪児を男の子にすることはできない。「晴美の生まれ変わり」というニュアンスが失われてしまうし、この子の父親は軍人なのだ！
　すずと周作が浮浪児を拾うラストは、原作とアニメ映画版の両方において、一種

が授与されている。
https://www.theguardian.com/film/2017/nov/12/hedy-lamarr-film-documentary-wifi-bluetooth-susan-sarandon?CMP=share_btn_tw。
https://www.eff.org/ja/awards/pioneer/past-winners

（１６） http://www.tokyo-np.co.jp/article/national/list/201710/CK2017100302000118.html

（１７） John W. Dower, *Embracing Defeat: Japan in the Wake of World War II*（New York: W.W. Norton and Company/The New Press, 1999）, p.257.ダワーは同書５５９ページで、「日本型経営」の特徴のごとく言われた終身雇用制度も、戦時中の総力戦体制が原点だと指摘した。

（１８） 大島渚『魔と残酷の発想』、芳賀書店、１９６６年、１３７～１３８ページ。
　同書の奥付には「昭和四十六年」、つまり１９７１年の発行と記されている。しかし収録されている評論やエッセイは１９６０年代初頭から半ばまでのものだし、国会図書館のデータでも刊行年は１９６６年。この年が昭和四十一年にあたるのを考えれば、西暦と和暦を混同し、「四十一」を「四十六」としてしまったのではあるまいか。

（１９） 同。

第二章

（1） 『富国と強兵』、１０３ページ。同書１０２ページでは、政府が国債を発行し、それによって調達した資金で公共事業を行う際のプロセスが詳述されている。そして中野は「(この）過程自体は、少なくとも論理的には無限に続き得る」と記した。

（2） 宮崎駿監督のアニメ映画『ルパン三世・カリオストロの城』（１９７９年）に登場するヨーロッパの小国「カリオストロ公国」の設定は、関連して興味深い。同国は世界各国の通貨について、本物そっくり、ないし本物以上に精巧なニセ札「ゴート札」を作ることで存立してきた。他国通貨建ての負債がふくれあがった政府の駆け込み寺的な役割を果たしていたのではあるまいか。

（3） 『富国と強兵』、６１～７２ページ。

（4） 逆に言えば、政府が通貨のあり方を大きく変更しようとするのは、当該の政府が（崩壊・消滅しないまでも）重大な危機に陥っていることの表れである可能性が高い。敗戦直後、１９４６年にわが国で行われた「新円切り替え」は、その代表的な例だろう。
　逆に通貨のあり方を大きく変更したことが、政府を危機に陥れる場合もある。ギリシャをはじめとしたヨーロッパ諸国における近年の経済的混乱は、新通貨ユーロの導入と深く関連しているのだ。

（5） 傑作なことに、『ルパン三世・カリオストロの城』のカリオストロ公国では深刻なお家騒動が起きており、それが物語を展開させる。ニセ札であろうと、通貨を安定して発行するためには永続性が不可欠なのである！

（6） 星新一『殿さまの日』、新潮文庫、１９８３年、３８ページ。

（7） 『アックス』４１号収録のインタビュー。青林工藝舎、２００４年、５ページ。カッコは原文。

（8） 『殿さまの日』、２７ページ。

（9） 東日本大震災の被災地についても、復興を推進・支援するのではなく、「どうせ東北は過疎化が進んでいたのだから、いっそ切り捨ててしまおう」と言わんばかりの主張が見られる。つまりは地域の永続性が否定されているのだ。岩手県の達増拓也知事は２０１６年3月、このような主張にたいし、「国家が店じまいするように、地方消滅の加速を計ろうとするもの」という趣旨の批判を加えた。

脚注

序章

（１）　横山美和「１９世紀後半アメリカにおける『科学的』女子高等教育論争の展開」、２００７年。２００９年改訂。お茶の水女子大学の教育・研究成果コレクション「TeaPot」よりダウンロードできる。
https://teapot.lib.ocha.ac.jp
（２）　エドマンド・バーク、佐藤健志編訳『新訳　フランス革命の省察　「保守主義の父」かく語りき』、ＰＨＰ研究所、２０１１年。
（３）　中野剛志『経済と国民　フリードリヒ・リストに学ぶ』、朝日新書、２０１７年、２６３〜２６４ページ。太字処理は引用者、以下断りないかぎり同様。
（４）　たとえば『経済と国民』の１０〜１４ページを参照のこと。

第一章

（１）　諏訪正『ジュヴェの肖像』、芸立出版、１９８９年、２４４ページ。
（２）　財政法第二条、第一項および第四項。
（３）　「しんぶん赤旗」２００８年4月２４日。表記を一部変更。
http://www.jcp.or.jp/akahata/aik07/2008-04-24/ftp20080424faq12_01_0.html
（４）　坂野潤治・山口二郎『歴史を繰り返すな』、岩波書店、２０１４年、１１６〜１１７ページ。
（５）　同。
（６）　同。
（７）　同。「革新」は今で言う「リベラル」にほぼ相当する政治的立場。カッコは引用者、以下断りないかぎり同様。
（８）　怪獣サトゴンについては、下記ＵＲＬで画像を見ることができる。
https://twitter.com/uraniwamoviecom/status/939276381938106369
（９）　経世済民の定義については、序章を参照のこと。
（１０）『昭和　二万日の全記録／第１２巻　安保と高度成長』、講談社、１９９０年、８１ページ。１９６１年〜１９７０年における日本の経済成長率は年１０．５パーセントと、池田勇人の予測した９パーセントを上回った。
（１１）　中野剛志、柴山桂太『グローバリズム　その先の悲劇に備えよ』、集英社新書、２０１７年、１１８ページ。中野は同書１３０〜１３１ページで、グローバリズム色の濃厚なＴＰＰ（環太平洋経済連携協定）交渉を例に取り、同協定への反対論がアメリカで強まったあとですら、日本のメディアは左右を問わず賛成に回ったと指摘している。
（１２）　Mel Odom, *I Have No Mouth, and I Must Scream: The Official Strategy Guide* (Rocklin, CA: Prima Publishing, 1995), p.230.拙訳、以下断りないかぎり同様。
（１３）　中野剛志は『富国と強兵』（東洋経済新報社、２０１６年）や『真説　企業論』（講談社現代新書、２０１７年）において、人工衛星打ち上げでソ連に先を越された衝撃が、アメリカの宇宙開発を政府主導のものにしたと論じた。
（１４）『富国と強兵』、４６１〜４６２ページ。
（１５）　ラマーの発明は、周波数ホッピングシステムのほかにも幾つかある。彼女は美人女優としてばかり注目されることが不満で、「この顔こそが私の不幸」と語ったほどだった。１９９７年、ラマーには「エレクトロニック・フロンティア財団パイオニア賞」

カバー＆本文イラスト　金子信之
写真　アマナイメージズ
装幀　濱中幸子

著者略歴

佐藤健志（さとう・けんじ）

１９６６年東京都生まれ。評論家・作家。東京大学教養学部卒。１９８９年、戯曲「ブロークン・ジャパニーズ」で文化庁舞台芸術創作奨励特別賞受賞。

主著に『右の売国、左の亡国』『戦後脱却で、日本は「右傾化」して属国化する』『僕たちは戦後史を知らない』『夢見られた近代』『バラバラ殺人の文明論』『震災ゴジラ！』『本格保守宣言』など。

共著に『国家のツジツマ』『対論「炎上」日本のメカニズム』、訳書に『〈新訳〉フランス革命の省察』、『コモン・センス完全版』がある。

ラジオのＤＪやコメンテーターはじめ、各種メディアでも活躍。

公式サイト　http://kenjisato1966.com

平和主義《へいわしゅぎ》は貧困《ひんこん》への道《みち》
または対米従属《たいべいじゅうぞく》の爽快《そうかい》な末路
2018年9月25日　初版第1刷発行

著者　佐藤健志《さとうけんじ》
発行者　塚原浩和
発行所　株式会社ベストセラーズ
〒170-8457
東京都豊島区南大塚2-29-7
電話　03-5976-9121
http：//www.kk-bestsellers.com/

印刷所　錦明印刷
製本所　フォーネット社
DTP　オノ・エーワン

定価はカバーに表示してあります。
乱丁、落丁本がございましたら、お取り替えいたします。

ISBN 978-4-584-13884-7 C0031